城市轨道交通工程建设安全管理系列丛书

北京城市轨道交通工程建设盾构法安全风险控制技术及典型案例（第二册）

孙长军　主编

中国铁道出版社有限公司

2024年·北　京

内 容 简 介

本书为“城市轨道交通工程建设安全管理系列丛书”之一。全书共10章,包括北京地铁盾构工法应用情况综述、北京地铁盾构始发安全风险控制技术、北京地铁盾构接收安全风险控制技术、北京地铁特殊工法安全风险控制技术、北京地铁砂卵石地层中型盾构长距离快速掘进安全风险控制技术、北京地铁泥水平衡盾构安全风险控制技术、北京地铁盾构穿越既有运营隧道微沉降安全风险控制技术、北京地铁盾构上浮安全风险管控技术、北京地铁盾构法施工风险事件案例、北京地铁盾构工程智能化系统及展望。

本书可供轨道交通建设领域的管理人员和工程技术人员使用。

图书在版编目(CIP)数据

北京城市轨道交通工程建设盾构法安全风险控制技术及典型案例. 第二册/孙长军主编. —北京:中国铁道出版社有限公司, 2024. 1

(城市轨道交通工程建设安全管理系列丛书)

ISBN 978-7-113-30793-6

Ⅰ. ①北… Ⅱ. ①孙… Ⅲ. ①城市铁路-轨道交通-工程施工-盾构法-安全管理-北京 Ⅳ. ①U239. 5

中国国家版本馆CIP数据核字(2023)第244164号

书　　名: 北京城市轨道交通工程建设盾构法安全风险控制技术及典型案例(第二册)
作　　者: 孙长军

责任编辑: 张　瑜　　　**编辑部电话:** (010)51873017
封面设计: 刘　莎
责任校对: 刘　畅
责任印制: 高春晓

出版发行: 中国铁道出版社有限公司(100054,北京市西城区右安门西街8号)
网　　址: http://www.tdpress.com
印　　刷: 北京联兴盛业印刷股份有限公司
版　　次: 2024年1月第1版　2024年1月第1次印刷
开　　本: 710 mm×1 000 mm 1/16　**印张:** 16　**字数:** 307千
书　　号: ISBN 978-7-113-30793-6
定　　价: 102.00元

序

北京市轨道交通建设管理有限公司成立至今已二十周年。二十年来，北京市轨道交通建设管理有限公司牢固树立“安全第一、预防为主”的指导思想，不断探索创新形成了“1+3”安全管理体系架构。“1”指的是安全生产基础管理体系，“3”指的是安全风险管理、隐患排查治理及事故应急管理3个专项管理体系，形成了事前、事中、事后的全周期安全管理体系。

北京市轨道交通建设管理有限公司持续深入开展安全风险管理创新、技术创新、应用创新，通过管理创新配套技术创新指导应用创新，通过应用创新反馈技术创新，进而升级管理创新，形成了一整套标准化安全风险管理体系，一系列规范化安全风险管控技术，一揽子开创性安全风险应用成果。在管理上，建立了轨道交通工程建设安全风险分级管控责任体系和工作体系，首创了安全风险管控动态分级机制和安全风险清单重点整改机制；在技术上，创建了一套多源风险信息融合的安全智慧管控平台，研发应用了即时监测自动化监测及多元数据耦合分析预警系统，构建了地铁盾构施工实时管理系统，创新了盾构施工风险控制技术，实现了安全风险的精准辨识、科学评估和有效控制，有力保障了北京轨道交通工程建设的安全，成效显著。

《北京城市轨道交通工程建设安全风险管理总论（第二册）》对近年来北京轨道交通建设特点、安全风险管控理念、风险动态分级管理和风险清单管理措施、地下水管理、汛期风险管控、风险管控信息化及发展、风险管控成效和展望等方面进行了全面阐述。

《北京城市轨道交通工程建设明挖法安全风险控制技术及典型案例（第二册）》总结了北京地区明挖法工程的总体情况，系统研究了不同围护结构体系明挖基坑工程施工的潜在风险因素和风险控制对策，以及地下水控制面临的主要问题和解决方案，根据大量工程监测数据与现场实际,总结了明挖基坑工程及地层的变形特点,结合近年北京地区基坑应用特点,重点论述了地连墙基坑工程变形特征及规律,系统介绍了典型案例及风险事件,为明挖基坑工程施工提供参考。

《北京城市轨道交通工程建设矿山法安全风险控制技术及典型案例(第二册)》从矿山法在北京市轨道交通建设中的应用入手,分析地下水和周边环境的变化对矿山法施工的影响和应对措施,介绍北京轨道交通建设采用的降水措施和PBA工法;浅埋暗挖工法和地层变形规律;介绍了管井降水、真空降水、冻结法止水、深孔注浆止水等处理地下水;结合案例系统总结了浅埋暗挖法下穿构筑物、河湖、道路、桥梁、各种管线等风险管控的经验与教训,通过对风险事件的系统分析提出了矿山法施工的关键技术并对矿山法施工发展进行展望。

《北京城市轨道交通工程建设盾构法安全风险控制技术及典型案例(第二册)》全面、系统、深入总结了北京轨道交通建设中涌现出的盾构法新型技术的风险管控及应用情况,对盾构始发与到达、机械法联络通道、车站出入口顶管施工、先隧后站等新型施工技术进行简要叙述,并以实际工程为案例,对卵石地层中型盾构长距离快速掘进技术、泥水平衡盾构施工技术、小净距下穿既有运营隧道微沉降控制技术、管片上浮控制技术、盾构工程智能化发展进行详细论述,结合风险事件对盾构法施工关键技术做出总结,为类似盾构工程安全风险管理提供借鉴。

2019年"城市轨道工程建设安全管理系列丛书"首次出版,今年系第二次出版。2019年以来,北京轨道交通工程建设在安全风险管控方面面临新的形势,其管控技术和管理方法也在持续创新,因此,为总结新近成果推出。本丛书图文并茂,实用性和可参考性强,对北京新一轮城市轨道交通工程建设管理具有重要的参考价值。

北京市轨道交通建设管理有限公司

党委书记、执行董事:

2023年11月

目　录

第1章　北京地铁盾构工法应用情况综述

1.1　盾构法风险控制概述

盾构机问世至今已有约200年的历史，其始于英国，发展于日本、德国，现今跨越发展于中国。盾构机的出现对于隧道行业的发展起到了至关重要的作用。如今，盾构机的发展呈现出一种多样化的态势，从最初的手掘式，到气压机械式、土压泥水闭胸式，再到现在的满足大直径、高智能和多样化的准智能掘进机，盾构机的不断发展也体现了时代对于隧道行业的要求。

盾构掘进技术的发展（图1.1-1）主要分为四个阶段：

第一阶段，以布鲁诺尔（Brunel）盾构为代表的手掘式盾构机开始在欧美兴起，英国利用它建成了第一条盾构隧道——伦敦泰晤士河盾构隧道。

第二阶段，以机械式和气压式为代表的盾构机开始得到大规模应用，世界各个国家的盾构技术都开始得到不同程度的发展，盾构法也成为修建地下铁道和各种大型管道的首选。

第三阶段，以泥水压和土压式为代表的一众闭胸式新型盾构机被广泛应用，较传统的盾构机在地表平衡和施工效率方面有了巨大突破，适用于各种复杂环境的盾构机型不断出现。

第四阶段，更多大直径、高智能的异形盾构机得到了飞速发展，以中国为代表的发展中国家更是兴起了盾构机发展的热潮，逐渐打破了欧美盾构占主导地位的局面。

本书以北京地铁二期规划工程为主线，介绍北京城市轨道交通工程建设盾构法新型技术风险管控及应用。

北京地铁二期规划，即北京市城市轨道交通第二期建设规划（2015—2021年），是在2015年9月获得国家发改委批复的，共包含12条地铁线路。后来又经历了一次大的方案调整，在2019年底再次获得发改委批复。综合2015年和2019年的方案，北京地铁二期规划中共包含15条线路，分别是3号线、7号线东延、8号线四期、12号线、17号线、19号线一期、22号线（平谷线）、25号线（房山线北延）、27号线二期（昌平线南延）、八通线南延、首都机场线二期（西延）、28号线（CBD）、

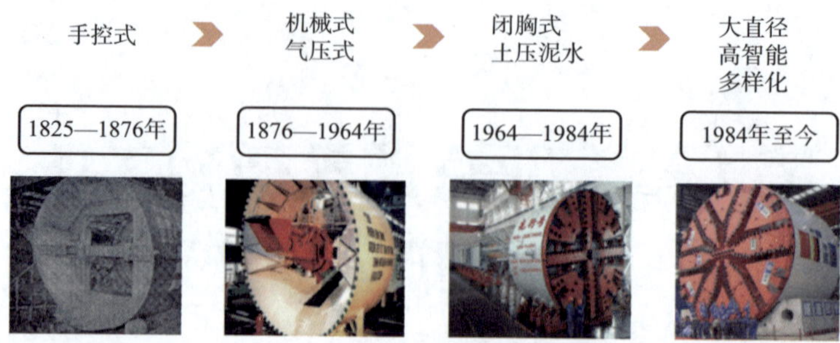

图 1.1-1　盾构掘进技术发展的各阶段

新机场线(北段)、11 号线西段、13 号线扩能提升工程(13A 线和 13B 线)。北京地铁二期规划盾构区间施工情况见表 1.1-1。

表 1.1-1　北京地铁二期规划盾构区间施工情况统计表

线　　路	盾构区间数量	已贯通	正在施工	未开工	完成比例
3 号线	5	1	4	0	20%
7 号线东延	9	9	0	0	100%
8 号线四期	—	—	—	—	—
12 号线	12	10	2	0	83%
17 号线	17	15	2	0	88%
19 号线一期	7	7	0	0	100%
22 号线(平谷线)	19	0	0	19	0
27 号线二期(昌平线南延)	5	5	0	0	100%
25 号线(房山线北延)	3	3	0	0	100%
八通线南延	2	2	0	0	100%
首都机场线二期(西延)	—	—	—	—	—
28 号线(CBD)	7	0	0	7	0
新机场线(北段)	5	5	0	0	100%
11 号线西段	—	—	—	—	—
13 号线扩能提升工程	14	0	0	14	0

注:数据统计时间为 2017 年 1 月 1 日至 2022 年 9 月 30 日。

本轮地铁建设盾构施工风险特点主要为:

1. 隧道埋深加大

由于浅层空间在之前开发过程中渐渐趋于饱和,本轮地铁建设中,区间与车站的埋深较上一轮均有所增大,前一轮盾构隧道最大埋深 28 m,新一轮隧道埋深最大 38.85 m,埋深超过 30 m 的区间有 5 个,其中 19 号线区间埋深最深 38.85 m,区间入水深度最大 15.2 m,下穿地层为粉质黏土、卵石圆砾层。

随着隧道埋深加大、下穿地层复杂,盾构始发、接收、掘进、开仓检修施工都面临较大的安全风险。

(1)盾构始发/接收:始发端/接收端地下水处理困难,易发生涌水、坍塌等风险事故。

(2)掘进:富水卵石层渣土改良困难,螺旋输送机易发生喷涌,出土量难以控制,导致地表沉陷。

(3)开仓检修:需进行带压开仓,带压动火、仓内压力建立及保持等施工操作复杂,易发生开挖面失稳、地表塌陷、有害气体中毒等风险事故。

2. 下穿风险工程增多

新一轮地铁建设项目大部分位于城区,面临下穿工程的风险,其中大量下穿铁路、既有线、道路及河流,极大增加了盾构施工风险管控难度。具体线路风险工程统计见表 1.1-2。

表 1.1-2　北京地铁各线路风险工程统计表

线　路	风险工程总数	已通过	正通过	未开工	完成比例
3 号线	584	584	0	0	100%
7 号线东延	347	347	0	0	100%
8 号线四期	—	—	—	—	—
12 号线	822	736	86	0	90%
17 号线	848	815	24	9	96%
19 号线一期	795	795	0	0	100%
22 号线(平谷线)	—	—	—	—	—
27 号线二期(昌平线南延)	611	611	0	0	100%
25 号线(房山线北延)	371	371	0	0	100%
八通线南延	26	26	0	0	100%
首都机场线二期(西延)	—	—	—	—	—

续上表

线　　路	风险工程总数	已通过	正通过	未开工	完成比例
28 号线(CBD)	—	—	—	—	—
新机场线(北段)	403	403	0	0	100%
11 号线西段	—	—	—	—	—
13 号线扩能提升工程	—	—	—	—	—

注:数据统计时间为 2017 年 1 月 1 日至 2022 年 9 月 30 日。

3. 盾构区间城市繁华地段施工始发与接收问题

新一轮部分盾构区间位于城市繁华地带,由于区间两端车站无法提供足够的吊装和拆卸场地,盾构施工将采用洞内解体、洞内始发等方式。盾构始发与接收主要面临以下几个方面的风险:

(1)场地狭小,端头加固困难,难以保证加固效果。

(2)洞内解体和始发施工工序较多,施工操作复杂。

(3)空间有限,一旦发生漏水、漏砂情况,难以采取抢险措施。

4. 盾构直径增大

新一轮地铁建设中,3 号线、12 号线、17 号线、19 号线、昌平线南延等新线管片外径由 6 000 mm 增大至 6 400 mm,22 号线(平谷线)、新机场线管片直径更是增大至 8 000 mm、8 800 mm,大部分单位需重新采购盾构或对原盾构进行改造,需严格进行盾构设备适应性评估和设备验收,防止因盾构设备故障或选型不当导致的施工风险。

1.2 盾构法新型风险控制技术

在北京地铁二期规划的进程中,盾构法作为一种广泛采用的施工技术,得到了极大程度的发展。然而,随着建设规模的扩大和建设难度的提高,盾构法的应用也在不断面临着新难题、新挑战。在应对第二轮施工中的风险时,工程技术人员积极引入一系列新技术、新方法和新工艺,以确保工程安全高效的进行。

为了解决城市繁华地段盾构区间的施工始发与接收问题,盾构施工逐渐摆脱了对明挖盾构井的依赖,引入了一系列新的施工方式。这些方式包括暗挖导洞始发、暗挖横通道盾构分体始发、硐室脱壳解体接收以及无硐室脱壳解体接收等,可以在暗挖结构或隧道内进行始发和接收。通过采用这些新的始发和接收方式,能够减少对城市地表的干扰和破坏,同时提高施工的效率和安全性。

暗挖导洞始发是在施工区域内暗挖一条导洞并通过导洞将盾构机引入施工区域进行始发。这种方法可以避免挖掘明挖盾构井所带来的土地征用和地下管线迁移等问题，同时减少施工对周围环境的干扰。

暗挖横通道盾构分体始发是将盾构机进行分体组装，再通过暗挖横通道的方式进入施工区域进行始发。这种方式可以减少对盾构机的大规模拆装工作，提高施工效率和安全性。

硐室脱壳解体接收是在施工结束时通过拆除盾构硐室来实现接收。这种方式可以减少对地表的破坏和对周围环境的影响，提高接收施工的灵活性和效率。

无硐室脱壳解体接收是在施工结束时直接在隧道内进行盾构机脱壳和解体。这种方式不仅减少了盾构井，还减少了对地表的破坏和对周围环境的影响，是一种更加环保和经济的接收方式。

除此之外，为了保证盾构始发、接收安全，北京地铁在第二轮施工中创新性地采取了盾构水下接收技术，与此同时，盾构钢套筒始发接收技术也逐渐趋于成熟并得到广泛应用。盾构水下接收技术是利用接收井内外水压力平衡可控制渗透的机理，主动将盾构接收井用水回灌，而后在水压力平衡情况下再将盾构安全推入接收井的施工工艺；盾构钢套筒始发接收技术则是通过安装钢套筒来加固洞门，以此来有效平衡洞门结构内外的水土压力，提高始发和接收的安全性和稳定性。

除了针对始发接收方面的新技术外，在北京地铁二期规划施工中，还涌现出如出入口顶管隧道掘进、机械法联络通道掘进、先隧后站技术等新型施工技术，并在实际盾构区间掘进施工中逐渐总结出中型盾构长距离快速掘进技术、小净距下穿既有运营隧道微沉降控制技术、盾构上浮控制技术等盾构法新型技术。

随着这些新技术的引入和应用的逐步成熟，北京地铁建设在盾构区间的施工始发与接收问题上取得了显著的进步。这些创新性的方法可为地铁建设提供更加可靠和高效的解决方案，为城市发展和居民出行提供重要支持。

第2章　北京地铁盾构始发安全风险控制技术

盾构始发作为盾构施工中的关键工序之一，常常因始发端地质条件差、水位高、空间受限等各种情况而面临不同问题。近几年，在盾构施工中不断涌现出如斜套筒侧向补偿始发、暗挖导洞始发等盾构始发新型技术。

本章将对北京地铁第二轮建设中出现的盾构始发新型技术进行介绍。

2.1　盾构钢套筒始发安全风险控制技术

2.1.1　盾构钢套筒始发技术风险特点

盾构钢套筒始发技术是通过设计制造一种盾构密闭始发装置（钢套筒），使其与洞门连接，盾构在装置内形成一个密闭空间，可以有效平衡洞门结构内外的水土压力，确保盾构进洞过程中不出现涌水、涌砂等情况，保障盾构安全始发。

当前盾构钢套筒始发技术已被广泛应用于盾构隧道建设中，如北京地铁3号线体育中心站—平房村站区间（土压平衡盾构）、哈尔滨地铁3号线河松街站—河山街站区间（泥水平衡盾构）等。除了在小直径盾构始发中的应用，钢套筒始发技术在大直径盾构隧道施工中也有使用，如孟加拉国吉大港卡纳普里河水下隧道工程，采用内径12.42 m的大直径钢套筒辅助盾构始发，在大直径泥水盾构施工中是首例。

在大部分工程中，钢套筒辅助技术是在端头加固难以确保盾构安全始发和接收时联合端头加固工艺应用于盾构始发和接收工程中。通过调研盾构钢套筒始发和接收工程情况，总结目前钢套筒在盾构始发与接收应用中的主要风险特点如下：

1. 钢套筒刚度

钢套筒筒体由几个大小相同的半圆组块采用通缝拼接而成，筒体各部位的加劲肋均匀布置。套筒各组块采用通缝拼接，钢套筒整体刚度偏小，且对于筒体连接部位，因未进行刚度加强，刚度较小，导致施工过程中钢套筒连接部位易发生较大变形，出现渗漏水问题。施工完成后钢套筒多易发生椭变，导致可循环利用率低。

2. 钢套筒密闭性

钢套筒密闭性主要包括材料密封性和接缝处变形两方面。钢套筒组块连接处易发生应力集中,材料密封性差会导致连接部位出现渗漏水现象(图2.1-1),导致土仓无法维持自身需要的压力而引起掌子面塌陷。钢套筒与洞门预埋环板连接性差,盾构始发或接收时连接处易开裂,钢套筒和反力架变形过大引起结构破坏。

图2.1-1　钢套筒渗漏水

3. 钢套筒保压性

钢套筒平衡始发和接收的核心技术是在密封钢套筒内创建与洞门端头处相同的水土压力环境,使盾构破除洞门后不产生压力差。当钢套筒内部的水土压力远小于隧道埋深位置的水土压力时,钢套筒不能发挥其平衡水土压力的作用,易导致盾构破除洞门时发生涌水和涌砂现象,甚至引发端头地层塌陷和地下水涌入盾构工作井等工程事故;当钢套筒内部的水土压力远大于盾构埋深位置的水土压力时,钢套筒可以起到平衡水土压力的作用,但压力过大易导致钢套筒(特别是钢套筒拼接部位)出现裂缝甚至破裂。

4. 盾构参数控制

盾构进入钢套筒后,盾构掘进参数的影响因素多、控制难度大。

2.1.2　盾构钢套筒始发技术施工流程

盾构钢套筒始发技术施工流程如图2.1-2所示。

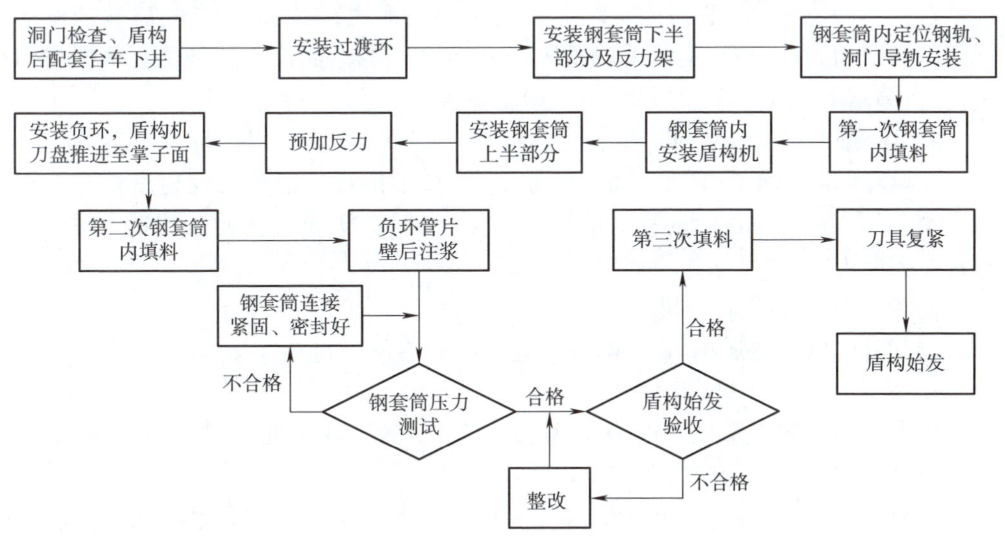

图2.1-2　盾构钢套筒始发技术施工流程图

1. 洞门检查

钢套筒安装前需对洞门预埋环板进行检查，必要时进行植筋加固。为防止盾构始发时刀盘切削连续墙钢筋或工字钢接头而造成刀盘损坏，对洞门圆周一周凿除连续墙的混凝土保护层，露出玻璃纤维筋，确认洞门范围不存在钢筋。如发现凿除混凝土保护层后存在钢筋，则应对侵入洞门范围的钢筋进行割除，确保盾构始发的安全、顺利。

2. 安装过渡环

根据现场实测洞门上的预埋钢环实际平整度，量身定做过渡环，过渡环与洞门钢环通过焊接连接，焊缝沿过渡环一圈内外侧满焊，焊缝必须饱满。如出现过渡环有些地方无法与洞门钢环密贴的情况，需在这些空隙处填充钢板并连接牢固，务必将空隙尽可能地堵住。

3. 安装钢套筒下半部分

（1）在开始安装钢套筒之前，首先在基坑里确定出井口盾体中心线，也就是钢套筒的安装位置，使从地面上吊下来的钢套筒力求一次性放到位，不用再左右移动。

（2）吊下第一节钢套筒的下半段，使钢套筒的中心线与事先确定好的井口盾体中心线重合，在下半段的钢套筒左右两边的法兰处放好 6 mm 厚的橡胶密封垫，在与第二节的下半部连接过程中要注意水平位置与纵向位置的一致，确保螺栓孔对位准确，并用 M30 高强度螺栓连接紧固。

（3）钢套筒与过渡环采用螺栓连接。

4. 钢套筒内定位钢轨、洞门导轨安装

在钢套筒下方 90°圆弧内平均分布安装 4 根钢轨，钢轨从钢套筒后端铺设至洞门围护结构 2 m 位置，钢轨采用压板固定，压板焊接在钢套筒筒体上。根据盾构高程，在洞门下部安装 2 根导轨，防止钢套筒栽头。

5. 第一次钢套筒内填料（钢轨之间铺砂、压实）

在钢套筒底部 4 根钢轨之间铺砂并压实，每个位置的铺砂高度高出相应钢轨高度 15 mm，待盾构机放上去后，进一步压实，确保底部砂层提供充足的防盾构机扭转摩擦反力。

6. 钢套筒内安装盾构机

在钢套筒内安装盾构机主体，并与连接桥和后配套台车连接。

7. 安装钢套筒环梁、反力架

反力架的安装与常规盾构始发反力架安装一致。安装反力架时，应根据始发井大小、钢套筒长度、洞门高程等确定水平位置和高程。

反力架的支撑：反力架上下位均布 4 根工字钢与中板和底板顶紧，底部分别均布 4 根钢管与底板梁顶紧。支撑斜撑与底板预埋件焊接要牢固，焊缝位置要检查，确保无夹渣、虚焊等隐患。

8. 安装钢套筒上半部分

钢套筒上半圆安装好以后，需进行压紧螺栓的调整。检查各部连接处，对每一处连接进行检验，确保其连接的完好性，尤其是对钢套筒的上下半圆和节与节部分之间连接的检查，还要检查过渡连接板与洞门钢环之间的连接情况，查看是否存在脱开的现象，发现隐患要及时处理。

9. 预加反力

上半圆安装完成后，需进行环梁预加压力螺栓的调整，分别上紧环梁上一周的每个螺栓，上紧时分别采用对角上紧，保证环梁的均匀受力。每颗螺栓的压紧力为54 000 N（总计反力架的预加反力约为700 t），上紧后用锁紧螺母锁住，这样能保证钢套筒在有水压时洞门钢环处连接螺栓不受力。上紧的过程中注意检查反力架各支撑是否松动，各段法兰连接螺栓是否松动。

上半圆安装完成后，需进行环梁预加压力千斤顶的调整，每个千斤顶的预压力为60 t，总计反力架的预加压力约为1 200 t。预压的过程中注意检查反力架各支撑是否松动，钢套筒连接螺栓是否松动，出现异常及时采取处理措施。

10. 安装负环、盾构机刀盘推进至洞门掌子面

钢套筒、反力架安装完毕，盾构机调试完成后，安装负环、盾构机向前推进至刀盘面板贴近洞门掌子面但不切削掌子面。第一环负环在盾尾内拼装成型后，通过千斤顶整体向后顶推至紧贴反力架，管片与反力架之间采用螺栓连接。

11. 第二次钢套筒内填料

盾构机向前推进至刀盘面板贴近洞门掌子面后，向钢套筒内进行第二次填砂，本次在钢套筒与盾构之间的间隙内填充砂。在填充的过程中适当加水，保证砂的密实。填砂过程中适当冲水并通过钢套筒下部的排水孔排出，起到让砂密实的作用。

12. 负环管片壁后注浆

为保证负环管片与钢套筒之前的密封效果，在盾构机刀盘贴近洞门掌子面后，通过靠近反力架两环管片的吊装孔进行壁后注浆，注浆材料采用惰性浆液，在管片后面形成一道密封防渗环。

13. 钢套筒压力测试

（1）渗漏检测

从加水孔向钢套筒内加水，满水后检查压力，如果压力能够达到0.3 MPa，则停止加水，并维持压力稳定。对各个连接部分进行检查，包括洞门连接板、钢套筒环向与纵向连接位置、钢套筒与反力架的连接处有无漏水。

每级加压过程及停留保压时间说明：0～0.1 MPa加压时间控制在10 min左右，停留检测时间10 min；0.1～0.2 MPa加压时间控制在15 min左右，停留检测时

间25 min;0.2～0.25 MPa加压时间控制在25 min左右,停留检测时间45 min;0.25～0.3 MPa加压时间控制在45 min左右,停留检测时间120 min。

加压检测过程中一旦发现有漏水或焊缝脱焊情况,必须马上进行卸压,并及时处理,上紧螺栓或重新焊接。完成后再进行加压,直至压力稳定在0.3 MPa且未发现有漏点时方可确认钢套筒的密封性。

(2)钢套筒位移检测

在盾构机组装过程中要安装各种测量用具,主要测试钢套筒有无变形,以及钢套筒环向和纵向连接位置的位移等。

在试水、加压测试前,在钢套筒与洞门钢环连接的部位分区域安装应变片,在钢套筒表面安装百分表,量程3～5 mm,可控制变形量或位移量精度在0.5 mm左右。在加压过程中,一旦发现应变超标或位移过大,必须立即卸压、分析原因并采取解决措施。

(3)应急解决措施

如果钢套筒本体连接端面法兰处出现变形量较大时,要立即采取加强措施,在变形量较大处补加加强肋板,加强肋板可利用现场钢板制作。

如果反力架斜撑任何位置出现位移量过大时,要分析可能出现的原因,并增加斜撑的数量,同时在另一侧要增加直撑的数量。

2.1.3 盾构钢套筒始发技术典型工点

下面以北京地铁3号线体育中心站—平房村站区间盾构钢套筒始发为例,介绍盾构钢套筒始发技术的流程及要点。

1. 工程概况

该区间总长右线2 063.284 m,左线2 027.176 m,线路走向呈"V"字形,区间覆土11.1～28.9 m。区间两端均为明挖车站,始发端、风井及接收端洞门处围护结构采用地下连续墙,进出洞口处地下连续墙骨架采用玻璃纤维筋绑扎而成,洞门钢环定制、预埋。区间正线采用盾构法施工,盾构管片外径6.4 m,内径5.8 m,管片厚度0.3 m。区间平面位置示意如图2.1-3所示。

考虑风井处于区间隧道最低点附近,盾构风井过站地下水资源丰富,承压水层在盾构区间顶部2.3 m,不具备降水条件(风井周边原有降水井受端头加固影响,无法正常使用,若再重新打设减压降水井进行降水施工,受周边环境限制不具备排水条件)。为保证盾构穿越区间风井施工安全,避免在掘进过程中出现涌砂、涌水情况,采用钢套筒过站方法,盾构机在中间风井二次始发端采用旋喷桩加固+钢套筒始发施工措施。

2. 工程地质及水文

区间风井冠梁位于黏质粉土填土、砂质粉土填土$①_1$层;风井向下依次为:黏质

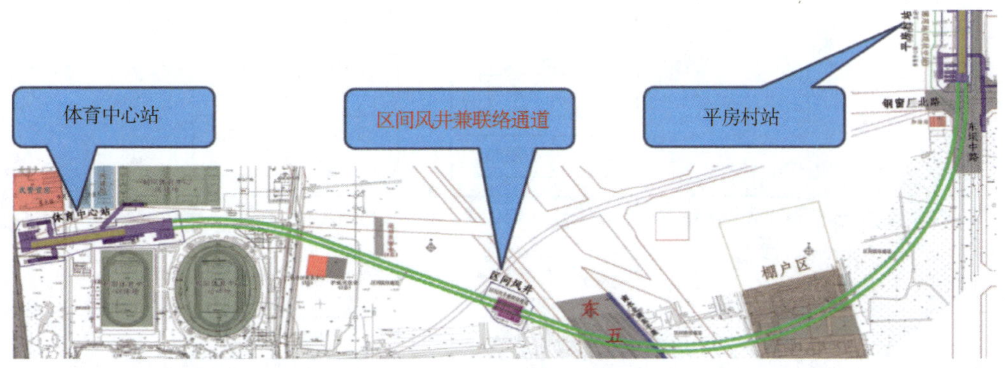

图 2.1-3　区间平面位置示意图

粉土、砂质粉土②层，细砂-粉砂②$_3$层，粉质黏土③层，粉质黏土④$_1$层，黏质粉土、砂质粉土⑤$_1$层，细砂-中砂⑥层，粉质黏土⑦层，底板开挖面距下方细砂-中砂⑧层最薄处约 0.15 m。区间风井地质剖面示意如图 2.1-4 所示。

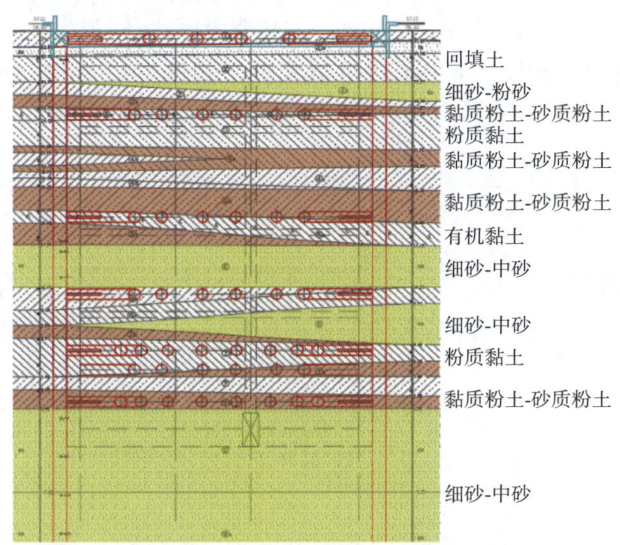

图 2.1-4　区间风井地质剖面示意图

根据勘察单位提供的成果资料，勘察过程中观测到 3 层地下水，即台地潜水层间水（局部具承压性）、层间水、承压水。风井底板位于承压水下方，现场不具备降水条件。

3. 钢套筒施工流程及安装过程

（1）钢套筒施工流程

钢套筒施工流程如图 2.1-5 所示。

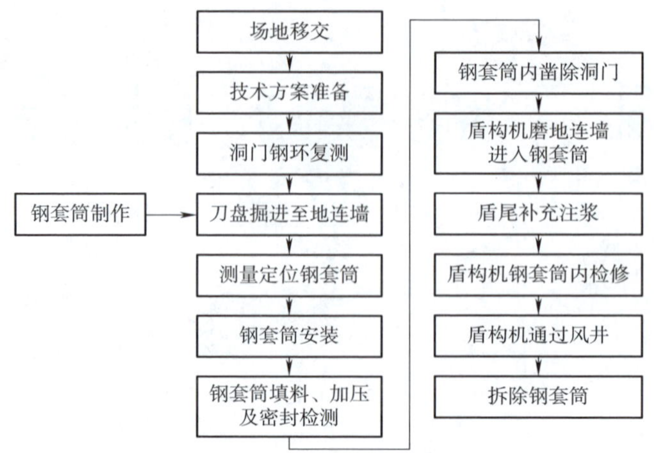

图 2.1-5　钢套筒施工流程图

(2)钢套筒设计

根据风井结构尺寸图可知,区间风井主体结构内边线尺寸为 20.4 m×11 m,要求整个钢套筒设计长度为 11 m,由前后 2 个过渡环、4 节筒体、下料管和左右工字钢支撑等部分组成。钢套筒设计总图如图 2.1-6 所示。

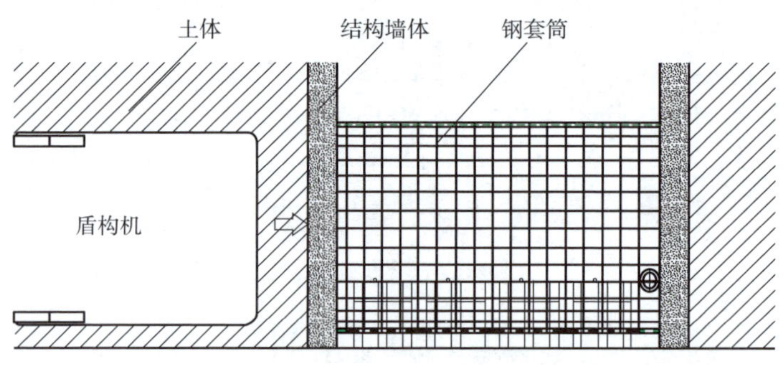

图 2.1-6　钢套筒设计总图

①筒体分 4 段,单个钢套筒筒体长度为 2.5 m,每段又分为上下两半圆,总长共 10 m。筒体材料选用 20 mm 厚的钢板,每段筒体的外周焊接纵、环向筋板以保证筒体刚度,纵向筋板与环向筋板分隔形成块状。每段筒体的端头、一个半圆和三块 1/8 圆接合面均焊接圆法兰,筒体纵向及上下均采用法兰连接,采用 M30×130 高强度螺栓连接紧固,并在螺栓两侧设计有 O 形密封圈;另外,每节钢套筒分别设置 4 个起吊用吊耳,1 个长 1 100 mm、宽 800 mm 的加料口,每圈设置 4 个 2 寸的球阀孔。

②过渡环分为两种，始发端为 700 mm 的过渡环，接收端为 300 mm 的过渡环，700 mm 过渡环分别再在 4 点钟方向和 8 点钟方向设置直径 800 mm 的人闸检修口，用于刀具检修出入、材料通风口。

③在筒体底部制作托架，托架分 4 块制作，均与筒体底部焊接固定一体。托架与下部筒体焊接连成一体，焊接时托架板先与筒体焊接，再焊接横向筋板，最后焊接底板。

(3)钢套筒安装

①首先确定隧道中心线，要求钢套筒中心线、隧道中心线两条控制线重合。

②钢套筒的吊装需垂直吊装下井，下半圆先吊到底板，调平后向洞门方向平移 3 m，以超出吊装孔为准，然后再进行上半圆的吊装，待上半圆调平以后，下半圆再向洞门方向反向平移，跟上半圆进行整体拼装。拼装好以后再整体向洞门方向平移。

③采用 2 个 80 t 液压千斤顶前后纵向顶推底部框架，直至隧道中心线，然后向后洞门方向平移，直至与洞门预埋环板相接。

④最后再整体把钢套筒组装完成，安装完成后对筒体位置进行复测，检查与盾构机到达的中心线是否重合。

(4)钢套筒与洞门连接

钢套筒安装完成后，对中心线进行复测，确认无误后，将洞门环板与过渡连接板进行焊接。

钢套筒的过渡环与洞门环板相接触后，要检查两个平面是否全部能够连接。由于洞门环板在预埋的过程中可能出现变形或平面度偏差较大的情况，所以有可能出现过渡连接板有些地方无法与洞门环板密贴的情况，这时就需在这些空隙处填充钢板并与过渡连接板焊接牢固，务必将空隙尽可能地堵住。在确定洞门环板与过渡连接板全部密贴后将过渡连接板满焊在洞门环板上。焊接好以后，进行磁粉探伤查看是否满足施工要求。

(5)支撑安装

钢套筒与洞门环板焊接完成，检查确认后，立即安装筒体上部和侧部支撑。钢套筒每边共设置 8 道横向支撑，顶在侧面底板和中板梁上。

(6)密封性检查

钢套筒组装完成后，在筒体内加水检查其密封性，加压 0.2 MPa，若在 12 h 内压力保持在 0.18 MPa 以上，则可满足钢套筒接收要求。如果压力小于 0.18 MPa，找出漏水部分，检查并修复其密封质量，然后再次进行试压，直至满足试压要求。

(7)砂浆基座浇筑

在钢套筒底部 60°范围内浇筑 15 cm 厚的 C20 砂浆基座，并保证砂浆基座伸入洞门内与加固土体相接，以防止刀盘出加固体时扎头。

(8)填料

当钢套筒检查完毕后,填料采用惰性浆液(改良后渣土),增强土体的流动性;现场填料前需提前做好配合比试验,验证浆液强度等指标是否满足填料要求。为了将砂料输送至钢套筒内,需要从地面引一条输送管道至钢套筒上,采用管路连接,地面设置一个漏斗,将填料直接从漏斗输送至钢套筒内。填料过程中如果出现填料输送不够顺畅的情况,可以采用冲水方式,将填料冲下去。惰性浆液材料配合比见表 2.1-1。

表 2.1-1 惰性浆液材料配合比

材料用量(kg/m^3)					凝结时间(h)
石灰	粉煤灰	膨润土	砂	水	
80	340	60	1 000	440	26 ~ 28

(9)钢套筒加固

①确保盾构进出洞时钢套筒的中心线与隧道中心线一致,同时应采取适当措施将托架与周围结构固定。

②环向支撑采用 HM400 × 300 型钢,每节设置 2 道支撑,共设置 12 道,支撑与钢套筒间焊接牢固,保证钢套筒的稳定。

4. 优化盾构机钢套筒始发参数及过程控制

盾构施工过程中,掘进参数的合理选择是盾构施工风险控制的基础措施。在实际掘进过程中,通过控制推力、推进速度的相互关系,实现泥水盾构平稳施工。

(1)始发时盾构推进参数的控制

钢套筒始发主要参数见表 2.1-2。

表 2.1-2 钢套筒始发主要参数参照表

环号	推力(kN)	刀盘转速(r/min)	扭矩(kN · m)	推进速度(mm/min)	上部土压(MPa)	注浆量(m^3)	出土量(m^3)
1 ~ 6	6 000 ~ 8 000	0.1 ~ 0.8	200 ~ 2 500	5 ~ 15	0.02 ~ 0.04	20	44 ~ 46
7 ~ 84	8 000 ~ 11 000	0.8 ~ 1.2	1 000 ~ 3 500	20 ~ 60	0.06 ~ 0.15	4.1 ~ 5.2	44 ~ 46

注:从第 5 环开始同步注浆,封洞门 5 m^3/环。

(2)始发时盾构姿态的控制

盾构始发时其铰接角度为零,同时由于盾构机刀盘及前体较重,始发过程中易出现盾构机“低头”的情况,盾构机的始发姿态宜适当“抬头”,其坡度比设计坡度略大。

(3)洞门封堵注浆

一般在正 5 环开始封堵洞门,具体位置可通过钢套筒长度、盾体长度、洞门宽度计算。注浆时压力不要过大,可根据计算的注浆量分几次注浆(一般分 3 次),

待下部初凝后，进行中部注浆，中部初凝后，进行上部注浆。注浆过程中要准备好钢板型钢等物料，对漏浆的地方进行封堵。

(4)盾构二次始发准备工作

盾构始发阶段施工时，对盾构设备调试、洞门的土体稳定、洞门可能出现的涌泥涌砂和地面监测四个方面要综合考虑，力争快速、安全始发，尽早进行洞门注浆。因此，盾构始发前要准备充分，出土进料组织应顺畅，同时还应准备好应急措施。

5. 严控洞门密封质量

盾构接收推进过程中，为了保证洞门密封的质量，采取以下措施对洞门进行封堵：

(1)盾构推进时同步注浆严格按照技术交底进行，填充好施工间隙。

(2)在加固体与原状土的分界界面处连续 3 ~ 5 环注双液浆，及时施作环箍，封堵开挖土体与管片外壳之间渗漏通道。

(3)盾尾进入加固体后，在已成型的隧道内，利用管片上预留的注浆孔，向管片外侧注入双液浆，及时施作环箍，时刻检查钢套筒是否有漏浆、变形等情况，如有漏浆或者变形过大等情况发生，可以采取调低气压、减小推速等措施。

(4)零环采用特殊制作的管片，在管片外侧预埋背负钢板，待钢套筒拆除后，背负钢板与洞门钢环之间采用 L 形钢板焊接。

(5)在原洞门环板预埋板的基础上，钢套筒与洞门环板之间设一过渡连接板(厚度为 24 mm)，洞门环板与过渡连接板采用烧焊连接，钢套筒的法兰端与过渡连接板采用 M24 ×65(8. 8 级)螺栓连接。洞门环板与过渡连接板全部密贴后将过渡连接板满焊在洞门环板上。

(6)使用前对整体钢套筒的圆度进行检查，必要时由制造厂家进行检查，确保其圆度，避免盾构机进入钢套筒时与钢套筒间距不均，导致盾体与钢套筒碰撞使钢套筒发生位移变形等意外，并在出厂前进行加压试验，以保证钢套筒自身的密封性完好。

(7)盾构机全部进入钢套筒后，打开车站侧墙上预留的注浆管、特殊管片上预留的注浆孔的球阀、钢套筒过渡连接板上预留的观测管，观察出水量，若水量较大，则继续通过预留注浆管、注浆孔注浆，直至打开球阀无水流出后，方可拆解钢套筒。使用螺旋出土有意降低土仓压力，等待 8 ~10 h 后，通过观察土仓压力是否回升，或者通过胸隔板上土仓闸门进行观察判断洞门是否密封完好。

6. 防止洞门水土流失

为有效应对洞门水土流失，采取措施如下：

(1)进行端头加固

对风井段接收、始发端头洞门范围进行加固处理，提高土体的强度，减少水土流失量,端头洞门附近土体采用 ϕ800@550 旋喷桩加固,盾构上下、左右各 3 m 矩形范围,长度 3 m 范围为端头加固范围。加固区土体无侧限抗压强度不小于 0.8 MPa,渗透系数不大于 1.0×10^{-6} cm/s。

(2)始发防喷涌

盾构隧道始发阶段富水地层,该地层渗透系数大,地下水位(承压水)较高,容易发生喷涌等渗透变形现象。盾构施工时发生喷涌,影响施工效率,处理不当可能会造成地面沉降过大甚至地面塌陷。

①盾构通过时螺旋输送机易出现喷涌,应采取以下措施:采用加泥式土压平衡模式掘进;螺旋输送机设计为中轴式,并采取双闸门;进行渣土改良,可防止或减轻螺旋输送机排土时喷涌现象。

②盾构掘进中出现喷涌现象,采取以下措施处理:立即关闭螺旋输送机的闸门,适当向前掘进,使土仓内压力重新建立平衡;掘进过程中向土仓内注入膨润土;通过刀盘的转动,将土仓内的土体搅拌均匀;提高土仓压力,然后才将螺旋输送机的闸门慢慢打开,开门度为 10%~30%,边掘进边出渣,始终保持土仓内压力稳定。

7. 主要措施落实情况及效果

(1)钢套筒施工工艺流程及安装过程总结

钢套筒施工过程如图 2.1-7~图 2.1-12 所示。通过对盾构钢套筒接收、通过、始发三个阶段施工过程中钢套筒状态进行巡视,整个施工期间钢套筒密封性良好,土仓压力稳定,钢套筒环向、纵向接缝,钢套筒与洞门环板连接处,钢套筒环梁与管片连接处,钢套筒与环梁连接处等关键部位均未发现渗漏现象。

图 2.1-7　钢套筒上部支撑安装

图 2.1-8　盾构钢套筒整体检查

图 2.1-9　过渡环内部与预埋钢环直接焊接

图 2.1-10　闭水检查密封性

图 2.1-11　对渗漏点进行处置

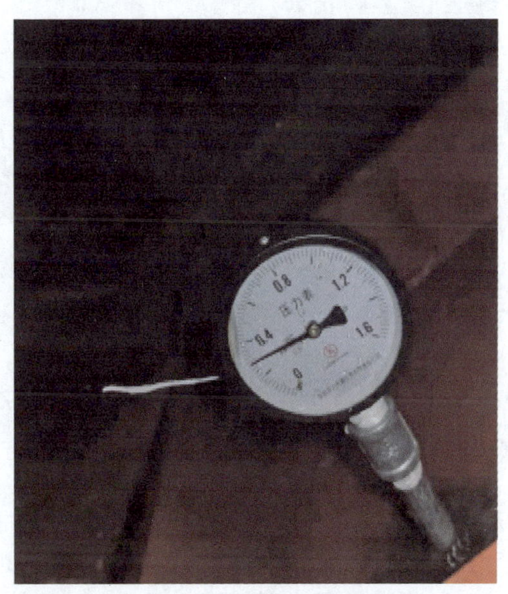

图 2.1-12　气压密闭性检测

(2)盾构机钢套筒接收、通过、二次始发期间盾构参数控制

盾构机穿越风井阶段,根据现场数据及时调整掘进参数,减小盾构穿越对地层的扰动,顺利通过钢套筒。

(3)防洞门水土流失

现场于盾构接收前对端头洞门附近土体采用 ϕ800@550 旋喷桩加固,加固后进行现场取芯试验,并送实验室进行检测,加固范围及参数指标符合设计要求(3 m、0.8 MPa)。

8. 经验总结及建议

(1)对富水地层钢套筒接收、通过、始发盾构参数进行总结,结果见表 2.1-3。

表 2.1-3 富水地层钢套筒接收、通过、始发盾构参数总结统计表

状态	地质水文条件	掘进速度(mm/min)	上部土压(MPa)	推力(kN)	刀盘转速(r/min)	扭矩(kN·m)	出土量(m^3)	同步注浆量(m^3)	同步注浆压力(MPa)
接收	细中砂、粉土	20	0.025~0.03	10 000	0.6	1 200~1 500	44~45	5.0~5.2	0.25~0.27
通过	回填料	5~10	0~0.06	9 000~14 000	0.6~1.0	2 000~4 000	44~45	5.0~5.6	0.25~0.30
始发	细中砂、粉土	20	0.15~0.20	15 000	1.2	2 400~2 700	45	5.0	0.27~0.30

(2)盾构过风井时采取钢套筒施工工艺,具有实用性强、操作简便、节约成本、节省时间、提高工作效率、有效保障施工人员的安全等特点,可以在深度高和水压大的条件下进行工作,并且盾构结构的整个过程完全密封,为盾构施工的安全提供了最大保障。

(3)可以通过对比试验,进一步优化钢套筒内的填充料,提升钢套筒内掘进速度。

2.2 盾构斜套筒侧向补偿始发安全风险控制技术

2.2.1 斜套筒侧向补偿始发技术风险特点

受地面条件限制,盾构始发端有时无法提供垂直始发条件,盾构机需在横通道内侧向平移、转体、再平移至预定位置后进行始发,但这种始发方式流程复杂且工期长,不满足盾构高效施工要求。盾构侧向补偿始发是在此基础上改进的一种始发技术,盾构机在进入平移横通道后不再进行转体,而是直接在平移横通道内进行始发,但这种始发方式存在侧向始发面与隧道正线斜交的问题。针对此情况,采用异形钢环补偿侧向始发,通过钢环内填料补偿始发阶段切削不均衡的问题。斜套筒侧向补偿始发技术不仅可以解决侧向始发面与正线斜交等问题,并且可大幅缩短工期,真正做到技术革新与经济效益的双赢。

2.2.2 斜套筒侧向补偿始发技术施工流程

斜套筒侧向补偿始发技术施工流程如图 2.2-1 所示。

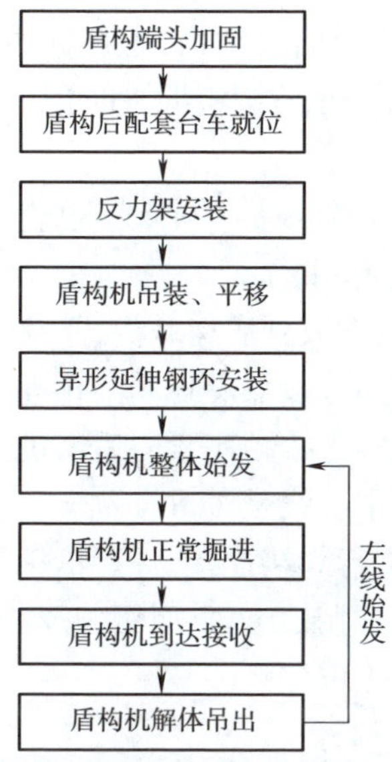

图 2.2-1　斜套筒侧向补偿始发技术施工流程图

1. 端头加固

为保证盾构施工安全，盾构侧向始发前需对始发端头进行加固处理，加固完毕后进行现场取芯试验，检测强度符合设计要求后方可始发，以保证盾构施工安全。

2. 反力架安装

暗挖隧道空间右线，限制了反力架的结构形式，常规盾构反力架无法满足施工要求，根据暗挖隧道的结构形式，需特殊设计用于平移通道内盾构施工的反力架。

反力架采用钢板焊接而成，反力架底部采用扩大混凝土基础预埋连接钢板，顶部与既有二次衬砌结构预埋钢板连接，同时反力架设置水平传力支撑，支撑与二次衬砌结构错台位置连接。

为保证盾构始发的安全和反力架的稳定，安装反力架后在架体上布置位移监测点及应力监测点，监测点主要布置在架体的横梁和立柱背后，能准确地反映架体的变形和应力变化情况。

3. 盾构机吊装、平移

在始发端场地内铺设钢板，钢板拼接采用电焊焊接并打磨平整，表面涂刷黄油。钢板铺设完成后安装始发托架，在托架上进行盾体、刀盘及螺旋输送机拼装，在平移横通道内平移到达始发位置。将盾构机始发基座利用地面吊车吊入横通道内的钢板上，并将其固定，在始发架上安装盾构机主体。始发基座在平移横通道内通过卷扬机在前方牵引，后方用千斤顶顶在钢板上向前移动，到达与隧道正线斜交位置。平移过程中通过调节千斤顶推力大小进行纠偏。

4. 异形延伸钢环安装

异形延伸钢环是两端开口的桶状结构,钢环左右两侧及底部需焊接 H200 型钢斜支撑,斜支撑间距 1.5 m,防止盾构机掘进时钢环发生位移。

(1)异形延伸钢环安装

①安装前,首先在基坑里确定线路中心线,也就是钢环的中心线。钢环定位时,要求钢环中心线、线路中心线重合。

②在地面上先把钢环吊装下放到盾构井内,平移至始发位置,使钢环中心线与事先确定好的线路中心线重合,分段点焊与洞门预埋钢环焊接,使其稳固。

③钢环安装完成后,连接螺栓按顺序紧固后需进行检查并复紧,对钢环位置进行复测,检查与盾构机到达的中心线是否重合。

④钢环与洞门预埋钢环进行焊接连接,焊缝沿钢环一圈内外侧满焊。

⑤钢环左右两侧及底部需焊接 H200 型钢斜支撑,斜支撑间距 1.5 m 设置一道,防止盾构机掘进时钢环发生位移。

(2)洞门处理

①加固效果检验。在破除洞门前,对土体加固效果进行水平钻孔取样检查,同时对地下渗水情况进行判断,根据地下水的渗透情况作出是否进行二次注浆加固的决定。

②洞门凿除。加固效果达到要求后开始破除平移通道 350 mm 厚初支结构,洞门破除分上下两层,先下后上,下部破除完毕后立即进行回填,延伸钢环敞口处采用砌体墙封闭,为保证回填期间砌体墙的稳定性,临时用钢管脚手架加固;按照同样顺序完成上半部分初支破除及回填,钢管脚手架待回填料达到自稳强度后方可拆除。

5. 密封装置安装

密封装置与钢环尾端钢板预留孔通过螺栓连接,密封采用折页式密封压板。由于帘布橡胶板和扇形压板通过与管片的密贴来防止管片背后注浆时的浆液外流,所以安装时螺栓必须进行二次旋紧,防止安装扇形压板时损坏帘布橡胶板。

6. 异形延伸钢环内填料

盾构机向前推进至刀盘面板贴近洞门一侧掌子面后,通过钢环顶部预留孔向钢环内三角区填料,填料采用低强度配比同步回填注浆料,通过试配使其强度和韧性接近加固后的土体,回填料无侧限抗压强度控制在 1.0 MPa 左右。

7. 盾构机始发

(1)管片的运输:管片通过施工竖井运至井底,在施工横通道第二层通过叉车水平运输至正线列车上。

(2)渣土的运输:因始发阶段负环管片不能拆除,编组列车不具备轨行条件,始发阶段采用皮带输送机出渣,皮带输送机在既有隧道及施工横通道第一层内敷设,最终汇入施工竖井内土斗,通过龙门吊吊出。单线始发设置皮带输送机共计 270 m。

8. 盾构机正常掘进

始发 120 m 后拆除负环管片,盾构机进入正常掘进阶段,正常掘进阶段同常规盾构施工。

2.2.3　斜套筒侧向补偿始发技术典型工点

下面以北京地铁昌平线南延工程学院桥站—西土城站盾构区间为例,介绍盾构斜套筒侧向补偿始发技术施工特点及流程。

1. 工程概况

该区间全长约 1 310 m,为矿山法 + 盾构法区间,矿山法段长 250 m,盾构法段长 1 060 m,拱顶覆土 19 ~ 26 m,底板埋深 25 ~ 32 m。

在北京市政府提出地下水资源保护要求后,盾构法成为区间非降水施工最安全高效的工法,但地铁线路位于道路正下方,两端车站为暗挖工法,盾构不具备正线始发条件,遂采用侧向始发。受周边环境限制,施工场地只能“L”形设置,宽度 23 m,边长 73 m,占地面积仅为 2 950 m^2。为实现狭小场地条件下盾构高效出土,侧向整体始发,采取“斜套筒侧向补偿始发”措施。区间异形延伸钢环补偿始发平面示意如图 2.2-2 所示。

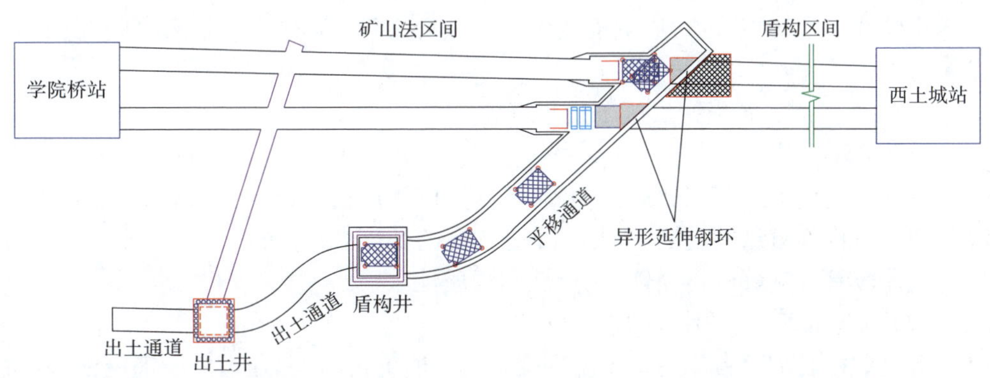

图 2.2-2　区间异形延伸钢环补偿始发平面示意图

2. 工程地质及水文

该区间盾构隧道主要穿越地层为粉质黏土④层、细中砂$④_2$层、卵石⑤层,如图 2.2-3 所示。

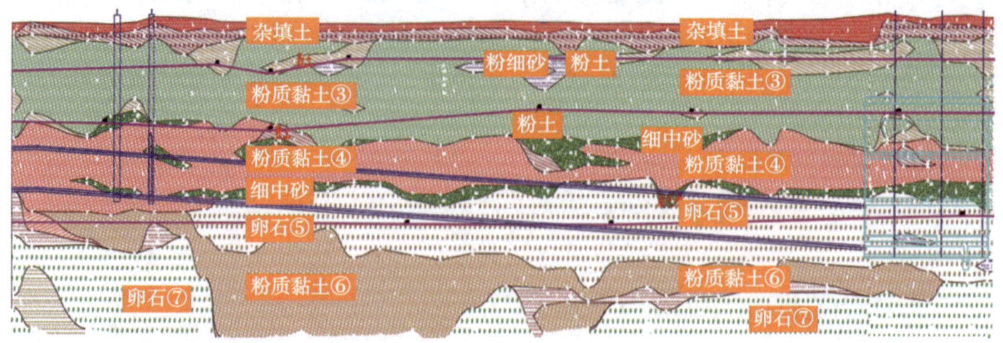

图 2.2-3　区间地质剖面示意图

该区间主要赋存有三层地下水,其类型分别为上层滞水、潜水和层间潜水。

3. 斜套筒侧向补偿始发施工控制要点

(1)平移横通道初支结构破除,洞门土体稳定性减弱,采取由下向上破除,逐层衬砌(砖+砂浆)并逐层回填。

(2)异形延伸钢环与洞门钢环焊接部位、洞门钢环与二次衬砌结构钢筋焊接部位为薄弱点,委托专业第三方进行受力计算,焊接部位满足要求后进行盾构始发。

(3)盾构始发异形延伸部位回填料与地层形成"复合地层",容易偏压,对回填料配合比进行试验,尽量保证与地层强度一致。

(4)盾构始发阶段异形延伸钢环稳定性、强度、刚度变化,不利于盾构始发安全推进。钢环法兰之间设置应力螺栓连接,应力变化集中部位采用应力计监测,洞门部位管片加密测点,进行椭圆度及中心线变化监测,及时反馈监测数据,做到信息化施工。

4. 斜套筒侧向补偿始发施工过程

(1)洞门加固

始发端头采用水平深孔注浆加固,加固宽度为盾构隧道结构每侧 3 m,竖向加固范围为盾构隧道结构上下 3 m,沿隧道方向的长度 8 m,如图 2.2-4 所示。加固后的土体应具有良好的自立性、密封性和均质性。

(2)盾构机下井、平移、转体

下放盾构后配套台车运送至反向隧道内;盾构井及平移通道内满铺钢板,表面涂刷黄油,安装托架。在盾构井托架上进行盾体、刀盘及螺旋输送机拼装,在平移横通道内平移、转体到达始发位置。

(3)异形钢环及反力架安装

钢环在盾构井内拼装成型后,整体平移至洞门位置(图 2.2-5),再安装导轨,钢轨之间铺砂并压实。钢环前端直接与洞门预埋钢环焊接,后端法兰安装止水帘

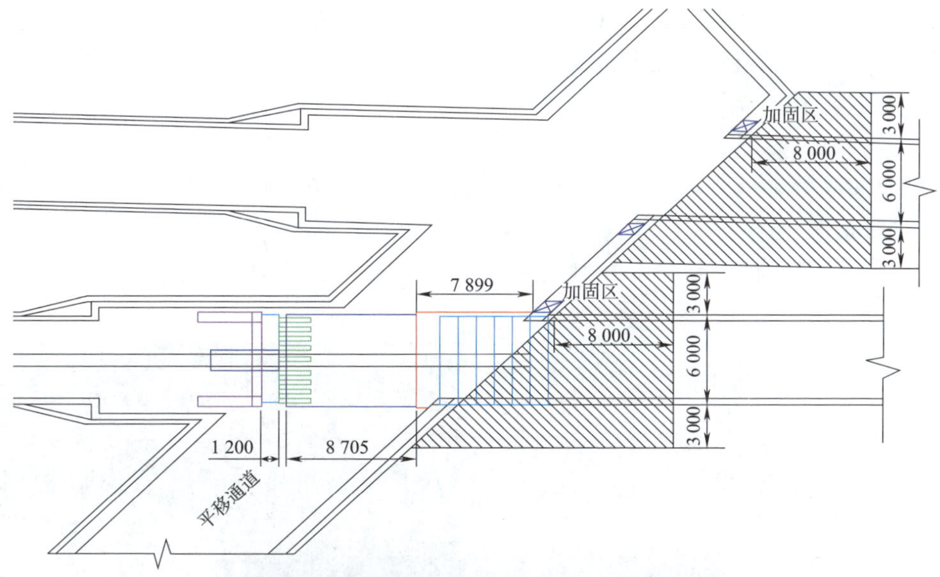

图2.2-4　洞门加固示意与实景图(单位:mm)

图2.2-5　异形钢环及反力架安装

布。反力架位于反向隧道内,底部施作纵梁作为反力架立柱基础,上部在二次衬砌上预埋钢板,用于固定立柱上部及支撑。

(4)洞门初支凿除

①洞门加固效果检验:在破除洞门前,对土体加固效果进行水平钻孔取样检查,洞门加固效果检查内容包括:加固体强度;加固体整体性、均匀性;加固体中地下水含量情况。

②洞门凿除施工:分块凿除洞门初支(图 2.2-6),分两次破除,从下后上、先边后中。

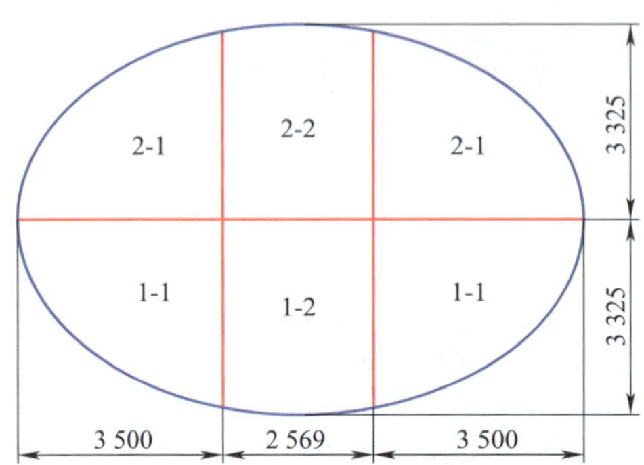

图 2.2-6　洞门初支凿除(单位:mm)

(5)安装钢环内砌墙、填料

洞门破除下半圆后,用加气混凝土砖砌筑挡墙,钢管支架加固墙背,灌注膨润土砂浆(图 2.2-7);洞门上半圆破除后,相同工序灌注回填料。

(6)安装负环,刀盘进入钢环

钢环、反力架安装完毕,盾构机调试完成后,安装负环(图 2.2-8)、盾构机向前推进至刀盘面板贴近洞门一侧掌子面。第一环负环在盾尾内拼装成型后,通过千斤顶整体向后顶推至紧贴反力架。

图 2.2-7　安装钢环内砌墙、填料

图 2.2-8　安装负环

(7)盾构始发

①始发阶段材料运输:始发阶段利用出土井及横通道进行管片等材料的运输,渣土通过连续皮带机输送至出土井由土斗吊出,盾构机配一列电瓶车运输管片等材料,如图2.2-9所示。

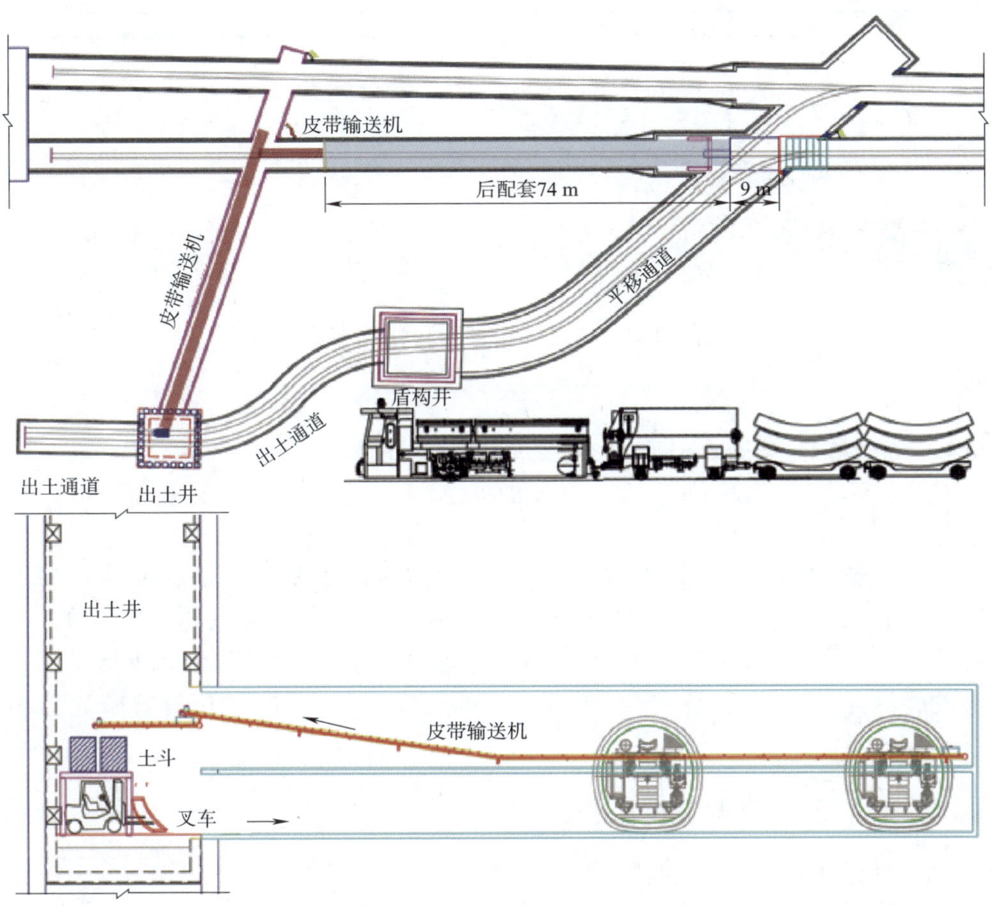

图2.2-9 始发阶段材料运输示意图

②在平移通道内铺设轨道,增加道岔,采用两列电瓶车出土。列车在平移通道及出土通道中行进运输渣土及管片(图2.2-10),出土井负责出渣,盾构井负责吊运管片。运输组织与盾构在正线上的常规施工一致。

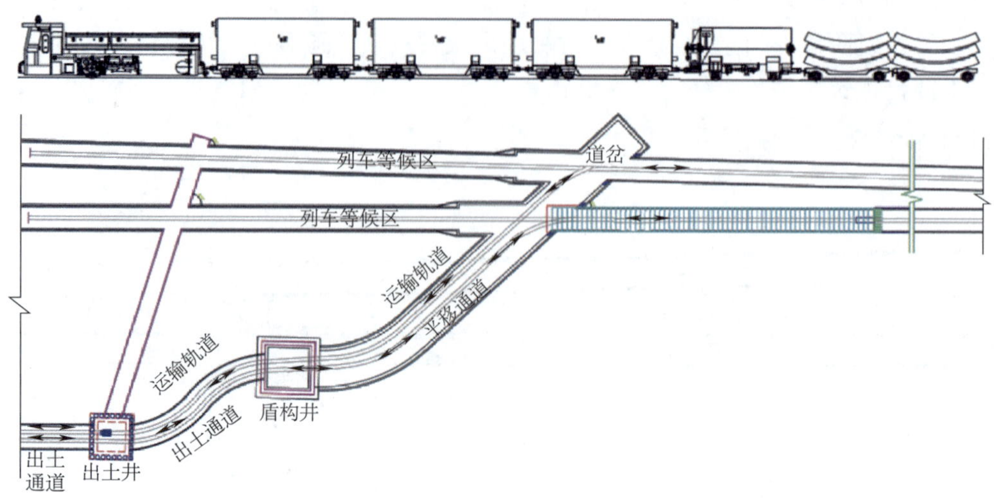

图 2.2-10　正常掘进阶段材料运输示意图

2.3　暗挖导洞盾构始发安全风险控制技术

2.3.1　暗挖导洞盾构始发技术风险特点

盾构始发作为首要工序,是盾构法施工的前提和基础。常规地铁工程均利用车站端部竖井或区间正线设置一定长度的独立竖井,实现盾构整体始发。随着城市建设环境日趋复杂,盾构始发常常受到地上、地下环境以及工程筹划、投资造价等条件制约,难以实现常规的始发条件,有时通过设置暗挖导洞用于盾构始发。

2.3.2　暗挖导洞盾构始发技术施工流程

1. 端头加固

盾构机在盾体贯入土体前是无法对土体进行注浆的,而土体不仅仅要承受盾构机推进所带来的巨大推力,还要承受土体被切削扰动后自身的应力损失,保证地面不发生沉降。这就要求盾构机始发前方的土体必须具有足够的稳定性,因此必须对盾构始发前方"1 个盾体长度 +3 环管片"长的土体进行加固。

待暗挖断面二次衬砌施工至堵头墙时,采用玻璃纤维筋自上而下逐榀架设玻璃纤维筋格栅并喷射混凝土,封堵掌子面,混凝土厚 450 mm。玻璃纤维筋是一种新型合成材料,具有很高的抗压能力,但是其抗剪能力较弱,用其封堵洞门既能达到土体加固的强度要求,又不影响盾构始发时直接掘进。

2. 盾构机始发

(1) 预埋件设计与埋设

根据盾构技术设计需要,在施作暗挖断面二次衬砌时,将设计好的预埋件与暗挖断面二次衬砌施工统一考虑,统筹安排。

(2) 导槽施工及盾构机空推

盾构机在车站端头井吊装组装完成后,要空推到始发位置。空推作业以千斤顶为动力,盾构机沿敷设的轨道被千斤顶推至预定位置。空推作业必须做好两个方面的工作:一是千斤顶支墩,二是轨道敷设。

支墩为 C20 钢筋混凝土,并在混凝土上预埋钢板,焊接 43 型轨道用于平移盾构机。盾构机平移采用液压千斤顶进行施作。在浇筑隧道底板的同时预埋 20 mm 厚的钢板,钢板每间隔 3 ~5 m 在左右两侧各预埋 1 块;底板浇筑完成后,在钢板后侧植筋,并浇筑混凝土,与钢板构成支撑墩,为千斤顶顶进提供支撑反力。隧道底部二次衬砌施工完成后要回填素混凝土,作轨道道床使用,故在施作钢轨支墩与顶进支墩时可以结合回填混凝土高度与等级进行。

(3) 反力架设计安装及加固

反力架采用分块设计,组合安装。

①钢反力架的加工与安装

盾构机就位后,将已经加工好的钢反力架运输至洞内并安装。按照盾构机始发所处的结构断面形式及尺寸加工钢反力架,钢反力架由 I63c 型工字钢及 15 mm 厚的钢板加工而成。上下横梁与立柱之间采用螺栓连接。

②钢反力架的加固

钢反力架立柱直接镶嵌到二次衬砌结构内,在预留镶嵌槽时预埋 20 mm 厚的钢板,将立柱与钢板连接起来,使立柱“上下生根”,确保立柱的水平承受力直接传递到二次衬砌结构上,最大程度保证立柱的抗扭、抗拉能力。立柱与横梁之间采用高强度螺栓结合焊接的形式进行固定,并且立柱与横梁之间设斜撑。每根立柱与暗挖隧道底板之间设置 2 根 ϕ609 钢管斜撑。斜撑与立柱采用焊接连接,另一端焊接到底板支墩的侧面。支墩采用钢筋混凝土制作,钢筋直接锚固到底板结构钢筋上。

2.3.3　暗挖导洞盾构始发技术典型工点

下面以北京地铁 19 号线一期牛街站—太平桥站区间为例,介绍暗挖导洞盾构始发技术施工特点及流程。

1. 项目概况

该区间全长 1.8 km,沿长椿街、闹市口大街南北向敷设,先后穿越宣武医院、国铁直径线、地铁 2 号线长椿街站、地铁 1 号线复兴门站—西单站区间后到达暗挖车站接收。道路两侧多层住宅密布,建筑大多贴红线建设,路中管线密布,部分道路尚未实现规划,沿线环境风险众多。区间埋深较大,穿越富水的卵石⑤层、卵石⑦层,局部穿越卵石⑨层,地下水补给充足,大范围暗挖施工地下水处理成本较高,适宜采用盾构法施工。沿线地质情况如图 2. 3-1 所示。

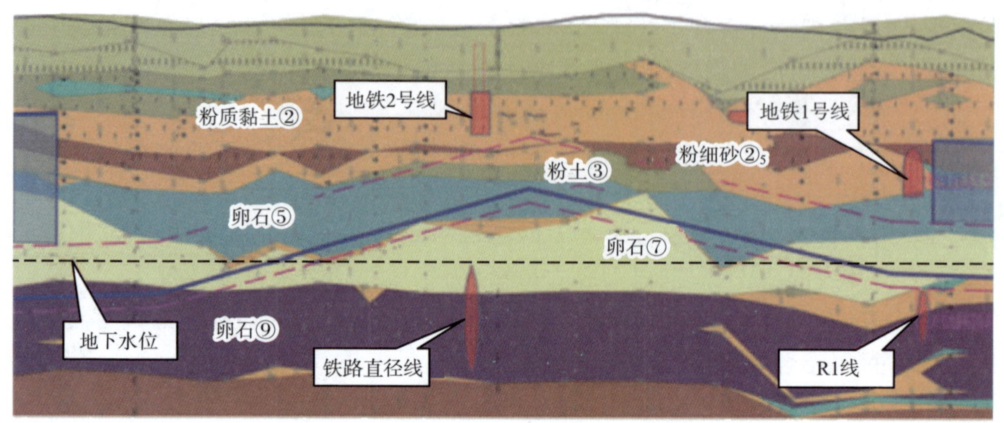

图 2. 3-1　区间沿线地质情况示意图

区间两端均为暗挖车站,车站规模和入水深度较大,施工工期长,车站和区间工程筹划难以匹配,区间不能利用车站提供任何形式的盾构正线始发条件,也难以利用车站风井和竖井作为出土运输空间。区间全长范围受风险工程、道路管线、交通等控制条件影响,无设置正线竖井条件,必须考虑独立暗挖条件下盾构始发,并结合环境寻找侧向地面条件,建立起地下盾构始发空间与施工场地的联系。

2. 暗挖导洞组合结构设计方案

(1)暗挖导洞组合结构组成

盾构侧向始发方案考虑左、右线盾构共用通道运输就位、独立同向始发,主要依据盾构吊装、拼装需求、出土、运输管片方式及相互干扰因素,开展始发结构的设计,以最小的土建规模实现双线独立侧向始发、共同掘进的需求。

经过对控制条件的分析,确定盾构始发结构最小规模应包含:盾构始发竖井、盾构始发横通道、暗挖超前段、出土竖井、出土通道五部分。其中,盾构始发横通道、出土通道和暗挖超前段构成了主要的地下盾构始发空间;盾构始发竖井和出土竖井建立起地下空间与地面场地的联系,提供完整的运输通道并可依据场地和环境条件灵活布置。各结构有机组合从而形成以多条地下独立通道为核心的暗挖单通道组合结构。暗挖导洞组合结构施工阶段布置示意如图 2. 3-2 所示。

(2)暗挖导洞组合结构整体施工工序

①进行盾构始发竖井施工,并从盾构始发竖井内实施盾构始发横通道,完成二

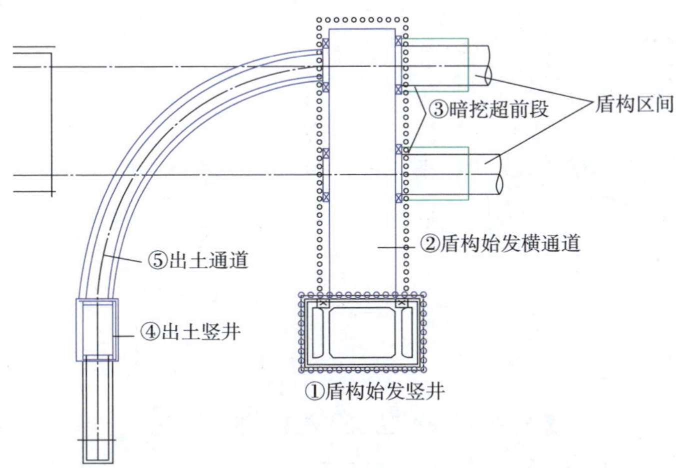

图2.3-2　暗挖导洞组合结构施工阶段布置示意图

次衬砌。

②从盾构始发横通道内向大里程端进行暗挖超前段施工。

③盾构始发竖井施工的同时,可进行出土竖井开挖,并从出土竖井内分别向两端开挖出土通道,施工出土通道初次衬砌及临时二次衬砌。

④出土通道贯通后,形成组合结构,满足双线始发条件,进行区间正线盾构始发施工。

⑤正线盾构区间施工完毕后,对出土通道及出土竖井进行回填。

⑥进行横通道南侧至车站40 m正线暗挖区间的开挖及初次衬砌、二次衬砌施工,正线区间范围内的出土通道结构在正线区间开挖时凿除。

⑦40 m正线暗挖隧道施工后,在盾构始发竖井及横通道之间浇筑封堵墙,最后对盾构始发竖井回填。

3. 盾构侧向始发方式

左线(远离竖井侧)盾构先行吊装始发,在盾构始发竖井内实现前盾、中盾、后盾组装,利用盾构始发横通道作为盾构平移就位通道,使盾构平移进入暗挖超前段,预留洞内安装螺旋输送机的空间。盾构初始掘进阶段,采用盾构与第1节后配套通道内就位始发,其余后配套及设备系统分置于地面,随初始段掘进75 m以上,后配套设备可全部于隧道内安置并恢复常规盾构掘进方式。暗挖出土通道与路侧出土竖井组合作为左线盾构后配套下井、出土、管片运输等施工路径;左线后配套台车全部入洞后,右线盾构仍通过盾构始发井和始发横通道实现就位安装和始发,掘进时与左线保持200 m以上距离。右线盾构施工阶段利用始发井和始发横通道作为盾构出土、管片运输路径,可采取竖向链式提升吊运、水平皮带式机械运输等侧向出土运输方式实现竖井、横通道内出土及材料运输。

4. 暗挖导洞组合结构形式及施工方法

(1)盾构始发竖井结构形式及施工方法

盾构始发竖井井口平面尺寸按照盾构吊装拼装控制(图 2.3-3),井深达 35 m,采用 ϕ1000 灌注桩围护结构 + 水平混凝土环梁临时结构,明挖法施工。环梁中跨作为盾构吊运、井下组装空间,结合前述盾构尺寸预留 8 m×10 m 净空。为缩短降水周期,盾构施工掘进阶段在水位以下施作临时二次衬砌结构,保证防水效果,减少降水量。

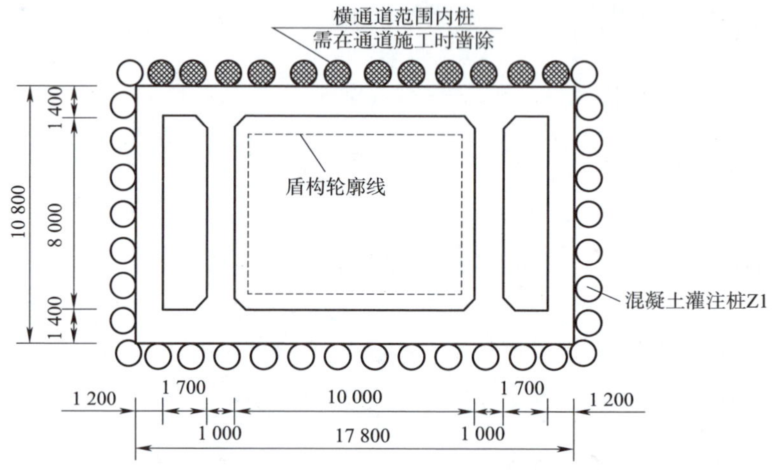

图 2.3-3 盾构始发竖井临时结构布置示意图(单位:mm)

(2)盾构始发横通道与暗挖超前段结构形式及施工方法

在满足盾构组装、平移条件下,盾构始发横通道净宽确定为 10 m,采用单跨 PBA 暗挖法施工,由于埋深深达 34.5 m,且地下水影响较大,边桩采用 ϕ1000 灌注桩,保证横通道下部开挖时的整体稳定。结合明挖竖井施工顺序,横通道扣拱后采用顺作法施工,二次衬砌兼作区间正线结构。暗挖超前段内轮廓断面 7 m×7 m,结合盾构长度、后配套和连接桥长度等,结构长度 10 m。为控制邻近建筑宣武医院侧沉降,超前段开挖必须待横通道二次衬砌结构完成后施工,考虑盾构超前段空推就位空间要求,采用双层初期支护结构,超前段端墙采用玻璃纤维筋 + 网喷支护,并在端墙部施工盾构始发土体加固注浆,避免始发掘进过程和凿除端墙过程的危险作业工序,提升工程安全性。盾构始发横通道及暗挖超前段结构布置示意如图 2.3-4 所示。

暗挖超前段内随盾构掘进需进行管片拼装,并通过管片上方预留孔,采用吹填豆砾石以及注浆方式填充管片和初期支护之间的空隙,确保填充密实。在横通道

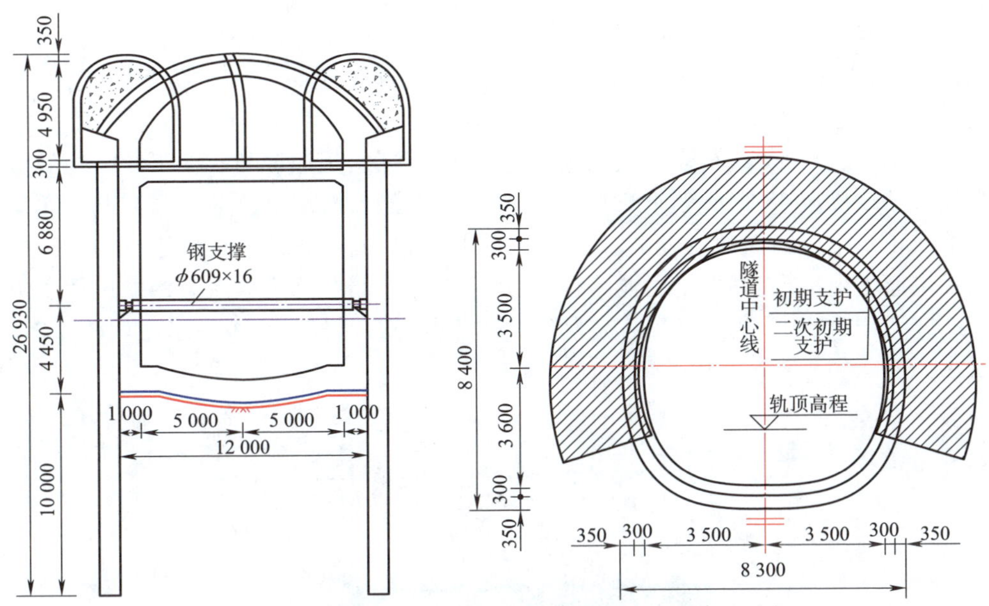

图 2. 3-4　盾构始发横通道及暗挖超前段初期支护结构布置示意图(单位:mm)

环梁处安装止水帘布,以防止豆砾石及浆液外漏。封堵墙安装两道钢刷密封洞门,防止盾构始发时,外侧水土向洞内流失。暗挖超前段二次衬砌结构布置示意如图 2. 3-5 所示。

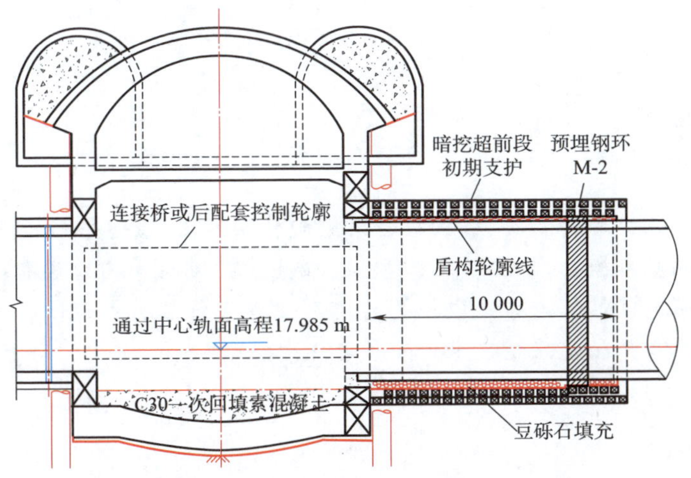

图 2. 3-5　暗挖超前段二次衬砌结构布置示意图(单位:mm)

(3)出土竖井与出土通道结构形式及施工方法

出土竖井采用倒挂井壁法施工,平面孔口尺寸以运输电瓶车和吊装运输为控制依据,出土通道采用台阶法开挖,出土竖井和出土通道设置临时防水二次衬砌,满足盾构掘进施工阶段结构稳定和防水要求。

出土通道与左线、右线永久结构暗挖正线交叉,出土通道与右线正线暗挖隧道交叉段角度接近45°,可提前实施并预留出土通道环梁实现立体交叉。出土通道与左线正线暗挖隧道夹角过小,且受车站工期限制,左线正线暗挖隧道提前实施也无法贯通牛街站,提供出土运输路径,因此左线正线暗挖隧道采取盾构掘进后实施方式,待出土通道回填后,施工左线隧道。出土通道与暗挖正线关系示意如图2.3-6所示。

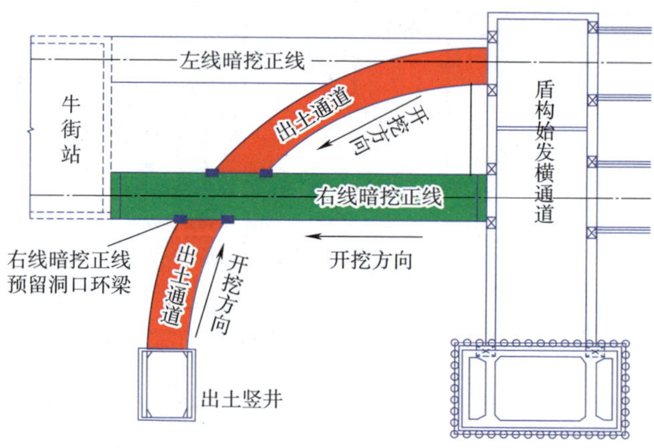

图2.3-6 出土通道与暗挖正线关系示意图

本章小结

本章对盾构钢套筒始发、盾构斜套筒侧向补偿始发、暗挖导洞始发三种盾构始发新型技术的基本概念、工法特点、工艺流程及管控风险等内容进行了简要介绍,同时借助北京地铁第二轮建设中相关的典型工点进行了补充说明,总结了目前北京地铁建设中盾构始发新型技术的管控要点。

第3章　北京地铁盾构接收安全风险控制技术

随着城市的高速发展，传统的盾构接收方式已经无法满足位于城市繁华地带或地质条件复杂情况下的盾构施工，非常规新型盾构接收技术的应用正在逐年增加。以北京地铁盾构施工为例，2019—2021 年北京地铁盾构法施工共贯通隧道 90 条，其中涉及非常规新型盾构接收技术的隧道共 27 条，包含硐室脱壳解体接收、无硐室脱壳解体接收、水下接收、钢套筒接收等盾构接收新型技术。

本章将对北京地铁第二轮建设中出现的盾构接收新型技术进行介绍。

3.1　硐室脱壳解体接收安全风险控制技术

3.1.1　硐室脱壳解体技术风险特点

在大多数盾构法施工隧道的工程中，盾构掘进至隧道接收端，通过设置接收井，完成盾构接收的解体、吊装等工作。但是在施工场地受限、地面不具备吊装条件、取消原定车站接收井或工期调整，不得已需要进行盾构脱壳解体接收，将拆卸下的各部件通过隧道转运回始发井吊出，并把部分盾构壳体保留在隧道内。

盾构脱壳解体接收，主要分为硐室脱壳解体接收和无硐室脱壳解体接收。硐室脱壳解体主要指在暗挖车站、暗挖横通道、暗挖盲洞等接收端结构内进行盾构解体，刀盘前方有操作空间的盾构解体接收技术。目前国内外盾构硐室脱壳解体技术已趋于成熟，在实际施工中有广泛应用。

北京地铁 14 号线 13 标南八里庄站—北京工业大学站区间隧道盾构接收，为北京首例盾构洞内解体案例。因原南八里庄站处地面不具备接收条件，因此在接收端处设有盲洞，左、右线盾构掘进完成后在盲洞内进行刀盘分割与盾构解体，如图 3.1-1 所示。各机械部件拆除后水平运输至盾构始发端，由

图 3.1-1　14 号线 13 标盾构在盲洞内拆卸

始发端吊装井吊出,盾壳保留在土体中作为该部分隧道结构的初支,再施工二次衬砌结构。

天津地铁 6 号线西青道站—南运河站区间隧道,盾构掘进至到达端车站,因车站顶板已封,计划在盾构掘进完成后在车站内进行解体,尾盾留在洞内,其他部件从隧道内运出至地面。

北京地铁 16 号线万泉河站—苏州街站的盾构机便按照在洞内解体的方案进行设计,设计时考虑刀盘和盾体可分块拆卸,且在隧道接收端设有盲洞。

国外的盾构洞内解体技术发展时间较长,尤其新加坡,目前新加坡路交局(LTA)已明确要求区间盾构施工必须在洞内解体,将盾构盾壳留在隧道内作为初支,其他设备运出地面。

从国内外研究与应用情况来看,要减少接收所占地面,洞内接收是最为理想的方式。其应用广泛,不需另外占用地面空间即可贯通,也不需要更新盾构机,为盾构隧道技术发展的主流趋势,具有现实意义。由于不占用任何地面空间,避免了大量的征地、迁移成本,同时也不会改变地面生态环境,避免了因此带来的交通拥堵,保障了居民的正常生活秩序,也符合绿色施工理念,有利于社会的可持续发展。因此,盾构接收从地面转入地下更符合实际工程的需要。

3.1.2 硐室脱壳解体技术施工流程

1. 拆机准备工作

(1)轨道铺设。盾构机拆机前,需铺设拖车行走轨,并整理电瓶车行走轨道,保证电瓶车轨道顺畅。

(2)部件支撑制作。根据设计图纸加工部件支撑工装,如主驱动工装、螺旋输送机工装、设备桥工装等。

(3)准备相应的拆解工具,如液压扳手、手拉葫芦、钢丝绳等。

2. 洞内拆机顺序

盾构洞内拆机总体遵循先易后难,先小后大,由后往前、由上而下、由内而外的顺序。

3. 刀具拆解、运输

盾构机掘进完成后断电前,拆除刀盘上所有刀具,刀具及相应附件编号装箱运输。

4. 拖车分离、运输

断开拖车的油、水、电等管线,拆卸时在拖车顶部管片上安装吊轨和手拉葫芦,用于拖车上的设备和车架的拆卸。拆卸时应注意左右对称拆移台车上的部件,保持左右受力平衡和拖车架的稳定。

5. 设备桥拆除

设备桥作支撑，并将设备桥支撑在管片车上，将设备桥运出洞外。

6. 螺旋输送机拆除

螺旋输送机需要作临时支撑门架，在门架上设置吊点将螺旋输送机拆除；设置支撑，并将螺旋输送机支撑在管片车上，将螺旋输送机运出洞外，如图3.1-2所示。

图3.1-2　运出洞外的螺旋输送机

7. 管片拼装机拆除

在盾尾顶部安装两道平行吊轨，每条轨道安装若干可移动葫芦（滑车和葫芦组合），使用葫芦悬挂于顶部管片将管片机拉紧，支撑与托梁之间焊死，且用绳索、链条等将拼装机绑缚固定于运输车上面，运出洞外。

8. 盾体附件拆除

盾体附件拆除包括推进油缸，盾体平台，米字梁，铰接油缸，盾体内液压、流体、电气元器件拆除。

9. 人仓拆除

在盾体上焊接吊耳，将人仓拆除；将人仓放在管片车上整体运出。

10. 主驱动拆除

主驱动的拆除有以下四种方案：

方案一：工装辅助拆卸（不需割盾体）。拆除主驱动的电机和减速机，并放掉驱动箱内部齿轮油；利用工装和盾体顶部的吊耳将主驱动翻身；将主驱动放置于平板车上，运出洞外。

方案二：割除盾体辅助运输（需割盾体）。拆除主驱动的电机和减速机，并放掉驱动箱内部齿轮油；将盾体底部隔板拆除，将管片车送到主驱动底部；将主驱动放置于平板车上，运出洞外。

方案三：割除盾体，利用吊耳吊装（需割盾体）。拆除主驱动的电机和减速机，并放掉驱动箱内部齿轮油；将盾体上部隔板拆除，利用盾体上的吊耳对主驱动进行翻身；将主驱动放置于平板车上，运出洞外。

方案四：桥吊吊出（不需割盾体，有盲洞）。利用桥吊将主驱动吊出，并放置在平板车上，运出洞外。

上述四种主驱动拆除方案的选择需根据现场空间限制程度、经济、安全等因素综合选取，其优缺点对比见表3.1-1。

表 3.1-1　主驱动拆除方案对比(一)

方　　案	适用条件	优　　点	缺　　点
方案一:工装辅助拆卸	刀盘前部可操作空间无要求	盾体可重复利用;成本较低	需要制作强度足够的工装;拆卸费时
方案二:割除盾体辅助运输	刀盘前部可操作空间无要求	主驱动不需要翻身;操作简单	盾体不可重复利用;运输有一定的风险
方案三:割除盾体,利用吊耳吊装	刀盘前部可操作空间无要求	不需要工装	盾体不可重复利用;主驱动翻身较费时
方案四:桥吊吊出	刀盘前部有可操作空间	盾体可重复性利用;成本较低,时间短;不需要拆卸减速机和电机	前部需要有足够的空间(盲洞)来架设桥吊

11. 刀盘拆除

根据是否切割刀盘及操作位置,刀盘的拆除也分四种方案。具体如下:

方案一:刀盘分块切割(从前部)。将刀盘割除,采取分块割除的方式;刀盘割除前须选取相应位置焊接吊耳,刀盘割除时遵循先下后上的原则,分区域进行割除。牛腿及法兰割除前须拴挂手拉葫芦。预估割除部位重量,选取合适的手拉葫芦。

方案二:刀盘分块拆卸(从前部)。设计时将刀盘设计为分块结构,在刀盘前部设置桥吊,利用桥吊将刀盘拆卸,采取分块拆卸的方式。

方案三:刀盘分块切割(从后部)。在盾体上焊接合适的吊点;将刀盘割除,采取分块割除的方式,刀盘割除时遵循先上后下的原则;牛腿及法兰割除前须拴挂手拉葫芦。预估割除部位重量,选取合适的手拉葫芦。

方案四:刀盘分块拆卸(从后部)。设计时将刀盘设计为分瓣式刀盘,可在洞内进行拆除;再逐步进行牛腿拆除和刀盘拆除。

刀盘拆除四种方案的优缺点及适用条件见表 3.1-2。

表 3.1-2　刀盘拆除方案对比(一)

方　　案	适用条件	优　　点	缺　　点
方案一:刀盘分块切割(从前部)	刀盘前部有可操作空间	块数不定,可根据实际情况进行割除	刀盘不易重复利用;成本高,拆卸比较费时
方案二:刀盘分块拆卸(从前部)	刀盘前部有可操作空间	刀盘可重复利用;时间较短,拆卸方便	前部需要有足够的空间架设桥吊
方案三:刀盘分块切割(从后部)	刀盘前部没有可操作空间	刀盘可重复利用	拆卸复杂,费时
方案四:刀盘分块拆卸(从后部)	刀盘前部没有可操作空间	刀盘可重复利用;块数少,便于后期恢复	对现场拆卸水平要求较高

12. 盾体拆除

盾体拆除有以下三种方案：

方案一：盾体分块切割（前、后部均可）。割除盾体内部筋板、法兰等，盾壳割除遵循先尾后前、先上后下的原则；将盾体各部件运出洞外。

方案二：盾体分块拆卸（从前部）。设计时，将盾体设计为分块结构；在盾体前部设置桥吊（或吊点），利用桥吊将盾体拆卸，采取分块拆卸的方式，遵循先上后下的原则；在洞内逐块拆除。

方案三：盾体分块拆卸（从后部）。设计时，将盾体设计为分块结构，并且将盾体设计为两层盾壳；将盾壳各块逐块拆除，遵循先外后内、先上后下的原则；在洞内逐块拆除，如图 3.1-3 所示。

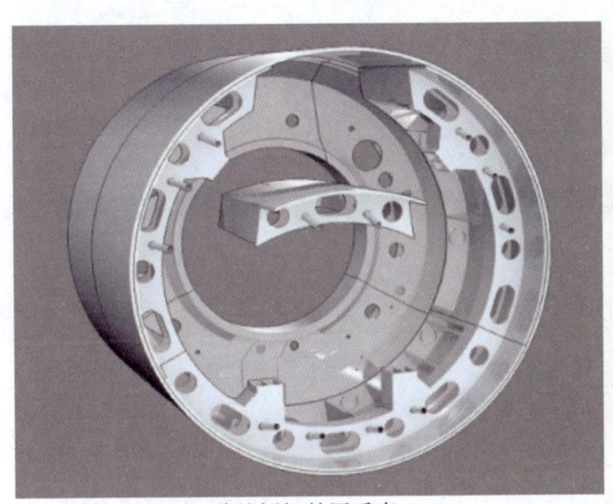
(a) 分块拆卸外层盾壳

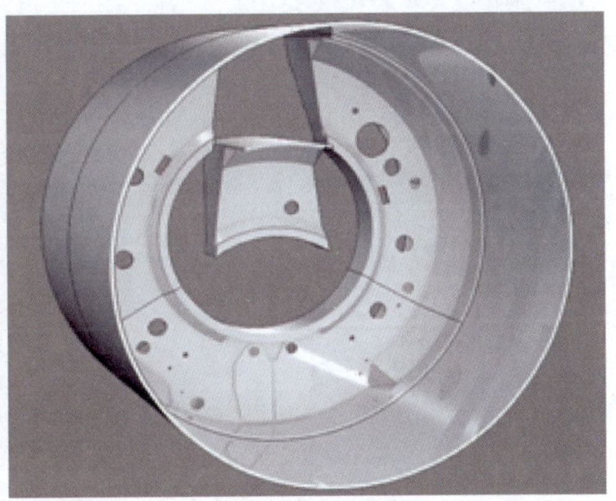
(b) 分块拆卸内层盾壳

图 3.1-3　分块拆卸盾壳示意图

三种方案的适用条件及优缺点对比见表 3.1-3。

表 3.1-3　盾体拆除方案对比（一）

方　案	适用条件	优　点	缺　点
方案一：盾体分块切割（前、后部均可）	刀盘前部可操作空间无要求	可以随意割除，大小重量可控	盾体不可利用，恢复成本高
方案二：盾体分块拆卸（从前部）	刀盘前部有可操作空间	拆机时间短；盾体可重复利用，成本低	前部需要有足够的空间架设桥吊
方案三：盾体分块拆卸（从后部）	刀盘前部没有可操作空间	盾体可重复利用，成本低	设计时盾壳为双层结构，主机较重；每次恢复需要重新制作外部盾壳；拆机时间较长

3.1.3 硐室脱壳解体技术典型工点

下面以北京地铁 19 号线一期牛街站—太平桥站区间为例，介绍盾构硐室脱壳解体技术施工特点及流程。

1. 工程概况

(1)结构概况

该区间线路长度 1 820.383 m。区间最大覆土厚度为 25.4 m，最小覆土厚度为 14.4 m。区间沿线下穿地铁 1 号线、2 号线，上跨国铁直径线等风险工程。

区间线路采用两台由中国铁建重工集团股份有限公司生产的土压平衡式盾构机进行掘进施工。隧道采用普通衬砌环形结构，由 6 块预制钢筋混凝土管片错缝拼装构成，钢筋混凝土管片采用 C50 混凝土，抗渗等级 P12。盾构隧道外径为 6 400 mm，管片厚度为 300 mm，宽度为 1 200 mm。

(2)接收端概况

由于接收井空间条件限制，需进行盾构弃壳接收，将尾盾弃置于隧道洞口。接收井周围地表管线众多(图 3.1-4)；接收端采用降水施工，实测地下水水位在隧道底板之下 1.5 m。

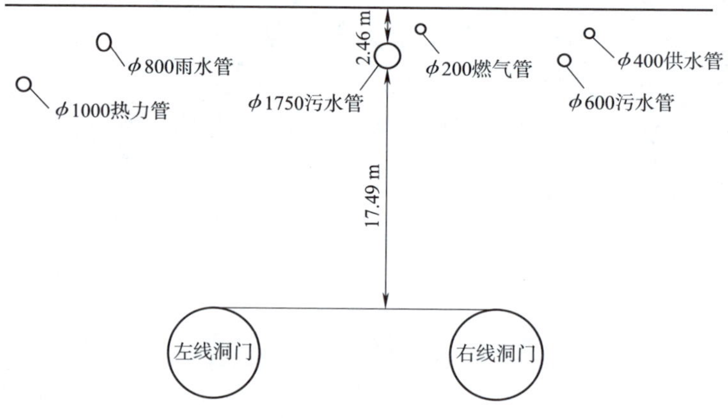

图 3.1-4 接收端管线情况

2. 施工筹划

(1)进度计划

盾构机从始发井始发，到达接收车站后盾构机主机与后配套台车各线路断开，盾构机主机洞内拆解后各部件存放在车站内，待盾构机后配套台车过站完成后，再利用电瓶车将盾构机主机零部件从始发端运出。

(2)总体拆机方案

设备破洞门后,金融街站接收端扩大端能使用的长度为7.7 m。根据模拟,前、中、尾盾只能分4块,若分3块弦长为5.4 m,在有限的空间内无法旋转方向。刀盘分5块。

盾构拆机步骤:刀盘拆解(洞内存放)→前盾1、2、4分块拆解前移→螺旋输送机(运输出洞)→前盾3块拆解和主驱动拆解前移→后配套拆解(运输出洞)→管片拼装机拆解(运输出洞)→中盾拆解(运输出洞)→刀盘运输出洞。

3. 硐室脱壳解体前准备工作

盾构机到达接收车站前60 m左右时,需对盾构机姿态进行测量复核,盾构机竖直方向趋势控制在0.6~1 mm/m范围内,使盾构机到达金融街站时刀盘中心比线路中心高30~50 mm,防止盾构机磕头;到达前6 m时,盾构机掘进速度应控制在20 mm/min以下。

在隧道贯通前10环时,都要进行人工姿态测量,将人工测量姿态值与自动测量系统测量结果进行比较,确保盾构机出洞时垂直姿态在20~30 mm范围内,保证盾构机顺利接收。

当盾构机刀盘缺口推出帘幕板时停止掘进,然后清理场地,并做好以下进站施工准备工作:

(1)盾构机破洞后,调整好刀盘的位置,在洞门刀盘底部安装并固定4条短钢轨,保证托住盾体出洞不下沉。

(2)在洞门水沟位置底部焊支架,铺导轨;支架要与接收架焊接在一起,导轨和接收架导轨要平整过渡。

(3)盾构机切换管片安装模式将盾构机往前移动直至安装完本区间最后一环管片,由于盾体逐渐脱离土体,盾构机安装管片的千斤顶压力也逐渐减小,为了保证管片间的压紧密实,在拼装后管片用14b槽钢拉紧固定。

4. 盾体洞内拆机流程

(1)刀盘分块拆解前移

破除洞门后,盾构机继续掘进,待前盾出洞约3 m(前盾距离后端封堵墙台阶3 m)后停止推进。由于刀盘拆解后需要原地返回,刀盘设计为“4+1”分块形式,便于刀盘拆解和运输,拆解后刀盘如图3.1-5所示。

图3.1-5　现场拆除的刀盘

(2)前盾分块拆解前移

将主驱动齿轮油、减速机齿轮

油、减速机冷却水、电机冷却水排放干净。拆除主驱动电缆、油脂润滑管路、冷却水管路等各连接管线。依次拆除主驱动电机、减速机并运送到洞外妥善存放。拆解人仓与前盾连接螺栓,并将人仓固定在中盾上。拆解前盾与中盾连接螺栓,并使用4 个 100 t 千斤顶使前、中盾分离。

(3)空推停止

通过推进油缸往前空推,完成设定的最后一环管片拼装后停止推进,同时进行同步注浆(双液浆)作业。

(4)螺旋输送机拆解

空推作业停止后,开始进行螺旋输送机拆解作业。拆除连接桥上干涉横梁,拆除拼装机支撑横梁,拆除螺旋输送机驱动液压管路、泡沫膨润土管路,拆卸螺旋输送机附近的干涉管路及线路。在 H 架上焊接吊耳,固定螺旋输送机前端。新制拆机门架,并将拆机门架下部焊接至电瓶车上,将门架上部通过葫芦固定螺旋输送机后部。拆卸固定装置上的连接销轴。通过电瓶车及葫芦的配合,缓慢抽出螺旋输送机,可通过拼装机进行辅助吊运。将螺旋输送机下放至电瓶车上,运出洞外。

(5)前盾下块和主驱动拆解

使用电动葫芦 A 和 B 拆解主驱动和前盾分块 3 并进行平移。

(6)后配套拆解

拆除连接桥及 1 ~6 号拖车顶部的皮带输送机、通风管、风机、风筒起吊架并通过电瓶车运至隧道外。拆除连接桥及 1 ~6 号拖车拉杆、连接销,拆除各拖车之间水、气、液压等管路,并对接头做好保护措施。将电瓶车底板送至 6 号拖车框架中间位置,用 4 个 20 t 千斤顶将拖车顶起,将 H 型钢放置电瓶车底板合适位置,缓缓卸下千斤顶,将拖车平稳地降置于电瓶车底板上运至隧道外。按照上述方法依次将 5 ~1 号拖车运至隧道外。

(7)管片拼装机和人仓拆解

管片拼装机在拆机前需旋转 180°,使其抓取头在 12 点钟位置处,并将其固定。拆除工作平台、管路支架(包括内部拖链油管等)以及拼装机大吊耳;安装拆机支架并拆除管片拼装机;拆除螺栓及预拉紧葫芦,并运输管片拼装机至隧道外。

(8)中盾拆解

拆除中盾内楼梯平台(需在中盾内增加临时吊点),拆除平台时注意保护平台上的各电气液压元器件,以防损伤。分离中盾与尾盾,拆除轨道,向前平移中盾。拆除 H 架并运输,拆除时需在 H 架上增加吊耳。将轨道铺至中盾前端,拆解中盾前需要做中盾上边块(中盾分块 1)的钢支撑,将中盾上边块与左右相邻边块间螺栓拆除,拆运上边块,拆除上边块前需在中盾分块外侧增加支撑,然后依次拆除其他中盾分块。

(9)前盾、主驱动及刀盘吊运

将前盾分块通过卷扬机移至吊装井口处,通过葫芦转运至电瓶车上运出洞外。同样方法将主驱动吊运出洞。同样方法将刀盘分块吊运出洞。

(10)盾尾处理

待洞门范围内加固完成后,将盾尾进入洞门钢环的位置进行割除。

5. 硐室脱壳解体接收技术风险管控要点

(1)拆机顺序

盾构隧道内拆机总体遵循先易后难,先小后大,由后向前、由上而下、由内而外的顺序。

(2)盾构机选型

在区间设计阶段,对现场进行勘探,尤其是对接收端进行研判,判断是否具备盾构机正常接收条件。针对不具备正常接收条件但满足洞内解体接收的区间,制定相应解体接收方案,在盾构机选型阶段,除了满足区间正常掘进要求以外,还应考虑盾构机接收拆机阶段的施工情况,选取有利于拆机接收、拆机风险较小的盾构机机型。对具备正常接收条件的区间,应提前制定洞内解体接收备用方案,以便应对接收阶段突发情况。

(3)拆机方案的选择

针对盾构解体接收,主驱动、刀盘的拆除分别有四种方案,盾体拆除有三种方案。针对不同的实际情况选择合理的拆机方案才能保证施工安全有序地进行。

3.2　无硐室脱壳解体接收安全风险控制技术

3.2.1　无硐室脱壳解体技术风险特点

无硐室脱壳解体是指盾构到达时接收端暂不具备出洞条件,或两台盾构对中掘进时,盾构需在隧道内进行脱壳解体,盾壳留在隧道内作为隧道的一部分,其余部件分块解体后由隧道转运回始发端吊出。

目前国内外不乏盾构无硐室脱壳解体的成功案例,并逐渐呈现出在工程设计阶段便将盾构洞内解体考虑为影响因素进行设计和施工组织的趋势。

广深港高速铁路狮子洋隧道是我国目前里程最长、建设标准最高的海底铁路隧道。该隧道在设计之初就考虑由4台泥水加压平衡式盾构采用“相向掘进、地中对接、洞内解体”的方式组织施工,先行盾构到达对接点后,先进行周边止水注浆,后行盾构到位后,同样进行周边止水注浆,待周边环境达到拆机条件时,将盾构解体拆机,并水平运输至洞外。该泥水盾构设备采用双层盾壳设计,且两层盾壳相互独立,最终盾构壳体保留在隧道内。现场拆机施工如图3.2-1所示。

除方案内常规施工外,无硐室脱壳解体技术也常在风险情况下使用。如甘肃引洮跨流域调水工程7号隧道单护盾TBM在掘进过程中遇到饱和含水疏松砂层发生严重的涌砂地质灾害，导致主机被埋，且管片破损、错台严重，如图3.2-2所示。现场采取在隧道内将盾构拆解的方案：将油缸、主驱动等关键部件拆除并运输至隧道外重复利用，盾体、刀盘等重新制作，重新组装后再次始发掘进。

图3.2-1 隧道内拆机施工

图3.2-2 TBM主机被涌砂掩埋

3.2.2 无硐室脱壳解体技术施工流程

1. 拆机准备工作

(1)轨道铺设。盾构机拆机前，需铺设拖车行走轨，并整理电瓶车行走轨道，保证电瓶车轨道顺畅。

(2)部件支撑制作。根据设计图纸加工部件支撑工装，如主驱动工装、螺旋输送机工装、设备桥工装等。

(3)准备相应的拆解工具，如液压扳手、手拉葫芦、钢丝绳等。

2. 洞内拆机顺序

盾构洞内拆机总体遵循先易后难，先小后大，由后往前、由上而下、由内而外的顺序。

3. 刀具拆解、运输

盾构机掘进完成后断电前，拆除刀盘上所有刀具，刀具及相应附件编号装箱运输。

4. 拖车分离、运输

断开拖车的油、水、电等管线，拆卸时在拖车顶部管片上安装吊轨和手拉葫芦，用于拖车上的设备和车架的拆卸。拆卸时应注意左右对称拆移台车上的部件，保持左右受力平衡和拖车架的稳定。

5. 设备桥拆除

设备桥作支撑，并将设备桥支撑在管片车上，将设备桥运出洞外。

6. 螺旋输送机拆除

螺旋输送机需要作临时支撑门架,在门架上设置吊点将螺旋输送机拆除;设置支撑,并将螺旋输送机支撑在管片车上,将螺旋输送机运出洞外。

7. 管片拼装机拆除

在盾尾顶部安装两道平行吊轨,每条轨道安装若干可移动葫芦(滑车和葫芦组合),使用葫芦悬挂于顶部管片将管片机拉紧,支撑与托梁之间焊死,且用绳索、链条等将拼装机绑缚固定于运输车上面,运出洞外。

8. 盾体附件拆除

盾体附件拆除包括推进油缸,盾体平台,米字梁,铰接油缸,盾体内液压、流体、电气元器件拆除。

9. 人仓拆除

在盾体上焊接吊耳,将人仓拆除;将人仓放在管片车上整体运出。

10. 主驱动拆除

主驱动的拆除有以下三种方案:

方案一:工装辅助拆卸(不需割盾体)。拆除主驱动的电机和减速机,并放掉驱动箱内部齿轮油;利用工装和盾体顶部的吊耳将主驱动翻身;将主驱动放置于平板车上,运出洞外。

方案二:割除盾体辅助运输(需割盾体)。拆除主驱动的电机和减速机,并放掉驱动箱内部齿轮油;将盾体底部隔板拆除,将管片车送到主驱动底部;将主驱动放置于平板车上,运出洞外。

方案三:割除盾体,利用吊耳吊装(需割盾体)。拆除主驱动的电机和减速机,并放掉驱动箱内部齿轮油;将盾体上部隔板拆除,利用盾体上的吊耳对主驱动进行翻身;将主驱动放置于平板车上,运出洞外。

上述三种主驱动拆除方案的选择需根据经济、安全等因素综合选取,其优缺点对比见表3.2-1。

表3.2-1　主驱动拆除方案对比(二)

方　案	适用条件	优　点	缺　点
方案一:工装辅助拆卸	刀盘前部可操作空间无要求	盾体可重复利用;成本较低	需要制作强度足够的工装;拆卸费时
方案二:割除盾体辅助运输	刀盘前部可操作空间无要求	主驱动不需要翻身;操作简单	盾体不可重复利用;运输有一定的风险
方案三:割除盾体,利用吊耳吊装	刀盘前部可操作空间无要求	不需要工装	盾体不可重复利用;主驱动翻身较费时

11. 刀盘拆除

刀盘的拆除分以下两种方案:

方案一:刀盘分块切割(从后部)。在盾体上焊接合适的吊点;将刀盘割除,采取分块割除的方式,刀盘割除时遵循先上后下的原则;牛腿及法兰割除前须拴挂手拉葫芦。预估割除部位重量,选取合适的手拉葫芦。

方案二:刀盘分块拆卸(从后部)。设计时将刀盘设计为分瓣式刀盘,可在洞内进行拆除;再逐步进行牛腿拆除和刀盘拆除。

刀盘拆除两种方案的优缺点及适用条件见表 3. 2-2。

表 3. 2-2 刀盘拆除方案对比(二)

方　　案	适用条件	优　　点	缺　　点
方案一:刀盘分块切割(从后部)	刀盘前部没有可操作空间	刀盘可重复利用	拆卸复杂,费时
方案二:刀盘分块拆卸(从后部)	刀盘前部没有可操作空间	刀盘可重复利用;块数少,便于后期恢复	对现场拆卸水平要求较高

12. 盾体拆除

盾体拆除有以下两种方案:

方案一:盾体分块切割。割除盾体内部筋板、法兰等,盾壳割除遵循先尾后前、先上后下的原则;将盾体各部件运出洞外。

方案二:盾体分块拆卸。设计时,将盾体设计为分块结构,并且将盾体设计为两层盾壳;将盾壳各块逐块拆除,遵循先外后内、先上后下的原则;在洞内逐块拆除。

盾体拆除方案对比见表 3. 2-3。

表 3. 2-3 盾体拆除方案对比(二)

方　　案	适用条件	优　　点	缺　　点
方案一:盾体分块切割	刀盘前部可操作空间无要求	可以随意割除,大小重量可控	盾体不可利用,恢复成本高
方案二:盾体分块拆卸	刀盘前部没有可操作空间	盾体可重复利用,成本低	设计时盾壳为双层结构,主机较重;每次恢复需要重新制作外部盾壳;拆机时间较长

3. 2. 3 无硐室脱壳解体技术典型工点

下面以北京地铁昌平线南延学知园站—六道口站区间为例,介绍盾构无硐室脱壳解体技术施工特点及流程。

1. 工程概况

该区间(图3.2-3)自北向南依次下穿石板房南路西口北天桥、石板房南路、石板房南路西口南天桥、既有15号线六道口站后,到达新建车站接收。隧道顶覆土14.80~28.30 m,轨面埋深19.56~33.06 m,线路线间距为9.6~17 m。

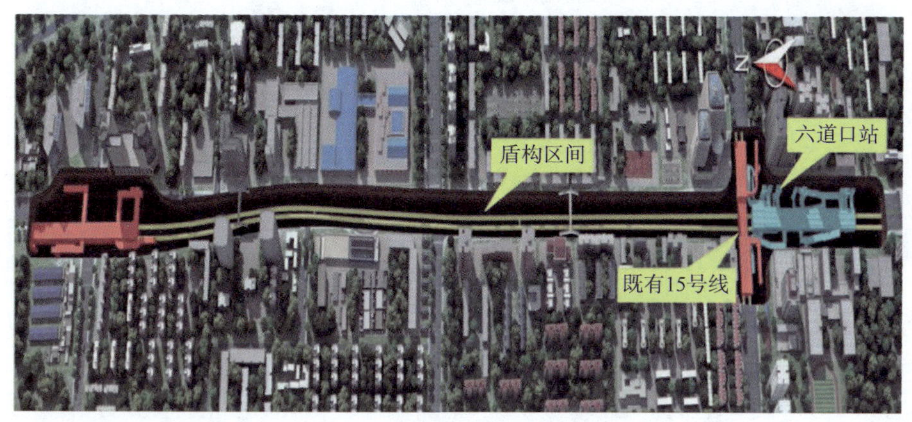

图3.2-3　区间线路示意图

区间管片采用C50、P12的钢筋混凝土管片,管片外径6 000 mm,内径5 400 mm,厚300 mm,管片宽度1 200 mm。管片与管片之间采用弯螺栓连接,其中纵缝采用2根M24螺栓,环缝采用16根M24螺栓,螺栓强度等级为5.6级,采用错缝拼装。

2. 周边环境

车站周边规划为教育科研、住宅、商业等用地,西北为弘彧大厦,为地上13层、地下2层建筑;东北为富润家园住宅楼,为地上28层、地下2层建筑;西南为6层居民楼及商铺;东南为学院路街道服务中心,为地上3层、地下1层建筑。

接收端上方管线较多,有雨水管、污水管、上水管、燃气管等管线,施工对上方管线及道路、既有线车站有干扰。既有线车站、道路及地下管线变形控制要求高。

3. 盾构接收端头加固

该区间盾构穿越15号线段后即处于区间接收段施工,为了确保盾构到达安全,即在盾构穿越15号线之前需完成接收端端头加固。由于接收端处于交通繁忙的学清路与清华东路交叉路口,地面不具备加固条件,因此采用洞内深孔注浆方式加固。且为了避免与车站结构施工的交叉影响,在车站上层导洞内施作。加固土体无侧限抗压强度应不小于0.5 MPa,加固体渗透系数应不大于1.0×10^{-6}cm/s。区间接收端左、右线加固平面范围均为10 m×12 m,加固范围平面位置为隧道结构线外侧 3 m,断面位置为隧道结构线外侧 3 m。接收端土体加固平面示意如图 3. 2-4 所示。

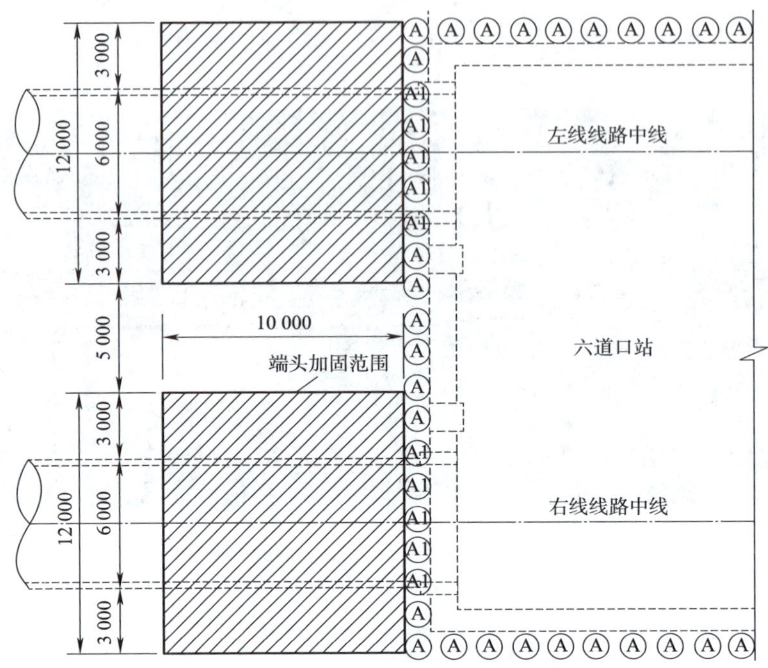

图 3. 2-4　接收端土体加固平面示意图(单位:mm)

4. 接收端施工

该区间盾构穿越 15 号线段后即处于区间接收施工,且区间盾构贯通时接收端六道口车站尚不具备接收条件,为此,考虑安全因素以及为满足通车目标要求,盾构机需在隧道内解体接收(除盾壳及刀盘外,其余部件均拆除沿原路返回吊出)。待车站具备接收条件后,从车站方向破除洞门,拆除刀盘辐条,保留刀盘圆周结构与盾壳焊接。最后施作剩余段二次衬砌结构及洞门环梁与车站结构接驳。盾构停机后与既有线、新建车站位置关系示意如图 3. 2-5 所示。

(1)接收端施工工序

由于接收端不具备接收条件,为避免盾构长时间在隧道内停机的风险以及满足隧道贯通要求,盾构刀盘掘进至接收端初支时,立即停止,并注浆加固进行后续解体。其主要施工工序如下:

①自车站小导洞内施作端头加固,注意避开降水井,并满足设计加固参数要求,车站完成端头围护桩后,盾构进入穿越段施工,掘进至车站端部围护桩,盾构进入加固区应严格控制掘进推力。

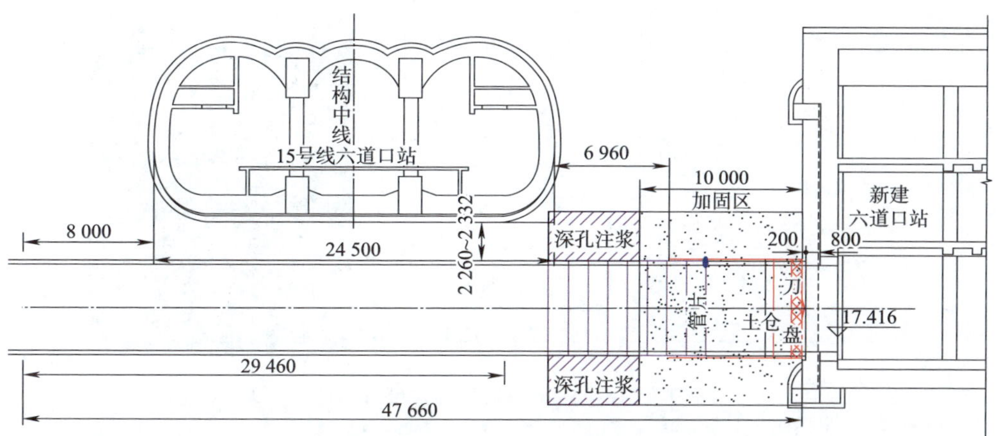

图3.2-5　盾构停机后与既有线、新建车站位置关系示意图(单位:mm)

②接收端管片采用联系条拉紧,注浆填充盾尾空隙及盾构土仓,拆除除刀盘及盾壳外其余盾构机设备。

③自盾壳内采用小导管径向注浆加固盾壳周围土体,加固后在盾壳内浇筑隧道二次衬砌结构,并及时进行二次衬砌壁后注浆填充结构与盾构钢壳间空隙。

④维持车站北端降水,并加强监测地下水位,待车站底板及端墙结构浇筑完成并达到设计强度后,自车站内破除围护桩并切割刀盘,切割刀盘的同时应及时设置钢板与盾壳焊接,对刀盘拆除后的邻土面进行封堵。

⑤施作剩余二次衬砌结构,与车站端墙环梁连接。

(2)盾构刀盘在顶桩后采取的处理措施

①盾尾处理措施:盾构机到达六道口站停机后,加大尾刷处的油脂注入量,正常60 kg/环,考虑在此位置停机时间过长,预防盾尾渗漏水,注入量调整到100 kg/环。

②盾尾与管片间隙处理措施:根据两台盾构机的配置,盾尾间隙上下左右均为75 mm,可用弧形钢板条(长1 500 mm×宽100 mm×厚20 mm)与盾体焊接。按照角度30°设置,共12个点位。

③盾尾与管片固定处理措施(图3.2-6):用7字板将管片与盾尾固定,防止因千斤顶顶力释放后,管片环间缝隙增大,引起环纵缝漏水。按照角度30°设置,共12处,并对后五环管片二次补浆填充。

④刀盘前方注浆措施:每台盾构机前盾配置12个超前注浆管,盾构机到达指定位置后对围护桩前方土体进行再次加固,预防桩间土脱落。注浆浆液采用双液浆,水灰比为1:1~1.5:1,水泥采用P·O42.5普通硅酸盐水泥,水玻璃为不低于40°Be′的原液稀释液。注浆过程中可根据实际地层调整配合比,浆液应随搅随用,

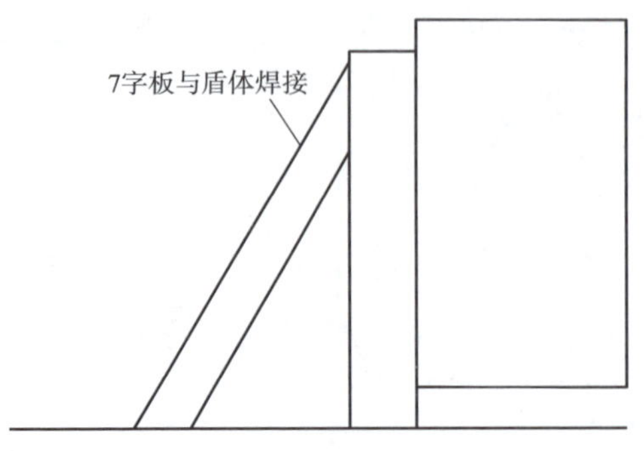

图 3. 2-6 盾尾与管片固定处理措施

并在初凝前用完。

⑤盾体周围注浆处理措施：盾壳膨润土孔 12 个(前盾 6 个，中盾前部 6 个)，这 12 个孔可改造变成注浆孔。对盾体周围进行注浆加固(图 3. 2-7)，加强盾体四周密实度。盾尾处可以用盾尾注浆孔进行补浆。注浆浆液采用双液浆，初凝时间控制在 20 s 左右。浆液应随搅随用，并在初凝前用完。

(3)管片拉紧

盾构解体之前，开始对靠近盾壳处的 10 环安装纵向拉紧联系装置，防止管片松弛。整个断面按照设计要求设置联系条，联系条通过管片的壁后注浆孔与管片连接。

图 3. 2-7 盾体周围注浆孔位布置图

管片拉紧在端墙后浇盾构环梁达到设计强度后方可拆除。应尽量控制管片拼装精度，使联系条通长布置。管片拉紧需将螺栓拧紧，安装完成后进行二次复紧。

联系条采用槽钢和特殊螺栓加工而成，联系条长 11. 2 m，每个联系条上打 5 个直径 40 mm 的螺栓孔。

5. 洞门凿除及刀盘拆除

六道口站接收端车站底板施工完成后，组织洞门凿除，并拆除刀盘，随后完成盾壳内二次衬砌混凝土与结构端墙接驳。

(1)洞门小导管注浆

①凿除前在端墙围护结构沿着盾构机刀盘上半部打设超前小导管并注浆。

②小导管设备:小导管管长 3 m,前端做成尖锥形,尾部焊接 $\phi8$ 钢筋加劲箍,管壁上每隔 10 ~ 20 cm 梅花形钻眼,眼孔直径为 6 ~ 8 mm,尾部长度不小于 30 cm 作为不钻孔的止浆段。

③小导管安装:按盾构刀盘附近预留孔,安装小导管,进行刀盘注浆。

④注浆施工:注浆开始前,应根据注浆方式正确连接管路,进行压水或压稀浆试验,检验管路的密封性和地层的吸浆情况,压水试验的压力不小于设计终压,时间不小于 5 min。

注浆时,要经常观测注浆压力和流量的变化,发现异常情况及时处理(注浆过程中,如压力逐渐上升,流量逐渐减少,属于正常现象;如压力长时间不上升(小导管注浆 5 min),流量不减,可能是跑浆或漏浆;如压力急剧上升,流量急剧减少,在排除地层因素外,可能是管路阻塞)。

⑤小导管注浆结束标准:注浆压力达到 0.5 MPa,注浆量达到 120 L;或注浆压力虽未达到 0.5 MPa,但注浆量已达到 149 L。

(2)洞门凿除

①洞门凿除待接收端底板结构施工完毕后施作,凿除前在端墙围护结构沿着盾构机刀盘上半部打设双排超前小导管并注浆,在洞门凿除前打探孔观察渗漏水情况,确保无水情况下开始凿除洞门,凿除采用风镐作业,边凿除边对凿除部分进行网喷支护。

②在破除围护结构前要对端头加固区域进行探孔试验,检查水量特性,确保洞门凿除期间工程安全,同时严格控制渗漏水量,以免造成周边地表沉降。

③端头加固施工应注意避开降水井,避免破坏降水井,并保留车站北端降水井。盾构接收期间维持承压水层降水施工,并随时量测水位情况,确保水位在隧道底部 1 m 以下,以降低盾构接收风险。

(3)刀盘拆除

①刀盘拆除施工工艺:盾构刀盘宽度为650 mm,拆除部位共计8 根辐条 +1 内圆周,如图 3.2-8 所示,保留外圆周钢圈。刀盘与前盾有 5 cm 间隙,采用 Q235 厚度 $d = 20$ mm 矩形钢板在刀盘内弧面焊接。

图 3.2-8　刀盘拆除部位示意图

②刀盘拆除吊耳及验算:刀盘拆除前在土仓上部设置 2 个吊耳,根据计算,所需吊运构件中最大为 7 t,每个吊耳需承受的负荷为 3.5 t,小于拉应力强度 68.3 t 及剪应力 48.77 t,满足使用要求。

6. 无硐室脱壳解体接收技术风险管控要点

(1)接收端土体加固

接收端断面土体加固是盾构接收的关键工序,其施工质量很大程度上决定了盾构接收的成败,为确保加固注浆施工,需采取有效的质量保证措施。

①全断面深孔注浆

隧道洞内均采用深孔袖阀管后退式分层劈裂注浆工艺进行全断面注浆加固,浆液采用水泥-水玻璃双液浆(体积比 1:1),并掺加少量外加剂,外加剂为 UEA 抗裂微膨胀剂(按水泥重量的 10%)、液体速凝剂(按水泥重量的 5%)。注浆压力控制在 1.0 MPa。注浆效果要求注浆保护圈的岩体渗透系数降至 0.001 m/d 数量级,浆土结实体黏结力不小于 80 kPa。

②喷射工艺改进措施

改进喷射混凝土工艺,喷射混凝土时,先喷射 10 mm 厚砂浆,再喷射混凝土以保证初支与围岩密贴。初衬厚度为 300 mm,保证“短进尺、强支护、快封闭”,充分利用“时空效应”原理,在既有结构发生沉降前进行封闭。

③背后回填注浆

在初支上埋设注浆管,及时进行初支背后回填注浆,注浆从距开挖工作面 5 m 的地方进行。从拱脚开始向拱顶注浆,从无水向有水的注浆孔注浆。注浆过程中,要时刻注意压力、流量的变化,做好注浆记录。注浆采用 1:1 水泥砂浆(富水地段注浆浆液选择 1:1 水泥-水玻璃双液浆),注浆时严格控制注浆压力在 0.3 ~ 0.5 MPa 之间,若浆液扩散效果不理想,采取加密回填管的措施进行处理,不得提高注浆压力,防止结构变形。

(2)接收端防水

防水施工顺序:暗挖段防水施工→盾构洞内壳体内侧防水施工→暗挖段、盾构洞内二次衬砌浇筑。

洞口防水层采用背贴止水带收口固定,盾构接收采用预埋钢环加固。盾构进洞后,对拼接管片进行回填注浆,拆除盾构设备,保留盾构壳体;在盾构壳体内采用钢筋混凝土内衬 + 柔性全包聚氨酯防水涂料防水层加强防水并与盾构法隧道进行过渡;切割盾构壳体,拆除预埋钢环,防水层完成甩槎搭接,施工缝安装遇水膨胀止水胶并固定注浆管和引出注浆导管,浇筑洞口环梁混凝土。

(3)优化拆除顺序

盾构机设备复杂、结构紧凑,各部分设备之间相互关联影响,需严格安排工序,保证拆除合理进行,同时要充分考虑盾构机后续的再制造恢复,最大程度保证拆除部件的完整性。

针对盾构机推进接收里程后需进行盾构刀盘反挖，为提高拆机效率，确保施工工期，在进行盾构反挖的同时开始盾构机拆除准备工作以及推进油缸的拆除、台车的拆除工作。

暗挖区间反挖刀盘结束后，做刀盘切割拆除准备工作，在刀盘前铺轨道轨枕，安装组合门架，切割后的刀盘先存放于暗挖隧道内，最后再运至始发井口吊出。

3.3　盾构水下接收安全风险控制技术

3.3.1　盾构水下接收技术风险特点

盾构接收作为盾构法施工的关键工序，施工中往往存在较大安全风险，其中尤以在富水地层中的盾构接收风险最大。在富水地层中进行盾构接收最关键的问题在于平衡接收端水土压力，避免盾构出洞时出现涌水涌砂现象。当前盾构在富水地层中接收最常用的方式是钢套筒接收，接收端头（车站或竖井处）旋喷加固或冷冻配合洞门钢环法也有使用，但上述方法均会在一定程度上提高成本或延长工期。从工程成本和施工工期角度出发，水下接收法为首选方案。

盾构水下接收技术是利用接收井内外水压力平衡可控制渗透的机理，主动将盾构接收井用水回灌，而后在水压力平衡情况下再将盾构安全推入接收井的施工工艺。

盾构水下接收技术作为一项安全保障率较高的技术，近年来在国内外已得到多次应用，如以色列特拉维夫红线轻轨东标段本古里安车站，由于接收端为富水地层且地表情况复杂无法采取传统加固措施，最终选择盾构水下接收。

3.3.2　盾构水下接收技术施工流程

盾构水下接收技术施工流程如图3.3-1所示。

3.3.3　盾构水下接收技术典型工点

下面以北京地铁昌平线南延清河小营桥站—清河站区间为例，介绍盾构水下接收技术施工特点及流程。

1. 工程概况

(1)工程简介

该区间盾构外径6.6 m，管片厚度0.3 m。盾构区间隧道顶部覆土厚度15.311～26.101 m。接收井基坑采用钻孔灌注桩＋止水帷幕＋内支撑的围护结构形式，基坑长18.50 m、宽27.50 m、深24.31 m。

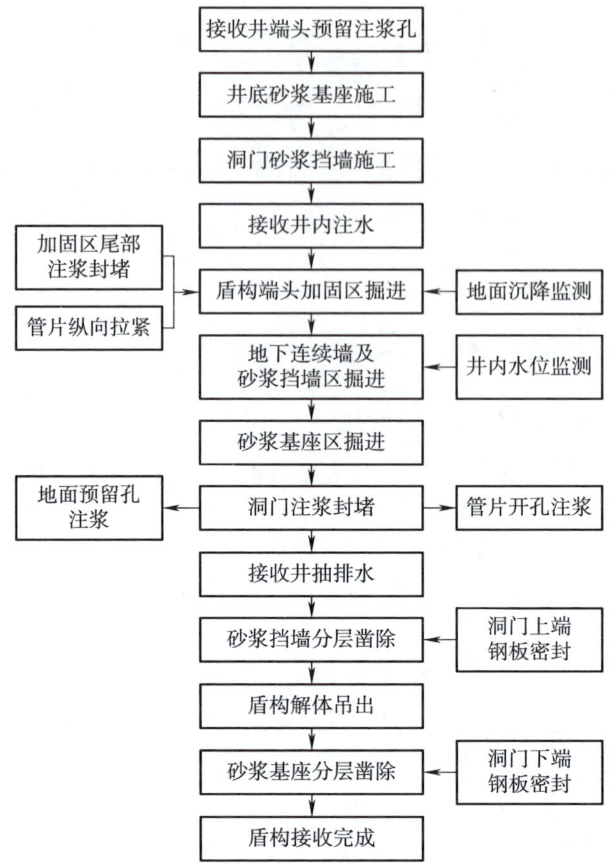

图 3. 3-1　盾构水下接收技术施工流程图

(2)工程地质及水文

接收井主要开挖地层为砂质粉土、素填土①层,杂填土$①_1$层,黏质粉土、砂质粉土②层,重粉质黏土、粉质黏土$②_1$层,黏质粉土、砂质粉土$③_1$层,中粗砂$③_3$层,粉细砂$③_2$层,卵石圆砾$③_4$层,粉质黏土、重粉质黏土④层,黏质粉土、砂质粉土$④_2$层,细中砂$④_3$层,卵石圆砾⑤层,中粗砂$⑤_1$层,粉细砂$⑤_2$层,黏质粉土、砂质粉土$⑤_3$层,粉质黏土$⑤_4$层,粉质黏土、重粉质黏土⑥层。结构底板位于重粉质黏土⑥层。

盾构区间接收穿越地层主要为粉质黏土、粉细砂、卵石圆砾层。

根据区域地质资料分析,观测深度范围以下的砂土层、粉土层、碎石土层普遍呈饱和状态,均应视为含水层。接收洞门区间隧道底板埋深与承压水(四)埋深基本相同,接收井底板位于承压水(四)以下约 2 m,如图 3. 3-2 所示。

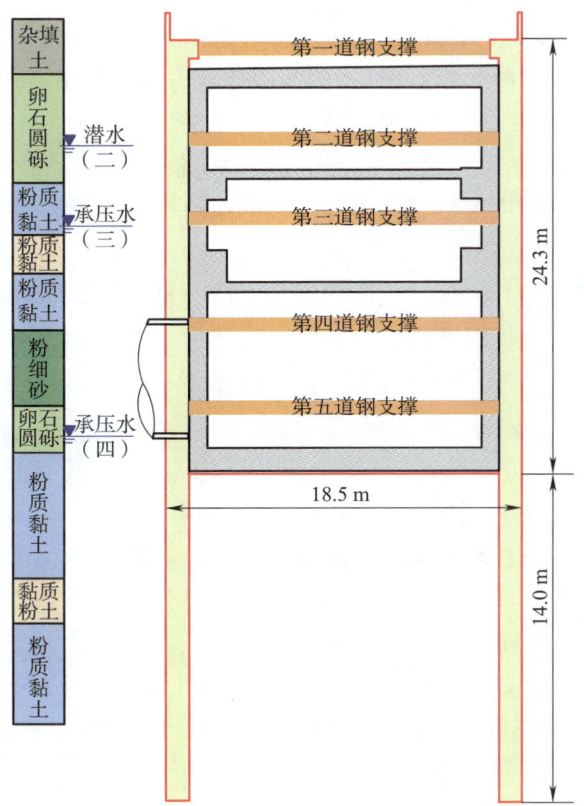

图3.3-2　接收井结构及地质水文示意图

(3)工程重难点

该区间自身风险工程为盾构接收井基坑自身与盾构接收风险，地下水位较高，局部粉细砂存在砂土液化的可能。基坑开挖过程中，若施工控制不当易导致基坑自身及周边地表变形过大。盾构接收上部穿越粉细砂层，控制不良易造成洞门涌水涌砂，造成地面沉降。

2. 风险工程对策

(1)盾构井基坑开挖风险及应对措施

接收井基坑开挖深度较深，开挖地层存在粉细砂层，穿越多层地下水，基坑采用钻孔灌注桩+止水帷幕+内支撑的围护结构形式，基坑长18.50 m，宽27.50 m，深24.31 m，基坑竖向设置5道钢支撑+1道换撑。止水帷幕施工效果不良，易造成基坑出现涌水涌砂情况。应对措施：施工前严格检测止水帷幕施工质量，开挖过程中严格按照方案施工，坚持先撑后挖原则，及时对开挖面进行挂网锚喷，加强地下水位观测。

(2)盾构接收风险及应对措施

盾构接收前通过地下水位观测,发现地下水位位于接收洞门中线以上 1.5 m 左右,且端头加固质量检测效果不佳,按照原接收方案施工易造成洞门出现涌水涌砂风险。为保证施工安全,结合现场条件选用水下接收方案。

盾构水下接收方案可有效防止盾构接收发生洞门涌水涌砂,同时产生一些新的风险点,下面对本项目接收过程可能出现的风险及应对措施进行介绍。

①接收准备阶段风险及应对措施

盾构接收过程中的主要风险:盾构推进方向与设计方向偏差超限、刀盘出洞时易发生涌水涌砂、盾构机出现栽头等。

为了保证盾构能够安全顺利接收,接收前采取以下技术措施来应对可能出现的风险:

a. 为避免盾构推进方向超限,接收前对盾构姿态与洞门进行复测,将盾构姿态偏差控制在 ±20 mm 范围内。

b. 为应对可能发生的涌水涌砂,采取地面注浆加固,洞门采用小导管水平注浆加固,对接收端土体加强。安装洞门止水装置橡胶帘布与扇形压板。洞门增加一道洞门钢刷,加强对水土流失的控制。

c. 在洞门下部增设一个凸起,主动抬高盾构机头部。对接收基座定位安装。

d. 现场继续沿用减压降水井,作为应急使用,特殊状况下开启,以降低接收井井外水头高度,减少突涌风险。

②加固区掘进阶段风险及应对措施

加固区掘进阶段主要风险:盾构推进速度过快、土仓压力过大造成接收洞门受压较大;加固区土体受施工影响不密实形成流水通道;盾构姿态偏差超限。

针对以上风险,盾构端头加固区掘进技术控制要点:

a. 降低盾构推进速度,控制在 20 ~ 15 mm/min;降低土仓压力,减小对洞口的影响。

b. 加强同步注浆,控制浆液凝结时间在 3 ~ 10 h 之间,凝结后浆液的强度不小于 2.0 MPa,注浆压力控制在 0.4 ~ 0.5 MPa 之间。洞内多次注浆,既补充土体间隙,又能起到封环止水作用,同时控制地表沉降。

c. 推进过程中控制盾构机姿态,偏差应控制在 ±20 mm 范围内。

d. 接收井内水回灌在刀盘抵桩后开始进行。回灌水量根据周边水位观测情况进行计算,回灌水位高于井外水位 0.5 ~ 1.0 m。

③刀盘磨桩阶段风险及应对措施

刀盘磨桩期间主要风险:刀盘磨桩时如果盾构推力过大及推进速度过快,造成围护桩过早折断,可能造成洞门出现大量水土流失。

磨桩过程中技术控制要点：

a. 控制盾构推进速度及推力，推进速度小于10 mm/min，推力小于600 t。

b. 待刀盘切削围护结构一半桩体后，通过盾构机中盾径向注浆孔对盾体范围进行聚氨酯注浆止水，隔绝盾体与土体之间前后水源。

④刀盘出洞阶段风险及应对措施

刀盘出洞阶段主要风险：桩间出现涌水涌砂或螺旋输送机出土口出现内部涌水涌砂；掉落围护桩卡在刀盘与接收基座之间，导致无法继续推进；盾构推进反力减小不足以压密管片防水密封。

针对可能出现的洞内外涌水涌砂，采取以下措施：

a. 接收前对接收端地层进行注浆加固。

b. 在洞门钢环上安装一道洞门钢刷。

c. 合理控制接收井内回灌水位。

d. 关闭螺旋输送机出土口后磨桩推进。

⑤盾体出洞阶段风险及应对措施

盾体出洞阶段的风险点：无法顺利到达接收基座上；出现涌水涌砂；接收井内浮力增加造成盾构机上浮。

为确保盾构机顺利推入接收基座，首先在接收前需对接收基座进行加固，其次为防止盾构机出洞时机头栽头，接收基座的轨面高程除适应于线路情况外，适当降低2 cm，以便盾构机顺利推入基座。在洞门钢环底部增设一个凸起的顶升装置（图3.3-3），主动造成盾构机在出洞时机头上仰，避免刀盘顶在接收基座上。

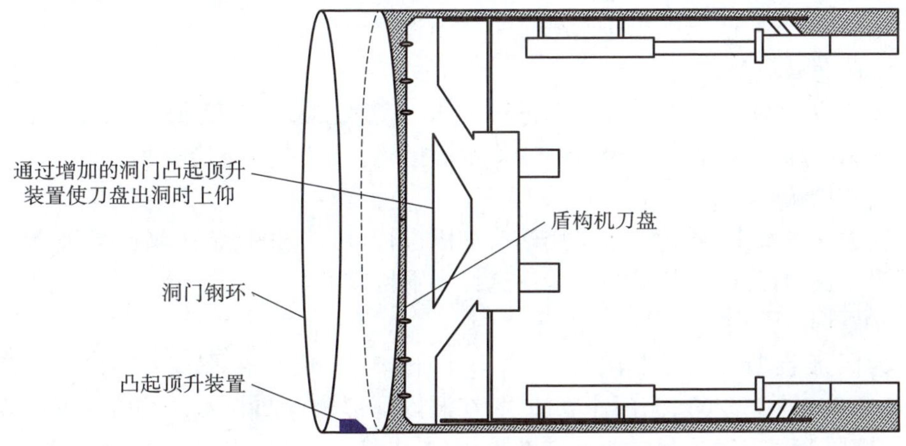

图3.3-3　洞门增设凸起顶升装置示意图

为避免洞门出现涌水涌砂,当盾体通过洞门密封装置后,及时拉紧橡胶帘布,防止水流沿盾壳向接收井内流入。本次接收过程中,由于围护桩间喷锚网片卡在盾体与橡胶帘布之间,造成橡胶帘布封闭不严密出现漏水的情况。经现场人工清除钢筋网片,同时针对漏水部位进行洞内注浆止水,最终顺利完成了接收。

为避免盾构机出洞后造成接收井内水位上升,进而浮力增大而导致盾构机出现上浮情况,在盾构机出洞同时应进行接收井内水抽排。降水同时观察洞门盾体四周是否有橡胶帘布密封不严密的情况,如有异常暂停推进,及时进行洞内注浆封堵,直至问题处理后方可继续推进。

⑥盾构接收后续工作

盾构机完全出洞后,即可开始逐步准备盾构机的拆解吊出,最后完成接收基座吊出及杂物清理,施作洞门环梁。在此过程中洞门在承压水作用下仍存在渗漏风险,因此需要加强关注,如有异常,进行注浆封堵。

3. 实施过程及风险管控

(1)施工过程

基坑自2020年4月23日开始施工,施工期间在2020年5月8日基坑侧壁出现涌水情况,根据专家意见增加了降水井,至2020年7月5日顺利完成基坑开挖。该盾构区间左线自2020年10月10日开始接收,至2020年10月12日接收完成;右线自2020年10月30日开始接收,至2020年11月4日接收完成。

(2)主要措施落实情况及效果

①接收井施工设计措施

基坑采用钻孔灌注桩+止水帷幕+内支撑的围护结构形式。基坑开挖过程中侧壁出现涌水情况,反映出止水帷幕未达到设计效果。

②应急减压降水措施

2020年5月8日因基坑开挖出现涌水,无法继续施工,后根据专家意见现场增设了24口减压降水井。经过减压降水等措施,最终完成了接收井施工。

③盾构接收端头加固

在设计方案中,盾构接收采用端头加固进行接收。根据钻孔取芯检测,端头加固效果不良,且地下水位偏高。最终选择水下接收。

④盾构水下接收

为保证接收安全,本次接收改为水下接收,现场采取了多项控制措施(图3.3-4~图3.3-6):洞门注浆加固;在洞门下部增设凸起装置及接收基座满铺钢板;按照施工方案控制盾构推进参数,洞内注浆形成止水封环;配备潜水员,应对突发事件(接收过程中未出现突发事件,未安排潜水员下井作业)。

图 3.3-4　增设凸起装置实景图

图 3.3-5　接收基座铺设钢板

盾构参数控制(图 3.3-7～图 3.3-10)：土仓压力从接收前 15 环正常掘进状态逐渐下降至抵桩前的 0 MPa；适当提高同步注浆量至理论注浆量的 1.25 倍；盾构机推进速度不宜过快，速度控制在 7 mm/min 以内；盾构推力控制在 20 000 kN 以内。

图 3.3-6　洞内注浆实景图

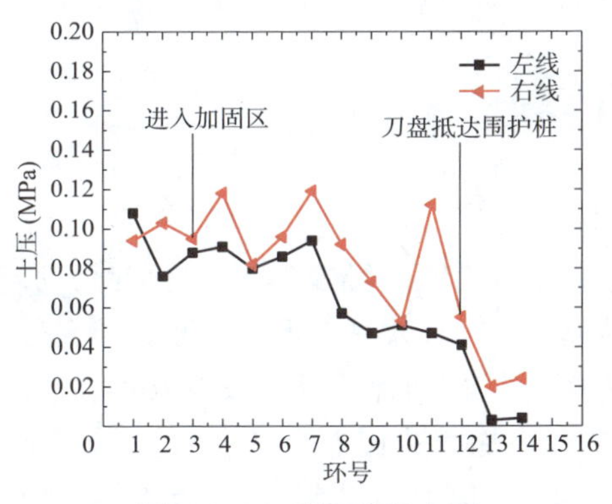

图 3.3-7　盾构推进土压

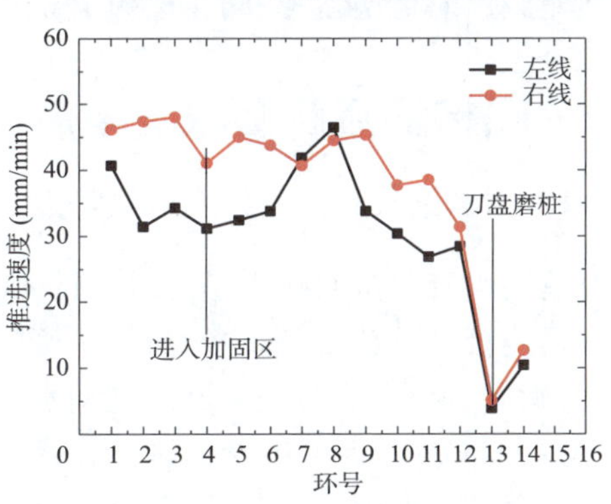

图 3.3-8　盾构推进速度

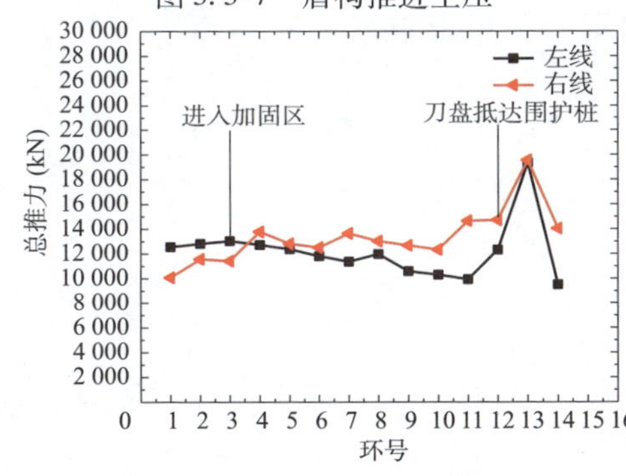

图 3.3-9　盾构推进总推力

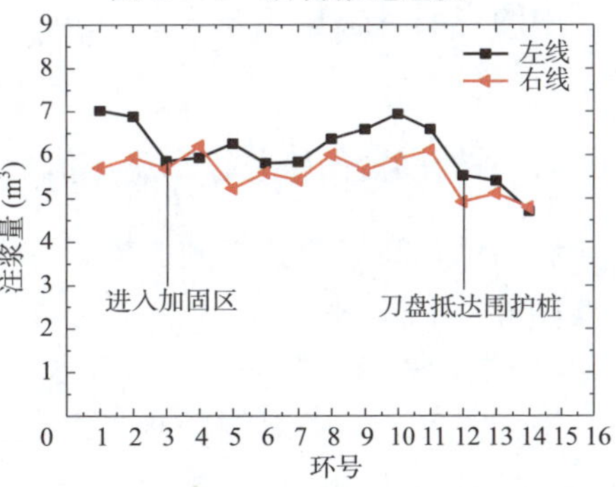

图 3.3-10　盾构同步注浆量

4. 经验总结及建议

明挖基坑采用基坑周边注浆止水措施,止水施工效果不易检验,在选择施工方案时应慎重,并完善应急措施。本次水下接收实施过程中未出现风险事件,顺利完成双线接收。本次水下接收各项施工控制方式可作为后续水下接收施工参考依据,结论如下:

(1)为应对盾构水下接收风险,除采取常规措施外,还采取了洞门上部地层水平注浆加固、关闭螺旋输送机出土口后磨桩、洞门下方增设凸起的顶升装置、接收基座钢板满铺等专项措施。

(2)通过观测的地下水位确定接收井内回灌水位,井内灌水高度在实测水位高度以上 0.5 ~1.0 m 位置,可有效避免接收端涌水涌砂,保障施工安全。

(3)在接近洞门时,严格控制盾构掘进参数,土仓压力从接收前 15 环正常掘进状态逐渐下降至抵桩前的 0 MPa,同步注浆量提高至理论值的 1.25 倍,推进速度控制在 7 mm/min 以内,推力控制在 20 000 kN 以内,洞内注浆形成多道止水环,控制地下水流动。

建议类似工程接收井采用地下连续墙结构并在接收部位采用玻璃纤维筋,避免本案例中桩间喷混凝土碎片卡入盾壳与橡胶帘布之间导致渗漏水,并且重点控制盾尾脱出时地层变形,防止土体过量损失而产生破坏。

3.4　盾构钢套筒接收安全风险控制技术

3.4.1　盾构钢套筒接收技术风险特点

盾构钢套筒接收技术是通过设计制造一种盾构密闭始发装置(钢套筒),使其与洞门连接,盾构在装置内形成一个密闭空间,可以有效平衡洞门结构内外的水土压力,确保盾构出洞过程中不出现涌水、涌砂等情况,可确保盾构安全接收。

在大部分工程中,钢套筒辅助技术是在端头加固难以确保盾构安全始发和接收时联合端头加固工艺应用于盾构始发和接收工程中。目前,钢套筒在盾构接收应用中的主要风险特点见 2.1.1 节“盾构钢套筒始发技术风险特点”,此处不再赘述。

3.4.2　盾构钢套筒接收技术施工流程

盾构钢套筒接收技术施工流程如图 3.4-1 所示。

1. 钢套筒安装

(1)洞门检查

钢套筒安装前需对洞门预埋环板进行检查。对侵入洞门范围的钢筋进行割除,确保盾构接收的安全、顺利。

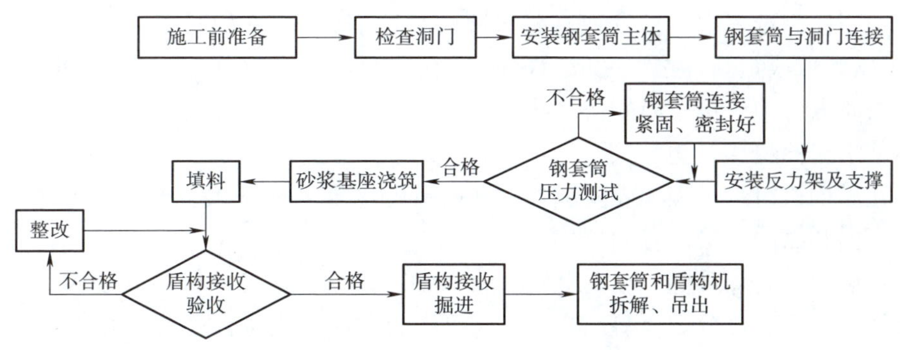

图3.4-1　盾构钢套筒接收技术施工流程图

(2)钢套筒主体部分安装

①首先确定隧道中心线,要求钢套筒中心线、隧道中心线两条控制线重合。

②先拼装下半圆,再拼装上半圆,拼装好以后整体向洞门方向平移。

③采用液压千斤顶前后纵向顶推底部框架,直至隧道中心线,然后向后洞门方向平移,直至与洞门预埋环板相接。

④最后再整体把钢套筒组装完成,安装完成后对筒体位置进行复测,检查与盾构机到达的中心线是否重合。

(3)钢套筒与洞门连接

钢套筒安装完成后,对中心线进行复测,确认无误后,将洞门环板与过渡连接板进行焊接。

钢套筒的过渡环与洞门环板相接触后,要检查两个平面是否全部能够连接,由于洞门环板在预埋过程中可能出现变形或平面度偏差较大的情况,所以有可能出现过渡连接板有些地方无法与洞门环板密贴的情况,这时就需在这些空隙处填充钢板并与过渡连接板焊接牢固,务必将空隙尽可能地堵住。在确定洞门环板与过渡连接板全部密贴后将过渡连接板满焊在洞门环板上。焊接好以后,进行磁粉探伤查看是否满足施工要求。

(4)安装反力架及支撑

反力架的安装类似盾构始发反力架安装方式,反力架紧贴钢套筒后盖。首先应在基坑里定好位,然后根据井口面与洞门中心的高程安装。支撑斜撑与底板预埋件焊接要牢固,焊缝位置要检查,确保无夹渣、虚焊等隐患。

(5)钢套筒压力测试

①渗漏检测

从加水孔向钢套筒内加水,满水后检查压力,如果压力能够达到0.3 MPa,则停止加水,并维持压力稳定。对各个连接部分进行检查,包括洞门连接板、钢套筒环向与纵向连接位置、钢套筒与反力架的连接处有无漏水。

加压检测过程中一旦发现有漏水或焊缝脱焊情况，必须马上卸压，并及时处理，上紧螺栓或重新焊接。完成后再进行加压，直至压力稳定在0.3 MPa且未发现有漏点时方可确认钢套筒的密封性。

②钢套筒位移检测

在盾构机组装过程中要安装各种测量用具，主要测试钢套筒有无变形，以及钢套筒环向和纵向连接位置的位移等。

在试水、加压测试前，在钢套筒与洞门钢环连接的部位分区域安装应变片，在钢套筒表面安装百分表，量程3～5 mm，可控制变形量或位移量精度在0.5 mm左右。在加压过程中，一旦发现应变超标或位移过大，必须立即卸压、分析原因并采取解决措施。

(6)砂浆基座浇筑

在钢套筒底部60°范围内浇筑15 cm厚的C20砂浆基座，并保证砂浆基座伸入洞门内与加固土体相接，以防止刀盘出加固体时扎头。

(7)填料

检查完毕后，向钢套筒内填料，主要是填砂，必要时增加一部分黏土。向钢套筒内填充泥砂，在填充的过程中适当加水，保证砂的密实。从三个填料孔分别进行填料，直至填满，然后加水至完全充满钢套筒。

①填料过程

为了将砂料输送至钢套筒内，需要从地面引一条输送管道至钢套筒上，采用一条8寸的管路连接，地面设置一个漏斗，将砂料直接从漏斗输送至钢套筒内。填料过程中如果出现砂料输送不够顺畅的情况，可以采用冲水方式，将砂冲下去，水进入钢套筒内与砂混合后，还可以起到使砂密实的作用。

②填料密实

为了使钢套筒内的填料密实均匀，填料过程中要从三个填料孔分别填充，保证分配均匀，填充过程分阶段进行，派人在填料孔观察，填至一定高度时需要进行平整密实，平整后再继续填料直至完全充满整个钢套筒。

2. 盾构机接收掘进

(1)盾构机姿态复核

盾构机接收前，通过实际测量计算出盾构刀盘碰端头加固连续墙的里程。盾构机到达此里程即进入接收掘进状态，要安排专人值班，以每天两次的频率监测地面的沉降情况，并根据监测数据采取补浆等措施。在接收前30环对盾构机姿态进行复核，并确保盾构机沿设计轴线推进接收。

(2)碰壁前推进设置

在盾构机碰壁以前，就必须注意盾构机掘进参数的选择，防止纠偏过急，以及通过正确的管片选型，保证盾构机碰壁时有良好的盾构姿态。

(3)过连续墙掘进参数设置

参数设置：速度控制在 5 mm/min；推力小于 8 000 kN；刀盘转速 0.8 r/min。推进时加泡沫推进，以控制刀盘扭矩为主，避免过度磨损刀盘。

(4)进钢套筒掘进参数设置

①参数设置：速度控制在 5 mm/min；推力小于 8 000 kN，视实际推力大小，以不超过此值为原则；在钢套筒内掘进以管片拼装模式掘进，必要时采用掘进模式，刀盘转速控制在 0.3 r/min，刀盘转动前，要与钢套筒外部进行联系，确认人员及设备安全、测量监测人员就位后，才能进行掘进模式。

盾构机在钢套筒内掘进过程中，要确保与外界联系，密切观察钢套筒的情况，一旦发现变形量超量或有渗漏时，必须立即停止掘进，及时采取补救措施。

②进钢套筒时姿态控制：必须以实际测量的钢套筒安装中心线为准控制盾构机姿态，要求中心线偏差控制在 ±20 mm 之内。

(5)注浆封堵

在盾体接收、盾尾通过洞口过程中，每环均补充双液注浆，在盾尾通过洞门后，要在盾尾部位的管片注双液浆，注浆量为管片与洞门和隧道间隙的 180% 以上。时刻检查钢套筒是否有漏浆、变形等情况，如有漏浆或者变形过大等情况发生，可以采取调低气压、减小推速等措施。

3. 钢套筒和盾构机拆解、吊出

盾构机完全进入钢套筒，注浆凝固后，经检查确保安全的条件下，分别拆解接收钢套筒和盾构机，并吊出转场。

3.4.3　盾构钢套筒接收技术典型工点

下面以北京地铁 16 号线榆树庄站—宛平城站区间为例，介绍盾构钢套筒接收技术施工特点及流程。

1. 工程概况

(1)工程简介

该区间(图 3.4-2)左线总长度为 1 622.829 m，区间右线总长度为 1 630.194 m。区间设两处联络通道。区间线间距由 18.2 m 渐变为 23.2 m，原地面高程为 46.000 m，区间隧道顶部至地面距离为 16.1～22.0 m。

(2)工程地质及水文

区间盾构接收端地层从上至下为：杂填土①层，黏质粉土、素填土$①_1$ 层，黏质粉土、砂质粉土$②_2$ 层，粉质黏土$②_3$ 层，圆砾、卵石②层，卵石③层，卵石④层(部分夹杂黏质粉土、砂质粉土$④_2$ 层)，卵石⑤层。隧道穿越地层为卵石④层、卵石⑤层。

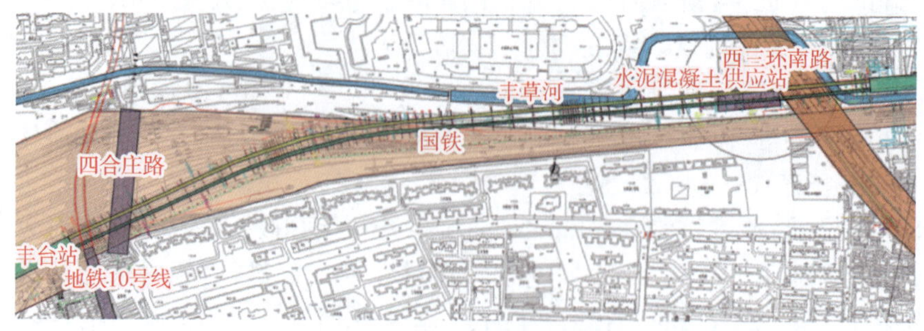

图 3. 4-2　盾构区间平面示意图

丰台站端头测量的水位线水位高程 24. 7 m,盾构接收段隧道顶部高程 24. 2 m,接收端地下水位于隧道顶部以上 0. 5 m,无承压水。

2. 钢套筒安装与拆除

(1)钢套筒安装

基于平衡到达理念,制造一个直径比盾构略大、长度比盾构略长的密闭钢套筒与洞门密闭连接,通过在钢套筒内灌入泥土达到与周围土层压力的平衡,使盾构在土体中推进,以小空间换取大空间、循环利用为核心,使盾构直接通过洞门,安全进入钢套筒内。

①钢套筒结构

项目采用的盾构机刀盘直径右线为 6. 66 m(左线为 6. 68 m),盾体直径为 6. 63 m,盾构主机长度为 9. 6 m。为确保盾构机顺利进入钢套筒,选择的钢套筒由过渡环、筒体、受力架、受力柱等主要构件组成,设计耐压为 0. 2 MPa,满足盾构接收要求。采用钢套筒的内径为 6. 95 m,外径为 7. 19 m,其中过渡环长度为 0. 8 m,筒体长度为 11. 27 m,后端盖长度为 0. 6 m,筒体由 8 节组成。受力架采用 9 根 ϕ609 钢管斜撑。

②钢套筒安装工序

预埋件施工(基础结构底板施工时提前预埋)→洞门探孔打设(安装球阀掌握地下水)→钢套筒下井安装(预埋件安装→钢套筒安装→支撑系统安装)→钢套筒检验(注水检查密封性)→砂浆基座浇筑(筒底 60°范围内 15 cm 厚 C20)。

部分安装实景如图 3. 4-3 ~ 图 3. 4-8 所示。

③钢套筒检验(渗漏检测)

从加水孔向钢套筒内加水,满水后检查压力,如果压力能够达到 0. 3 MPa,则停止加水,并维持压力稳定。对各个连接部分进行检查,包括洞门连接板、钢套筒环向与纵向连接位置、钢套筒与反力架的连接处有无漏水。

图3.4-3 钢套筒筒体拼装

图3.4-4 钢套筒过渡环焊接

图3.4-5 钢套筒支撑系统安装

图3.4-6 钢套筒修补焊接

图3.4-7 钢套筒内填料

图 3.4-8 洞内砂浆基座浇筑

④砂浆基座填充浆液

钢套筒底部填充 1/3 砂,上部填充惰性浆液填充加压。加惰性浆液优势:提高钢套筒内渣土和易性,降低掘进推力及刀盘扭矩;降低填充材料的渗透性,避免螺旋输送机喷涌,降低封洞门难度。

⑤每级加压过程及停留保压时间

0~0.1 MPa 加压时间控制在 10 min 左右,停留检测时间 10 min;0.1~0.2 MPa 加压时间控制在 15 min 左右,停留检测时间 25 min;0.2~0.25 MPa 加压时间控制在 25 min 左右,停留检测时间 45 min;0.25~0.3 MPa 加压时间控制在 45 min 左右,停留检测时间 120 min。

加压检测过程中一旦发现有漏水或焊缝脱焊情况,必须马上卸压,并及时处理,上紧螺栓或重新焊接。完成后再进行加压,直至压力稳定在 0.3 MPa 且未发现有漏点时方可确认钢套筒的密封性。

逐级加压优势:避免加压过快,发生钢套筒脱焊而未能及时处理,导致修复工作难度增大。

(2)钢套筒拆除

①洞门封堵

盾构机进入钢环盾尾离 1357 环 600 mm 时先停止掘进,进行洞门封堵,洞门封堵质量是影响钢套筒安全拆除的一个重要因素,直接关系盾构接收的成功与否。为了保证洞门封堵的质量、安全拆除钢套筒,盾构机完全进入钢套筒内之后,第一时间注双液浆封堵盾尾与洞口结构位置,注浆需所有孔位多次注入,单孔注浆时,将远端孔位打开以置换孔内水,确保封住洞口结构位置。

②注浆效果检查

洞门封堵注浆完成后,需对最后 10 环管片的所有点位进行开孔检查,确认无水无砂后，再打开钢套筒过渡环上预留的检测孔球阀，观察出水量。若水量较大，则继续通过管片注浆孔注浆，直至打开球阀无水流出后，方可拆解钢套筒。

③钢套筒拆除

以上措施完成后方可进行钢套筒的拆除，首先进行钢套筒后端盖及上半部钢套筒拆解，后端盖拆除前，必须再次对土仓泄压并打开人孔清空土仓内填料，再进行后端盖的钢支撑吊装拆除。

钢支撑拆除后，另外设置型钢支撑对端盖做好支撑加固防止倾倒。端盖拆除后再进行筒体拆除，筒体拆除自上而下分节分步拆除。拆除筒体上半部分前，先分小片割除过渡环与洞门焊接的连接板，并将洞门与管片外侧的间隙用提前加工好的扇形钢板进行焊接封堵，扇形钢板一侧与洞门钢环焊接固定，另一侧顶紧最后一环管片外皮，避免因洞门封堵不牢固而出现二次涌水，以保证洞门安全。

过渡环割除过程中，时刻观察漏水情况，若出现渗漏水，应暂停割除并及时进行注浆止水，直至无水流出方可继续割除。套筒拆除拧松螺栓时需分三级自上而下拧松。后端盖及筒体吊装拆除时（图 3.4-9、图 3.4-10），周边严禁站人，所有人员远离吊装区域。

图 3.4-9　钢套筒后端盖拆除

图 3.4-10　盾构机拆解

3. 实施过程及风险管控

（1）施工过程

右线盾构接收时间：2020 年 11 月 29 日盾构推进至地连墙；2020 年 11 月 30 日盾构贯通，全部进入钢套筒，管片拼完 1358 环；2020 年 12 月 6 日完成洞门封堵注浆及效果检查；2020 年 12 月 17 日—20 日后端盖拆除，钢套筒上盖拆除完成；2020 年 12 月 20 日—2021 年 1 月 10 日盾构机破碎拆解。

左线盾构接收时间：2021 年 2 月 27 日盾构推进至地连墙；2021 年 3 月 1 日盾构贯通，全部进入钢套筒，管片拼完 1354 环；2021 年 3 月 7 日完成洞门封堵注浆及效果检查，开仓泄压；2021 年 3 月 14 日后端盖拆除，钢套筒上盖拆除完成。

(2)盾构接收措施

①施工准备工作

在盾构机到达前100~200环时进行联系测量并对各控制点进行一次复核测量,确保控制点精确无误。

盾构机到达接收井100 m前,必须对盾构轴线进行测量,并根据接收洞门中心测量结果,有计划地进行纠偏工作,推进纠偏严格按照小量多次的原则进行,使盾构机姿态偏差控制在:水平±15 mm以内,垂直方向10~20 mm。

在最后50 m推进过程中,严格进行盾构姿态和管片姿态的复核工作,确保隧道轴线准确,保证盾构机安全进入洞门圈。

在盾构机推进最后50环的过程中,足量压注盾尾油脂,避免盾尾渗漏,压注量控制在60~80 kg/环。

②第一阶段:最后10 m盾构掘进

在第一阶段的推进过程中,主要盾构参数如下:在盾构机刀盘将要切入丰台站东端头玻璃纤维筋地连墙前,适当降低推力和推进速度,避免贯入度过大引起刀盘被卡,推进速度宜控制在2~3 cm/min。严格控制盾构姿态,特别是盾构切口的姿态,控制目标为水平±15 mm,垂直10~20 mm。严格按照技术交底控制顶部土压力,上部土仓压力控制在0.11~0.15 MPa。同步注浆采用初凝时间较短的浆液,同步注浆以注浆量及压力进行双控。每环进行一次二次注浆。

③第二阶段:盾构机切削玻璃纤维筋地连墙施工

盾构司机需根据地连墙的实测里程和操作界面显示的里程关系,在盾构刀盘到达接收端地连墙前适当降低盾构推力、推进速度和刀盘转速,保证盾构机以低推力、低速度、低贯入度切削地连墙。

盾构机切削地连墙过程中,盾构司机应随时关注刀盘扭矩的变化,一旦发生突然增大或减小的情况,应立即停止推进,待查明原因后方可恢复推进。

安排专人在接收井内观察车站结构墙和钢套筒有无异常,实时监测钢套筒位移情况,一旦发生异常,立即通知盾构操作人员停止推进,待查明原因后方可恢复推进。

④第三阶段:进钢套筒掘进

在第三阶段的推进过程中,主要盾构参数如下:

推力及速度:推进速度15~30 mm/min,推力6 000~10 000 kN,在保证速度的前提下,尽量减小推力,视实际情况可调整推力大小。

姿态控制:必须以实际测量的钢套筒安装中心线为准控制盾构机姿态,要求中心线偏差控制在±2 cm之内。盾构机在进入钢套筒后,要注意姿态控制。

土仓压力:在第三阶段施工过程中,上部土仓压力控制在0.1~0.13 MPa。在盾构机进入套筒期间的几环,上部土仓压力需严格稳定在正常压力范围内,以保证最后封堵注浆时,浆液不会进入土仓。

刀盘扭矩:1 500 ~3 000 kN · m。

同步注浆:注浆以压力控制为主,压力控制在0.1 ~0.3 MPa。

4. 经验总结及建议

(1)采用钢套筒法进行水下接收过程中,地表监测点沉降比较稳定,沉降主要出现在盾构在接收端盾尾脱出过程中,当盾构进入钢套筒后,对地面沉降影响较小,说明洞门封堵注浆可以减少对周边的影响。

(2)过程中监测点受到交叉施工影响,但整体沉降比较平缓。综合监测、巡视与安全风险情况,钢套筒法在类似水下接收且上方交叉施工较多情况下适用性较好,穿越过程中对其他施工作业面及周边环境影响较小。

(3)钢套筒法在运输、安装及调整方面比较复杂,易受到车站影响,但从经济层面来讲,钢套筒法可进行循环利用,符合现代绿色施工的环保理念。

(4)钢套筒应选择和易性较好、渗透系数较低的钢套筒填充物。

(5)在检验密封性能时应逐级加压,便于发现漏水及其他情况并及时修补。

(6)钢套筒拆除前,开孔检查洞门封堵情况,确保洞门封堵完成。

本章小结

本章对盾构硐室脱壳解体接收、盾构无硐室脱壳解体接收、盾构水下接收、盾构钢套筒接收四种盾构接收新型技术的基本概念、工法特点、工艺流程及管控风险等内容进行了简要介绍,同时借助北京地铁第二轮建设中相关的典型工点进行了补充说明,总结了目前北京地铁建设中盾构接收新型技术的管控要点。

第 4 章　北京地铁特殊工法安全风险控制技术

随着轨道交通发展速度的不断加快,盾构法已逐渐成为修建地铁隧道最主要的施工方法,在盾构技术日趋成熟的同时,一些特殊工法也逐渐在地铁隧道施工过程中得到应用,比如出入口通道顶管施工技术、机械法联络通道施工技术。

盾构法适用于长距离隧道掘进,而在地铁站配建的出入口通道一般只有一两百米,盾构法已不再适合出入口通道的掘进,在工程中常采用明挖法进行出入口通道的施工。而随着城市的不断发展,在地铁站附近采用明挖法施工遇到不少问题,例如:占地面积大、挖土量多、对周围设施影响较大、阻断交通周期长等,于是顶管法应运而生,其在地铁出入口建设中相较明挖法在征拆、管线迁改、成本、绿色环保等方面具有明显优势。

地铁隧道根据区间距离的长短,需要在上行线与下行线之间设置一条或多条联络通道,以便于区间隧道内发生意外事故时,乘客能够通过联络通道安全转移到另一条隧道。联络通道施工分为两大类:机械法与非机械法。非机械法原理是通过对地层进行加固后,采用矿山法开挖。地层加固方式有水泥土搅拌法、洞内注浆、冻结加固、管棚法等。采用管棚加洞内注浆加固方式,在卵石、砂层内注浆效果不易控制,易造成地层隆起。冻结法在地下水流速大、地下水含盐度高的地质条件下不易冻结,时间成本、资金成本均会增加。而机械法施工无需考虑以上因素,适应性较强,具有施工高效、快捷、隧道成型结构质量好、作业环境安全、机械化程度高等优点,成为联络通道施工的一种全新施工工法。

4.1　出入口通道顶管施工安全风险控制技术

4.1.1　出入口通道顶管施工技术风险特点

1. 出入口通道顶管机施工应用原理

顶管施工是继盾构施工之后发展起来的一种地下管道施工方法,它不需要开挖面层,并且能够穿越公路、铁道、河川、地面建筑物、地下构筑物以及各种地下管线等。顶管施工借助于主顶油缸及管道间中继间等的推力,把工具管或掘进机从工作井内穿过土层一直推到接收井内吊起。与此同时,也就把紧随工具管或掘进机后的管道埋设在两井之间，从而实现非开挖敷设地下管道。

2. 出入口通道顶管机施工特点

(1)顶管施工时不用封路，选用的工作井与接收井一般位于闲置之处，顶进过程中路上交通照常通行。

(2)不需要开挖、回填和路面修复，所以与大开挖施工对比，能降低工程总造价。

(3)顶管方法是全自动摇控，不需工人在管道内工作，这样不仅消除了工人繁重的体力劳动，对工人安全也有了足够的保证。

(4)顶管推进过程中掘进机及管道周围压力处于主动土压力与被动土压力之间，故对原土干扰极少，所以不会导致路面沉降以至产生裂纹，避免了路面重修。

3. 国内外顶管施工应用案例

表 4. 1-1 列出了国外部分矩形顶管工程概况。

表 4. 1-1　部分国外顶管工程

年份	国家	工程名称	截面尺寸(m×m)	顶程(m)	顶管机	用　途	地　　层
1989	美国	波士顿中央大道混凝土顶管工程	7×5	112	土压平衡矩形顶管机	下穿公路隧道	淤泥质粉质黏土
2005	印度尼西亚	哥打箱形顶管人行隧道	4×6	23	土压平衡矩形顶管机	人行通道	淤泥质粉质黏土
2006	美国	圣安东尼奥矩形顶管排水隧道	2. 7×3. 35	90	泥水平衡矩形顶管机	排水管道	亚黏土及黏土
2008	澳大利亚	下穿昆士兰铁路矩形顶推隧道	7×5	55	土压平衡矩形顶管机	下穿铁路隧道	淤泥质粉质黏土
2010	美国	林奇堡市下穿铁路矩形顶推隧道	6×5	35	土压平衡矩形顶管机	下穿铁路隧道	淤泥质粉质黏土

表 4. 1-2 列出了国内部分矩形顶管工程概况。

表 4. 1-2　部分国内顶管工程

年份	工程名称	截面尺寸(m×m)	顶程(m)	顶管机	用　途	地　　层
1999	上海地铁 2 号线陆家嘴车站 5 号出入口人行地道顶管工程	3. 8×3. 8	62. 25	组合刀盘土压平衡矩形顶管机	人行通道	灰色淤泥质粉质黏土
2004	上海市中环线虹许路北虹路下立交工程	3. 42×7. 85	130	土压平衡式矩形隧道掘进机	下穿公路隧道	淤泥质粉质黏土

续上表

年份	工程名称	截面尺寸(m×m)	顶程(m)	顶管机	用　途	地　层
2006	上海轨道交通6号线浦电路站过街出入口顶管工程	6.24×4.36	42.7	土压平衡式矩形隧道掘进机	地铁站出入口	淤泥质粉质黏土
2008	苏州市齐门路北延下穿沪宁铁路工程	9.1×7.4	37	土压平衡式矩形隧道掘进机	下穿铁路隧道	淤泥质粉质黏土
2009	上海轨道交通2号线东延伸段张江高科站顶管工程	4×6	23	多刀盘土压平衡顶管机	地铁站出入口	淤泥质粉质黏土
2010	上海轨道交通2号线东延伸段金科路站顶管工程	4.2×6.9	49.1	多刀盘土压平衡顶管机	地铁站出入口	灰色淤泥质粉质黏土
2012	佛山市南海区桂城站过街通道工程	6.0×4.3	43.5	泥水平衡顶管机	过街通道	淤泥质土

4.1.2　出入口通道顶管施工流程

顶管施工流程如图4.1-1所示。

1. 管节预制及防水处理

管节在管节厂进行预制,采用整体钢模一次性浇筑形成,在施工前运至施工现场,到场后进行接口防水处理。

2. 顶管工作井施工

顶管施工类似盾构法施工,需提供顶管下井和吊出工作井,始发井及接收井尺寸需根据顶管机尺寸进行设计。

3. 顶管端头加固

在顶管施工前,对始发井端头及后靠背、接收井端头进行地基加固,为顶管始发及接收提供保障。

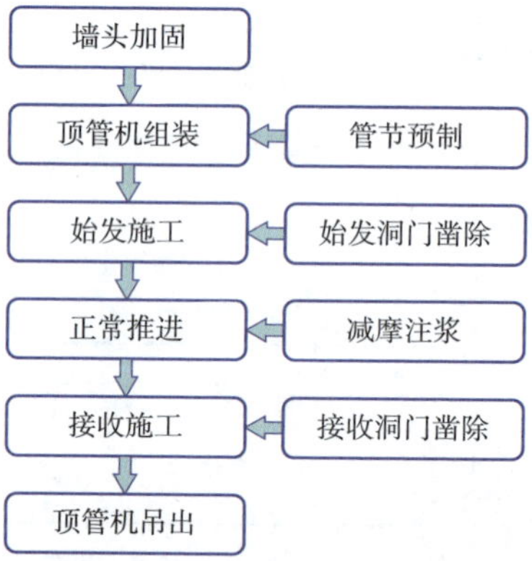

图4.1-1　顶管施工流程图

4. 顶管始发

在顶管施工前,主要准备工作有:(1)洞门探孔打设及连续墙破除;(2)测量定位及始发架的安装;(3)顶管机组装、调试等。

5. 正常推进

在顶管机完全脱离始发端头加固区后,进入正常的顶进阶段。在整个顶进过程中,对刀盘切削面注入改良液,进行渣土改良;同时在管节壁后注入触变泥浆,减少顶进摩阻力。

(1)顶管机正常顶进阶段应重点控制如下参数:结合地面沉降量及时调整正面土压力、出土量、顶进速度、注浆量和压力等各项施工参数。

(2)顶管机顶进时应均匀出土,控制好初始偏差,并及时调整后座千斤顶合力中心来控制初始偏差,确保机头初始状态稳定和轴线顺直,在推进时遵循"勤纠、少纠、及时纠"的原则。

(3)矩形顶管对管道的横向水平位置控制要求较高,在顶进过程中要密切注意防止机头产生转角,一旦发现应立即采取刀盘反转、加压铁等措施进行纠正。

(4)长距离顶管施工中,为减少土体与管道间的摩阻力,最有效的方法是在管道外壁压注触变泥浆,使管道四周形成一圈泥浆套以达到减小摩阻力的效果。要求泥浆在施工期间不失水、不沉淀、不固结。

6. 接收施工

顶管出洞主要工序:(1)接收井洞门水平探孔取芯及洞门破除;(2)测量定位及安装接收架;(3)顶管出洞施工;(4)通道内置换注浆。

7. 顶管机吊出

顶管机吊装通常采用整机吊装或分体式吊装;顶管机吊出顺序与顶管机下井顺序相反。

4.1.3　出入口通道顶管施工技术典型工点

1. 工程概况

(1)工程简介

北京地铁 27 号线二期工程清河小营桥站地铁站出入口为矩形顶管通道,长度 99.7 m,采用矩形断面结构,结构轮廓尺寸为 6.9 m×4.9 m(宽×高),顶板覆土约 11.5 m。顶管通道标准断面内净空尺寸为 19.7 m×13.0 m,管节设计长度 1.5 m,共 66 节,采用矩形顶管施工。该工程于 2022 年 7 月始发,2022 年 8 月接收完成。

(2)工程地质与水文

该工程场地内的地层表层主要为人工堆积层,人工堆积层以下为第四纪全新世冲洪积层,出入口通道穿越地层主要为粉细砂②$_3$层、粉质黏土③$_1$层、粉质黏土④层。出入口通道主要受潜水(二)影响,水位位于隧道中部。

(3)顶管设备

该工程采用 1 台铁建重工生产的矩形顶管机进行施工,顶管设备如图 4.1-2、图 4.1-3 所示。

图 4.1-2　顶管机刀盘

图 4.1-3　螺旋输送机

顶管机尺寸为 6 920 mm(宽)×4 920 mm(高),主机长约 8 m,顶管壳体长度约 5 m,设备总推力 48 000 kN,机头采用切削式刀盘(6 个),通过 6 组驱动马达驱动刀盘进行切削,并配备两台螺旋出土机进行取土。大刀盘尺寸 $3\times\phi2845$ mm,小刀盘尺寸 $3\times\phi2500$ mm;大刀盘额定扭矩 611 kN · m,脱困扭矩 733 kN · m,脱困时间 1 min;小刀盘额定扭矩 407 kN · m,脱困扭矩 488 kN · m,脱困时间 1 min。螺旋输送机最大转速 12 r/min,单台螺旋输送机最大排土量 128 m^3/h。

2. 风险工程及对策

(1)自身风险

顶管法通道施工自身为二级风险工程。主要施工难点有:①始发、接收端端头加固、破除;②顶管始发(试验段调整施工参数);③正常顶进(出土量控制、顶进轴线控制、地面沉降控制、管节回退控制、土仓的渣土改良、触变泥浆减阻、管节防水);④顶进完成后期处理(泥浆置换)。

(2)环境风险(道路、管线)

B 出入口顶管穿越辅路下方管线较多,集中在东西侧辅路下方。

(3)风险工程对策

①始发、接收端端头加固

根据初步设计图,端头加固范围为始发井长度 6.0 m,宽度 12.9 m,竖向加固范围为通道顶上 3.107 m 至通道底下 3.093 m;接收端加固长度 5.0 m,宽度 12.9 m,竖向加固范围为通道顶上 2.544 m 至通道底下 2.956 m。

②顶管始发

a. 顶管机进洞后掘进速度宜控制在 5 ~ 10 mm/min。顶进 15 m 范围内,控制顶进速度在 20 mm/min;土压建立:顶进 2 m 范围内泥土压从 0.04 MPa 升至 0.06 MPa,调整好机头姿态,确保机头平顺、准确顶进,初始掘进时应只使用下层液压缸掘进。

b. 顶管进洞时要防止顶管机下跌,在进洞的初期,因入土较浅,顶管机的自重仅由两点支撑,其中一点是导轨,另一点是入土较浅的土体。这时作用于土体支撑面上的应力很可能超过允许承载力,使顶管机下跌。顶进机进入原状土后,为防止机头"磕头",应拉紧机头和前三节管节之间的拉杆螺丝,同时适当提高顶进速度,使正面土压力稍大于理论计算值,以防止由于机头"磕头"引起地面沉降。

c. 设定试验段。在始发试验段掘进时要对顶管施工中的参数如掌子面土压力、出土量、减阻泥浆配置参数与注入量、土体改良剂的配制参数与注入量、顶管机姿态、顶管推力变化、地面隆沉变化、管线隆沉变化等数据进行详细收集,并进行分析处理,根据实际效果调整预定施工参数,以满足工程掘进土层中顶进的施工要求。

出洞加固区 7.45 m 内为改良后土体,不宜代表整条通道;通道上方京藏高速主路为重点保护区域,不宜设为试验段。试验段选取为始发加固区后 12 m(京藏辅路段),避开土体加固区非典型值,处于顶进先行段,为后期顶进提供参数指导。初始阶段掘进速度不宜过快,一般控制在 10 mm/min 左右,正常施工阶段可控制在 10～20 mm/min。严格控制出土量,防止超挖或欠挖,正常情况下出土量控制在理论出土量的 98%～100%。试验段设置范围如图 4.1-4 所示。

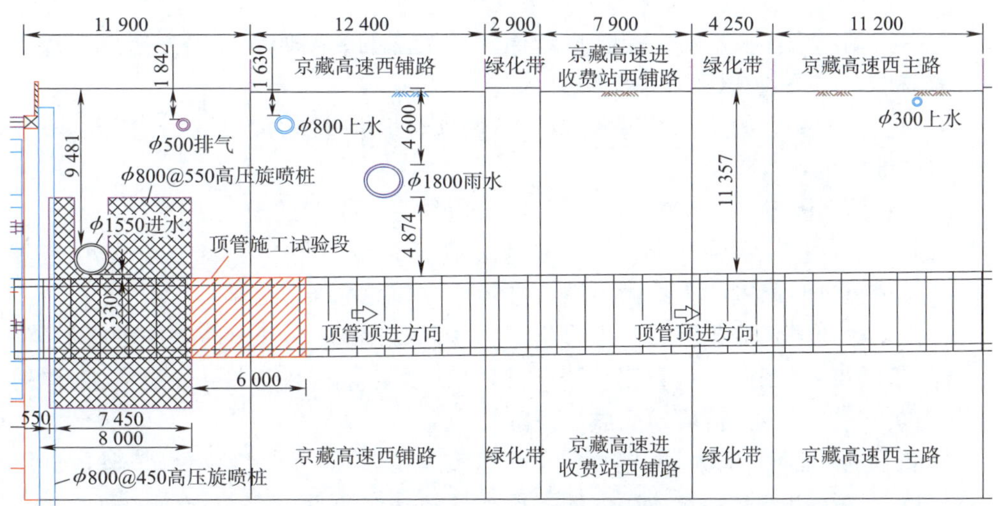

图 4.1-4　试验段设置范围(单位:mm)

③正常顶进

a. 出土量控制

该工程出土采用螺旋输送机＋轨道土箱＋卷扬机＋履带吊的形式,一节管节的理论出土量为 51.2 m^3,切削改良后的土体松散系数取 1.05 ~ 1.1。在顶进过程中,按体积法测量统计出每顶进 1 斗车的出土量与该顶进长度理论出土量的偏差,并参考地表沉降监测数值。在顶进过程中,应尽量精确地统计出每节的出土量,力争使之与理论出土量保持一致,确保正面土体的相对稳定,减少地面沉降量。

b. 顶进轴线控制

顶管在正常顶进施工中,必须密切注意顶进轴线的控制。在每节管节顶进结束后,必须进行机头的姿态测量,并做到随偏随纠,且纠偏量不宜过大,以免土体出现较大扰动及管节间出现张角。

由于是矩形顶管,因此对管道的横向水平要求较高,所以在顶进过程中对机头的转角要密切注意,机头一旦出现微小转角,应立即采取刀盘反转、反侧注泥、加压铁等措施回纠。轴线控制主要是顶管机头部测量与纠偏的相互配合。顶进轴线偏差控制要求:高程 ±50 mm;水平 ±50 mm。

c. 地面沉降控制

在顶进过程中,应合理控制顶进速度,保证连续均衡施工,避免出现长时间搁置情况;不断根据反馈数据进行土压力设定值调整,使之达到最佳状态;严格控制出土量,防止欠挖或超挖。施工过程中严格测量监控地面沉降,一旦发生沉降,立即采取补浆、注泥等措施修正。

初步分析造成地面沉降大致有以下几种情况:

一是,掘进工作面的塌方是造成地面较大沉降的主要原因。塌方造成超量出土,覆盖层土体松动,以致地面沉降。

二是,开挖端面的出土量过多或过少,使顶管机推进压力与开挖土体压力不平衡,造成地面沉降或隆起。

三是,管道外壁空隙(顶管机外径与管外径之差)引起的地层土体损失。

四是,纠偏造成沉降。顶管机纠偏后,刃脚后形成一个空隙,纠偏角越大,空隙越大,管道顶进时周围的土体便会坍入空隙造成地面沉降。

五是,触变泥浆造成沉降。顶管施工为了降低阻力,在管道周围注触变泥浆,一旦施工结束,触变泥浆就会泥水分离,因触变泥浆含泥率仅为百分之几,四周的土体就会向管壁坍落,造成地面微小沉降。

控制地面沉降的措施:根据顶管机刀盘位置设置压力传感装置,掌握顶进压力,保持顶进压力与前端土体压力的平衡。压注泥浆不使管壁与土体之间形成空隙:顶管设计时,为了减少摩擦阻力,降低主千斤顶的顶力,顶管机头的外径比顶入的钢筋混凝土管节的外径大。因此,顶管时在顶入管与土体之间就存在一定的空隙,导致土体可能的沉降。为此,必须及时压注泥浆于空隙中,并且边顶进边压浆,更需要在中间多次补浆,使在顶管中形成完整的泥浆套,既消除了空隙又能平衡其上土体自重,防止沉降。施工结束及时注入水泥浆置换润滑泥浆。可利用混凝土管节上预设的注浆孔对土层进行填充物压注，提高土层的密实度，减少地面沉降量。

顶管顶进时，要严格遵守操作规程，及时进行测量，避免大角度纠偏。严格控制管道接口的密封质量，防止渗漏。避免因渗漏引起的土层流失，并最终导致地面沉降。

d. 管节回退控制

由于矩形顶管掘进机的断面较大，前端阻力大，实际施工中，即使管节顶进了较长距离，而每次拼装管节或加垫块时，主顶油缸一回缩，机头和管节仍会一起后退 20 ~ 30 cm。当顶管机和管节往后退时，机头和前方土体间的土压平衡受到破坏，土体面得不到稳定支撑，易引起机头前方的土体坍塌，若不采取一定的措施，路面和管线的沉降量将难以控制。

在前基座的两侧各安装一套止退装置（图 4. 1-5），当油缸行程推完，安装管节的时候，将销子插入管节的吊装孔。管节的后退力通过销子、销座传递到止退装置的后支柱上。止退装置和基座焊接在一起，把管节稳住。

图 4. 1-5　顶管止退装置

e. 土仓的渣土改良

顶管机在顶进过程中若遇到不良地层，则必须通过设在顶管机主轴后方的注浆孔向土仓内注入改良土体用的膨润土浆或膨润土-高分子改良浆，膨润土与高分子改良剂混合使用能在改善渣土流塑性能的同时，降低渣土的透水性。

顶管机在土仓压力隔板的不同高度位置设置了土压传感器，可以对土仓内不同位置的土压随时进行监控；螺旋输送机的出土速度可以无级调速，容易精确控制出土量。顶管机在土压平衡模式下掘进时有严格的土仓压力管理规定，通过控制系统可以对土仓压力、掘进速度、螺旋输送机出渣速度、改良剂等填加材料的注入量等参数进行手动控制，确保在掘进过程能够达到良好的动态压力平衡效果。

顶管机的渣土改良系统既可以注入高分子改良剂，也可以注入膨润土改良剂。添加材料既可以通过中隔板注入土仓内，也可以通过布置在刀盘面上的注入孔直接注入开挖面。通过调整这些添加材料的配比，可达到很好的渣土改良效果，泥浆 C 型黏度计值在 8 000 ~ 10 000 之间，密度在 1. 30 ~ 1. 50 g/cm^3 之间，配合比：膨润土 98 kg、黏土 392 kg、水 812 kg。泥浆的注入量在 15% ~ 30% 之间，从而增加渣土的流塑性,提高止水性。

f. 触变泥浆减阻

在长距离顶管中,随着距离的增加,管道经过不同的土质时,推力上升得很快,一旦摩擦阻力过大将导致管道所受顶力不均匀,当顶力超过混凝土管节所承受的极限时,混凝土管节就有可能破坏,因此管壁外的减阻是工程顺利完成的必要措施。

通常在混凝土管节周围注触变泥浆,将混凝土管节与土体之间的干摩擦变为湿摩擦,达到减阻的目的。一般混凝土管节壁与砂层土体的摩擦力达 2 ~ 3 t/m^2,而采用触变泥浆减阻后,摩阻力可以减少到 0.1 ~ 0.5 t/m^2。在长距离混凝土管节顶进中,必须采取连续触变泥浆减阻措施,以增加一次顶进长度。触变泥浆通过制造、储存、压浆系统,从顶管机处压入触变泥浆,形成一定厚度(25 mm 左右)的泥浆套,每节管设 10 个注浆孔,使顶管在泥浆套中向前滑行,减少摩阻力。根据压力表和流量表,控制注浆的压力(压力控制在自然地下水压的 1.1 ~ 1.2 倍)和注浆量(计量桶控制)。制备泥浆的材料及其配比严格按要求选用,经现场试验,以确保泥浆性能良好,必要时可加其他外加剂。

为使泥浆能及时将管壁空隙灌满,灌浆速度要与顶进速度相适应,注意观察,防止跑浆和冒浆,并保证泥浆的达到量。在顶管施工时,可以结合泥浆水分的渗透损失情况,考虑顶管机后 20 m 以内的混凝土管节的注浆孔均连接注浆管补充浆液,之后的混凝土管节中每 10 m(即 4 节)的注浆孔连接一道注浆管进行补浆,其他管节的注浆孔在需要时再接上注浆管注浆。

g. 管节防水(图 4.1-6)

接口是顶管工程的关键部位。对于混凝土管节,管节接头采用“F”型承插式接头。管节下井拼装时,在止水圈斜面上和钢套环斜口上均匀涂刷一层硅油,接口插入后,用探棒插入钢套环空隙中,沿周边检查止水圈定位是否准确,发现有翻转、位移等现象,应拔出重新粘贴和插入。

图 4.1-6 管节防水设置

管节与管节之间采用中等硬度的木制材料作为衬垫,以缓冲混凝土之间的应力,板接口处以企口方式相接,板厚为 20 mm。粘贴前注意清理管节的基面,管节下井或拼装时发现有脱落的立即返工,确保整个环面衬垫的平整性、完好性。

顶管施工结束,管节间的缝隙采用双组分聚硫密封膏填充。配置好的聚硫密封膏在缝隙两侧先刮涂一遍，第二次在缝中刮填密封膏到所需高度。密封膏表干时间为24 h，7 d后达到80%强度，在密封膏未充分固化前要注意防水保护。

④顶管接收

接收井施工完成后，必须立即对洞门位置的坐标测量确认。顶管推进至接收井灌注桩后，准备破除接收井洞口的围护结构，凿除完成后，继续推进至顶管机壳体前端搭接到门洞即完成顶管推进施工。

接收顶进的范围为进加固区外0.5 m至顶管机完全拖出洞口。应控制掘进速度在2～3 mm/min，控制理论土仓压力0.05～0.06 MPa（根据情况进行调整）。

当顶管机刀盘切口距接收井灌注桩约10 cm后，即停止推进关闭螺旋输送机出土口，将土仓上部压力降为零，通过机头四周的注浆孔向外压注黄泥浆对空隙进行临时封堵，以防洞门开凿过程中机头周边的渗漏。洞门凿除后，顶管机应迅速、连续顶进管节，尽快缩短顶管机出洞时间。出洞后，马上用钢板将管节与洞圈焊成一个整体，并用水硬性浆液填充管节和洞圈的间隙，减少水土流失。

⑤顶进完成后期处理

顶管施工完成后，为减少土体沉降，加强隧道整体防水性能，需加注水泥浆对触变泥浆进行置换，固结隧道。

置换注浆从一端开始依次进行，每循环注一放一，两节管一循环。从第一节管节注浆孔注入水泥浆，根据浆液注入量及压力情况开启第二节管节部分注浆孔放浆，放浆从底部开始向上依次进行。当纯水泥浆液开始流出时关闭放浆孔，开始下一循环。从第二节管节注浆孔开始注浆，同时从第三节管节放浆，依次类推。对溢出的泥浆进行集中处理。注浆量宜为管壁与土体缝隙的1.5～3倍。

3. 实施过程及效果评价

(1)施工过程

截至2022年9月10日，上清桥站B出入口顶管完成接收，详见表4.1-3。

表4.1-3　施工时间节点及现场照片

序号	施工时间节点	现场照片
1	2022年1月15日， 始发端污水管导流，紫外固化	

续上表

序号	施工时间节点	现场照片
2	2022 年 3 月 23 日， 洞门处安装扇形压板及橡胶帘布	
3	2022 年 6 月 10 日， 洞门打设探孔	
4	2022 年 7 月 7 日， 顶进施工	
5	2022 年 8 月 1 日， 顶管施工完成，进行泥浆置换	
6	2022 年 9 月 10 日， 顶管贯通，泥浆置换完成， 洞口环梁施作完成	

(2)主要措施落实情况及效果

①设计措施

根据设计图纸,要求在始发的端头及背后、接收井进行注浆加固。

②其他措施(施工过程中的补充措施)

a. 设定试验段,确定顶管推进各项参数。

b. 每环测量刀盘及管节的姿态,做到小行程逐步纠偏。

c. 通过模拟试验确定减阻泥浆的配合比。

d. 地面沉降过大时注入黄泥浆填充地层。

③措施效果

设计措施及其他措施落实基本到位,施工过程中出现少量侧壁渗水、坑底积水情况,地下水基本得到控制。

(3)监测情况分析

①监测预警统计

上清桥站 B 出入口顶管施工过程自始发至接收,共发布 0 个红色、21 个橙色、77 个黄色监测预警,监测预警统计见表 4.1-4。

表 4.1-4　上清桥站监测预警统计表

工点名称	消警			新增预警			预警累计		
	红色	橙色	黄色	红色	橙色	黄色	红色	橙色	黄色
上清桥站 B 出入口顶管	0	18	77	0	21	77	0	3	0

从表 4.1-4 中可以看出,顶管施工过程中速率预警占 97%,累计值预警占 3%,施工过程整体处于风险可控的状态。

②监测数据分析

从布点图中选取沉降最大的测点所在断面作为典型监测断面进行分析,可以分析出顶管施工过程中的地表沉降变形规律。

顶管施工过程大概可以分为 5 个阶段:顶管机进入影响范围;顶管机身穿越;顶管机脱出;地表沉降过大施工单位采取的注泥措施;顶管施工完成后进行泥浆置换的措施。

从对应的地表沉降时程曲线(图 4.1-7)中可以看出:

a. 顶管机进入影响范围,地表轻微隆起,累计 0.7 mm。

b. 顶管机身穿越过程,地表轻微沉降,累计 -1.3 mm。

c. 顶管机脱出后一周内,地表呈沉降趋势,最大累计 -13.6 mm。

d. 地表沉降过大后施工单位采取反复的注泥措施,可以有效改善地表沉降,但由于浓泥固结后易发生泥水分离,在注入浓泥大概一周后,地表又呈现沉降的趋

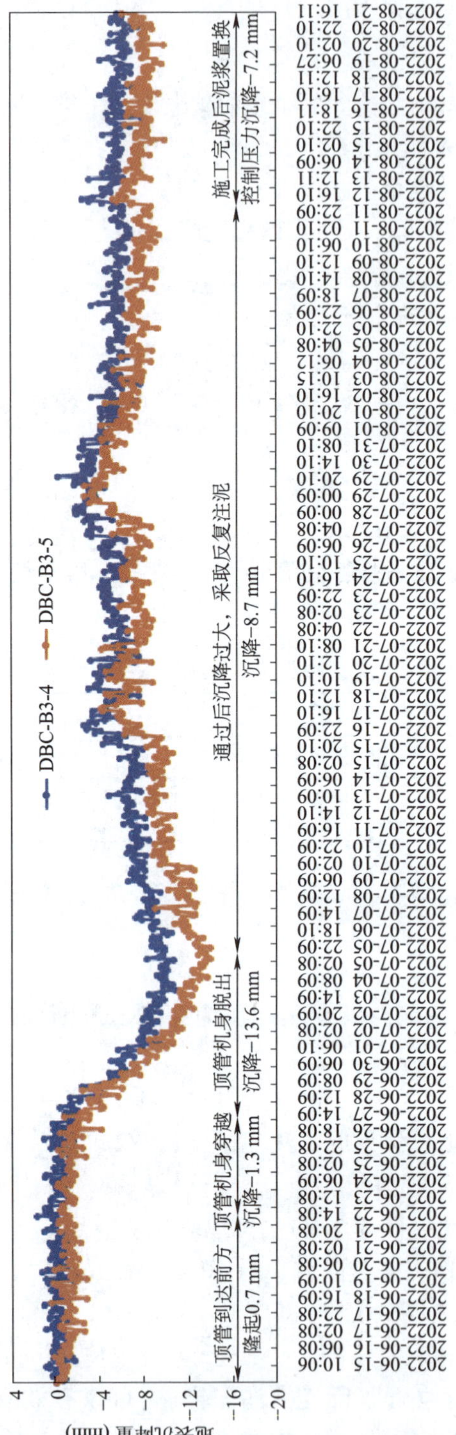

图 4.1-7　地表沉降时程曲线

势，有3～5 mm的沉降变化量，施工单位依据监测数据对沉降较大部位采取反复注泥措施，顶管推进完成后，地表沉降累计－8.7 mm。

e. 顶管施工完成后，进行泥浆置换，施工单位考虑上方道路地表沉降值未超控，且管节四周浓泥固结，泥浆置换注入压力较大，为预防上方京藏高速道路地表隆起，泥浆置换注入采用压力控制，地表有上浮，最终累计变形－7.2 mm。

③施工参数分析

a. 推力

施工过程中，随着顶进距离的增长，理论推力应该增大，但由于过程中顶管机头前方的土体改良较好，在20～30环推力较低（图4.1-8），施工过程中的最大推力发生在63环，为26 500 kN，顶进油缸的总推力为40 000 kN，在可控范围内。

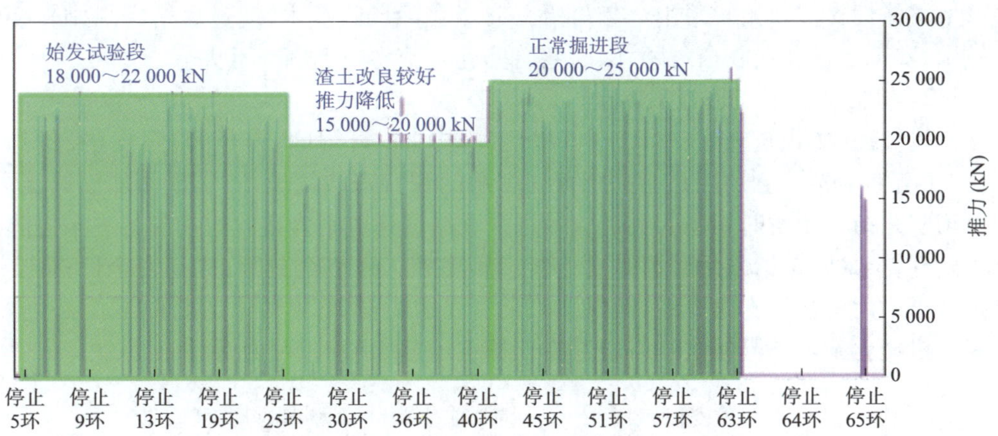

图4.1-8　施工参数-推力

b. 土压

施工过程中平均土压维持在0.06～0.1 MPa，没有突变的情况，如图4.1-9所示。

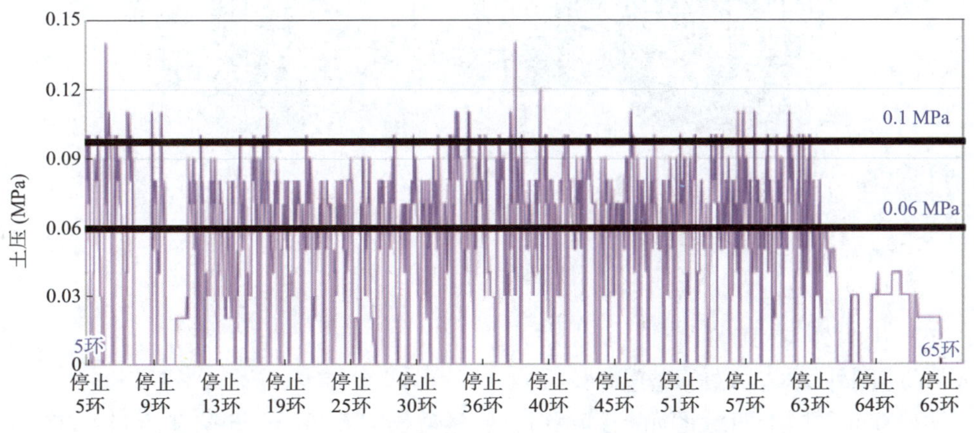

图4.1-9　施工参数-土压

4.2 机械法联络通道安全风险控制技术

4.2.1 机械法联络通道技术风险特点

1. 机械法联络通道施工应用原理

机械法联络通道基于土压平衡基本原理,采用盾构机/顶管机进行开挖作业,利用全断面切削刀盘,将正面土体切削下来进入刀盘后面的贮留密封仓内,并使仓内具有适当压力与开挖面水土压力平衡。盾构机/顶管机刀盘采用了仿形设计,外凸弧形,中心位置内凹,分别应对始发时的凹面和接收时的凸面接触滑动,为确保管片隧道结构安全和掘进反力提供,设计了一套隧道内支撑系统,对洞门始发管片形成整体性支撑。始发采用全套筒始发或半套筒接收技术,通过盾尾密封刷转换技术,实现始发和接收全封闭,保证隧道掘进时始终处于全密闭状态。

2. 机械法联络通道施工特点

机械法联络通道施工的特点可以用“微加固、可切削、全封闭、强支护、集约化”十五字概括。微加固是指采用可切削洞门和特殊结构设计,实现微加固施工;可切削是指在始发时切削主隧道管片进入联络通道隧道和接收时切削另一条主隧道管片;全封闭是指采用套箱始发、接收,实现施工过程全封闭,提高安全性;强支护是指采用机械化支撑体系,确保施工全过程结构安全;集约化是指实现了狭小空间全机械化施工。机械法联络通道施工特点示意如图 4.2-1 所示。

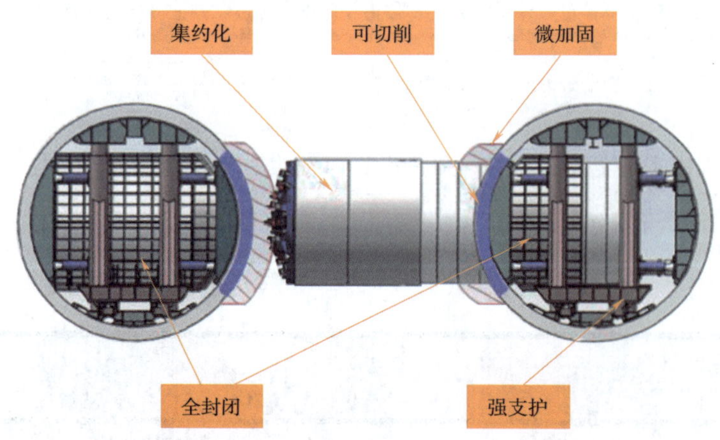

图 4.2-1 机械法联络通道施工特点示意图

3. 国内外应用案例

(1)国外机械法联络通道案例

2000 年德国第四易北河隧道顺利贯通,隧道长度 2 561 m,开挖直径 14 420 mm,

为拼装式盾构隧道，穿越的地层主要为黏土、松散至细密的砂、砾石和冰山泥灰岩，最高水压约 4.5 kg/cm^2，该工程的联络通道采用顶管法施工，如图 4.2-2 所示。2016 年日本御堂筋综合管廊工程的工作井采用朝上顶进法施工，采用一台外径 3 450 mm 的土压平衡盾构机从既有的主体隧道内部出发，向上进行竖直盾构隧道的修建，材料的搬运和供给都在地下隧道中进行，地上施工作业只有盾构机的回收，对周边环境影响较小，如图 4.2-3 所示。

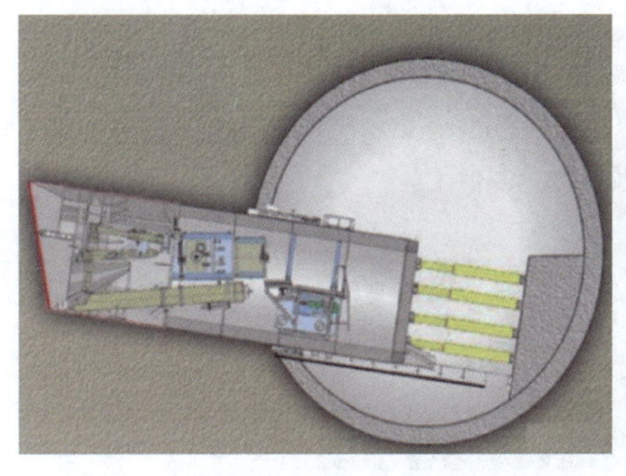

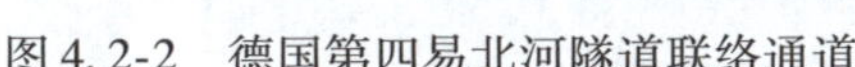

图 4.2-2　德国第四易北河隧道联络通道

图 4.2-3　日本御堂筋综合管廊工程工作井

（2）国内机械法联络通道案例

①宁波地铁 3 号线鄞南区间盾构法联络通道

宁波轨道交通 3 号线鄞南区间联络通道位于鄞州公园东门北侧，隧道中心埋深 16.94 m，直径 3.15 m，全长 17 m，盾构主要穿越地层为淤泥质黏土和粉质黏土，是国内贯通的首条盾构法联络通道，同时也是世界上首条采用盾构法施工的轨道交通联络通道，于 2017 年 12 月 29 日成功始发，2018 年 1 月 15 日顺利贯通，如图 4.2-4 所示。

图 4.2-4　宁波地铁 3 号线鄞南区间盾构法联络通道

②无锡地铁 3 号线高周区间顶管法联络通道

继宁波第一座盾构法联络通道顺利贯通后,国内首例顶管法联络通道在无锡地铁 3 号线高周区间得到成功应用,此顶管法联络通道的西南方向 4.05 m 处存在一根 DN300 燃气管线,穿越地层均为黏土,施工难度大、风险较高。联络通道全长 8 m,内径 2.76 m,于 2018 年 12 月 10 日顶管机始发,2018 年 12 月 26 日顺利贯通,如图 4.2-5 所示。

图 4.2-5　无锡地铁 3 号线高周区间顶管法联络通道

4.2.2　机械法联络通道技术施工流程

1. 机械法联络通道施工技术流程

机械法联络通道施工技术流程总体可分为五个步骤:施工准备;机械吊装;机械洞内运输;机械法联络通道施工;洞门接口安装。具体流程如图 4.2-6 所示。

2. 施工重难点

(1)设备运输进入隧道受空间狭小影响,机械设备进入隧道前需测量洞口至联络通道处隧道管节的椭圆度、高程偏差、水平偏差。

(2)由于空间小、定位难,要重点关注始发姿态控制,始发前需要严格计算推进计划轴线,始发套筒前端姿态严格按照推进计划轴线定位。

(3)洞门密封效果直接影响始发和接收安全,由于洞圈呈弧形、不规则,接缝焊接必须密实,始发前需在始发套筒上设置钢丝刷,并手涂盾尾油脂止水,贯通后及时施作后浇环梁。

(4)管节强度高,刀具磨损大,需要合理配置刀具,添加改良剂,减少刀具磨损,切削过程中缓慢推进,做到充分切削。

(5)刀具切削主隧道管片后破坏了主隧道止水环箍,始发、接收前需在相邻 10 ~ 20 环管片做壁后微注浆。

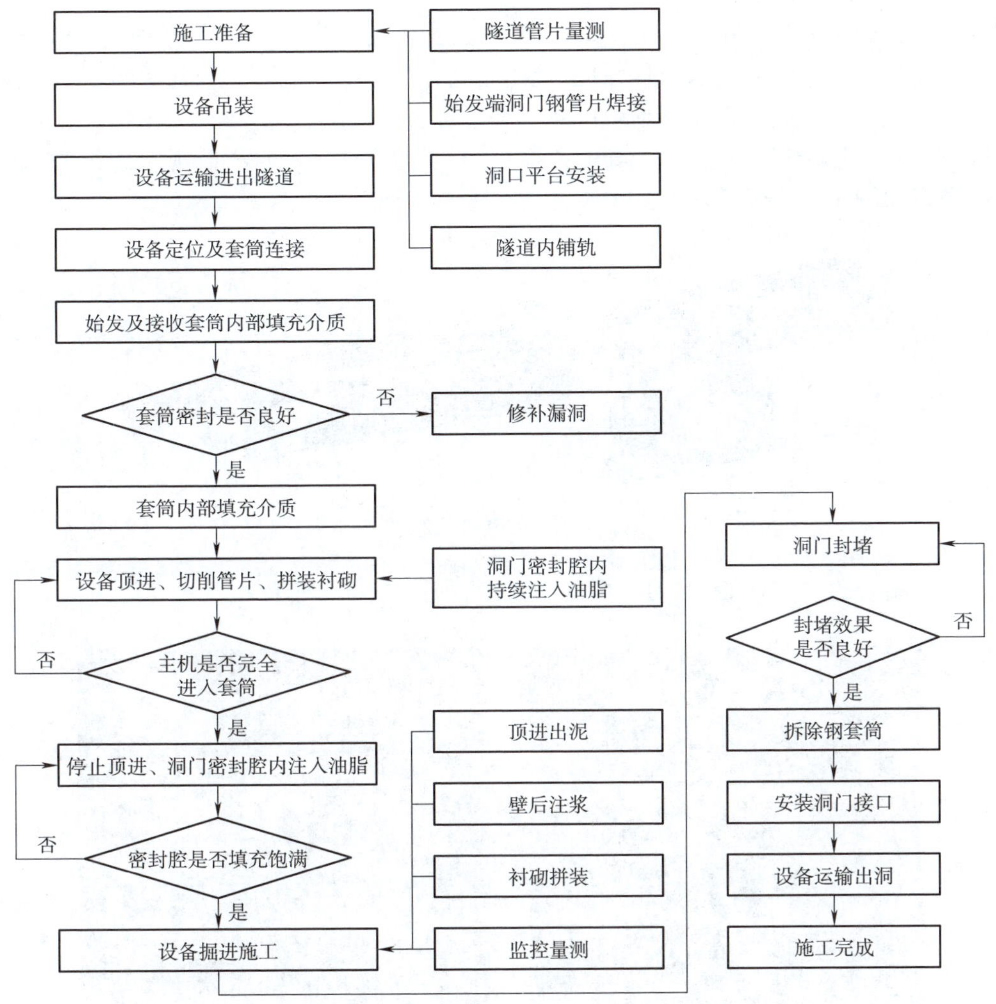

图 4.2-6　机械法联络通道施工技术流程图

4.2.3　机械法联络通道技术典型工点

1. 工程概况

(1)工程地质与水文

北京地铁昌平线南延 07 标 19 号线支线—清河站南侧盾构区间 5 号联络通道穿越地层为:卵石圆砾⑤层,粉质黏土⑥层;6 号联络通道穿越地层为:粉质黏土⑥层,砂质粉土、黏质粉土$⑥_2$层;7 号联络通道穿越地层为:粉质黏土、重粉质黏土④层,粉细砂$⑤_2$层。联络通道均进入承压水(四)范围。

(2)顶管设备

项目选用的是开挖直径为 3 290 mm 的土压平衡式联络通道顶管机。该设备由刀盘系统、主驱动系统、盾体系统、渣土输送系统、后配套系统、推进系统、泡沫系统、密封润滑系统、循环水系统、工业空气系统、注浆系统、液压系统、动力供电系统、PLC 控制系统及数据采集、导向系统、消防系统、通信照明与监视系统组成,整机布置如图 4. 2-7 所示。

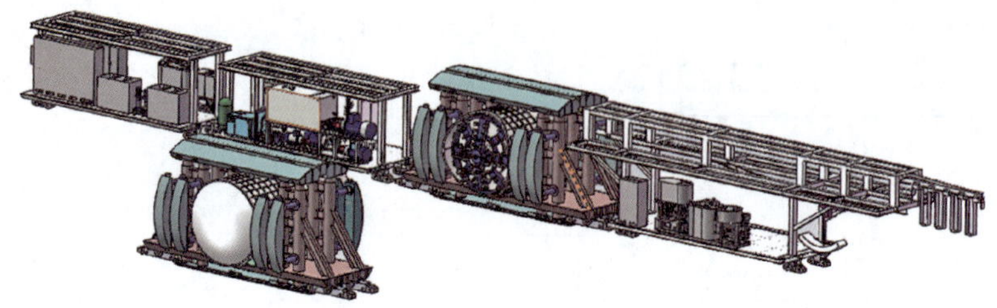

图 4. 2-7　整机示意图

为贴合盾构隧道始发,刀盘形式为弧形,如图 4. 2-8 所示。

图 4. 2-8　设备刀盘实景图

顶管机开挖直径 3 290 mm,最大推进速度 20 mm/min,最大推力 12 000 kN,额定扭矩 860 kN · m,设计工作压力 0. 5 MPa,刀盘开口率 50%,出渣能力 20 m^3/h,驱动功率 55 kW,渣土改良注入口 3 个,立柱顶升油缸 4 个,油缸行程 1 450 mm,各类刀具共 86 把。

2. 风险工程及对策

(1)自身风险

该区间自身风险工程为机械法联络通道始发和接收,地下水位较高,局部粉细砂存在砂土液化的可能,控制不良易造成洞门涌水涌砂,造成地面沉降。

(2)环境风险

5 号联络通道位于北京市海淀区八家郊野公园内,北侧为北五环路基;6 号联络通道位于箭亭桥东北象限,周边为林地,西侧为 G7 京新高速匝道;7 号联络通道位于北京体育大学东侧林地内。

(3)风险工程对策

①管片设计

联络通道采用小管节,管节内径 2 760 mm,厚度 250 mm,外径 3 260 mm,管节间采用错缝拼装,无楔形量,环宽 900 mm,并设置 300 ~ 900 mm 范围任意环宽的调节环,通过组合调整进出洞钢环里程位置。管节分为上下两块预制,混凝土强度为 C50,采用螺栓相连。管节接缝采用遇水膨胀橡胶密封垫及泡沫条填缝密封。进出洞处钢环为增设注浆孔钢管节。

②施工准备工作

根据设备选型,推进千斤顶位于支撑台车上,推进过程中将推力传导至隧道管片,为避免主隧道管片出现破损裂缝,现场对联络通道周边管片外进行了注浆加固,提高地层密实度,加强了管片受力承载力。设置一体化的内支撑台车系统,施工过程中起到临时支撑的作用,确保管片结构安全,如图 4. 2-9 所示。

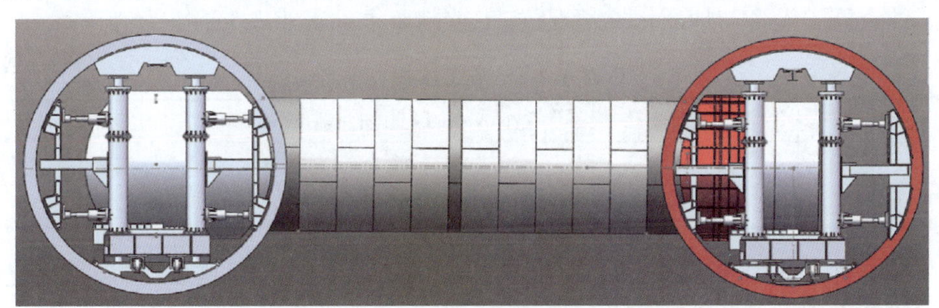

图 4. 2-9　支撑体系与主隧道管片示意图

因为隧道为圆弧形,无法安装橡胶帘布和压板,为防止刀盘磨穿管片时出现涌水、涌砂情况,现场采用了钢套筒始发,钢套筒示意如图 4. 2-10 所示。

采用机械法施工联络通道,主隧道预留始发、接收洞口大小有限,一旦出现方位偏差,则无法正常完成接收,带来严重的后果。故始发前需精确测量联络通道轴线,根据测量数据调整推进方向。

在施工过程中,如果发生栽头的情况,顶管机很难调整,为避免此类事情的发生,采取措施如下:

a. 始发钢套筒内设置导轨,导轨延伸至切口部位,不可妨碍刀盘转动。

b. 为防止顶管机栽头,套筒轴线定位较计划轴线设 0. 2°仰角,但刀盘中心应当对中洞门中心。

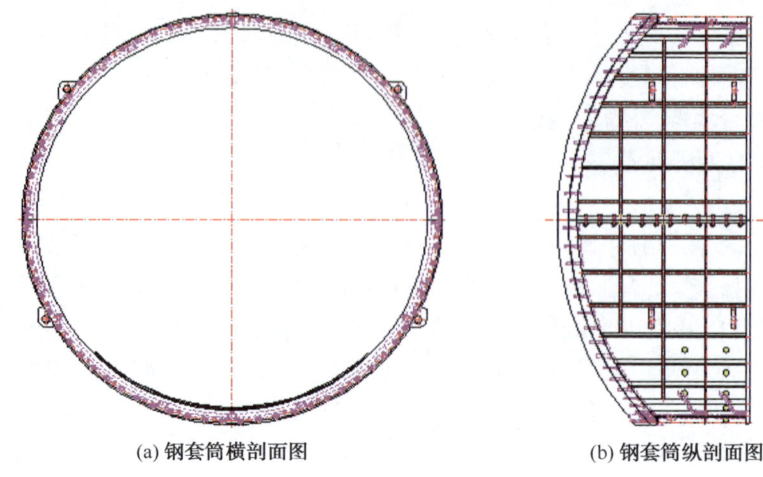

(a) 钢套筒横剖面图　　(b) 钢套筒纵剖面图

图 4.2-10　钢套筒示意图

③始发与掘进

施工过程中，良好的推进参数控制是减少地层扰动、减小地表变形的重要保障。结合施工设备与地质水文情况，施工控制要求见表 4.2-1。

表 4.2-1　施工控制要求

时段	推力(kN)	扭矩(kN·m)	推进速度(mm/min)	土仓压力(MPa)
始发	<4 000	<800	1~3	≤0.18
掘进	<4 000	<300	20	≤0.18

在推进过程中，除做好以上参数控制外，还需实施监控盾构姿态，确保推进方向准确性。姿态偏差控制要求 ±50 mm。

根据选择设备特点，管片跟随顶管机同时前进，在顶管机掘进过程中为减小推进阻力，在管节外侧与地层之间注入减摩泥浆，待联络通道贯通后利用水泥浆通过管节下部预留的注浆孔置换管节外围的减摩泥浆，以此起到填空加固建筑空隙的作用以及控制贯通隧道地面沉降和隧道防水的目的，如图 4.2-11 所示。

④接收

接收选用套筒接收。套筒与台车进行加固连接，避免套筒移位。加固采用 20 号工字钢（或钢板拼接）沿套筒轴向及环向进行支撑，支撑一端焊接于套筒外弧，另一端支撑在管节或外部支撑环上，加固示意如图 4.2-12 所示。

套筒加固完成后进行填仓，填仓采用改良塑性土，在接收过程中控制仓内压力在 0.2~0.25 MPa 之间。

在即将碰壁之前，速度不大于 3 mm/min，推力小于 4 000 kN；到碰壁前 50 cm

图4.2-11　减阻注浆与置换注浆

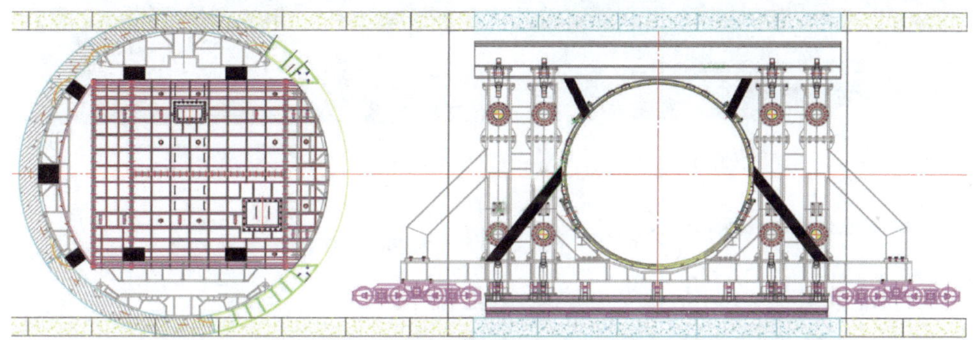

图4.2-12　接收套筒加固示意图

时，速度减小到2 mm/min，推力减小到3 000 kN以下，刀盘转速小于1.5 r/min。刀盘进入套筒后可适当提高推进速度，但推速不应大于5 mm/min。

掘进完成后针对洞门部位进行注浆止水，浆液使用水泥-水玻璃双液浆。注浆完成后，分离管节与顶管机，拆除负环，拆除套筒，套筒割除过程中应留存上下沿部分套筒，充当混凝土浇筑时外模。

联络通道管节与主隧道管片之间的间隙采用防水钢板进行填补焊接，施工示意如图4.2-13所示。

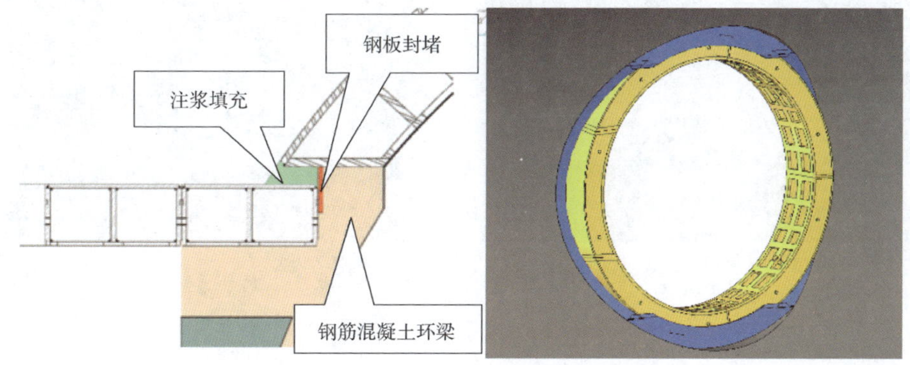

图4.2-13　防水钢板施工示意图

（4）洞门防护结构施工

洞门采用现浇混凝土施工，按照设计绑扎钢筋，安装模板时应注意洞口的尺寸精度，避免造成结构侵限。防护洞门如图 4. 2-14、图 4. 2-15 所示。

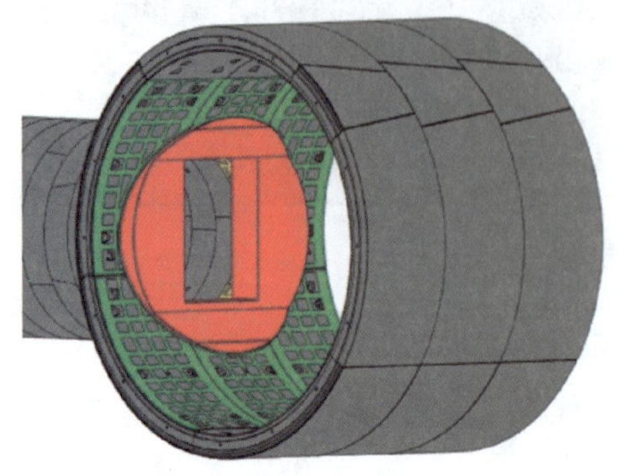

图 4. 2-14　防护洞门模型图

图 4. 2-15　防护洞门实景图

3. 施工过程及效果评价

（1）工程进度

7 号联络通道自 2021 年 5 月 11 日开始施工，至 5 月 24 日推进完成；6 号联络通道自 2021 年 11 月 13 日开始施工，至 11 月 23 日推进完成；5 号联络通道自 2021 年 12 月 16 日开始施工，至 12 月 24 日推进完成。

（2）主要措施落实情况及效果

①施工准备措施

主隧道特殊管片安装，对主隧道进行注浆加固，提高地层强度，如图 4. 2-16、图 4. 2-17 所示。

图 4. 2-16　主隧道特殊管片

图 4. 2-17　注浆实景图

②台车与支撑体系

台车与支撑体系集成化就位与支顶，如图 4. 2-18、图 4. 2-19 所示。

图 4. 2-18　内支撑集成化台车

图 4. 2-19　支撑千斤顶实景图

③始发接收套筒安装

始发套筒和接收套筒与主隧道管片焊接，始发套筒内设置两道钢丝刷，如图 4. 2-20、图 4. 2-21 所示。

图 4. 2-20　始发套筒实景图

图 4. 2-21　套筒焊接实景图

④盾构参数控制

通过对施工参数的汇总（图 4. 2-22）可知：各联络通道的平均土压控制值均在 0. 2 MPa 附近，略高于设定值 0. 18 MPa；刀盘转速均小于设定值 1. 5 r/min；盾构推力大于设定值（<4 000 kN）；推进速度大于设定值 5 mm/min。

⑤洞内注浆

为防止洞门渗漏水，完成泥浆置换，进行洞内注浆，如图 4. 2-23 所示。

⑥防水钢板安装

防水钢板安装如图 4. 2-24 所示。

(3)监测情况分析

联络通道施工对周边环境影响较小，施工过程中未发生监测预警。

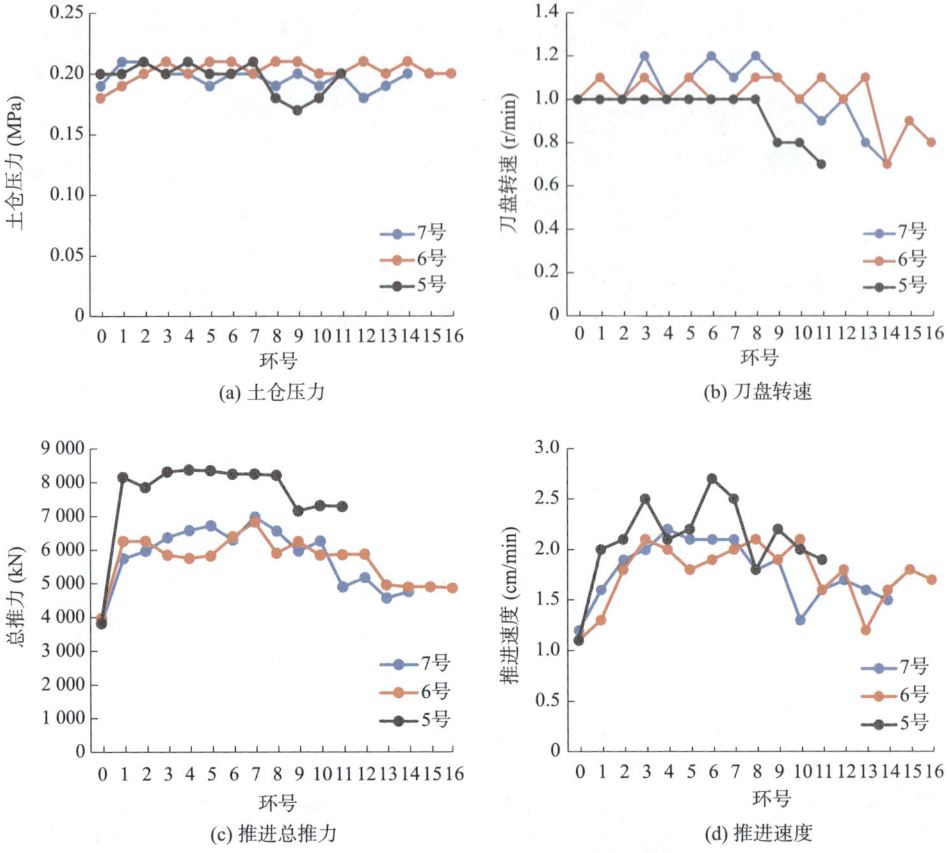
土仓压力 (MPa)
环号
7号
6号
5号
(a) 土仓压力
刀盘转速 (r/min)
环号
7号
6号
5号
(b) 刀盘转速
总推力 (kN)
环号
7号
6号
5号
(c) 推进总推力
推进速度 (cm/min)
环号
7号
6号
5号
(d) 推进速度

图 4. 2-22　5 号、6 号、7 号联络通道盾构参数曲线

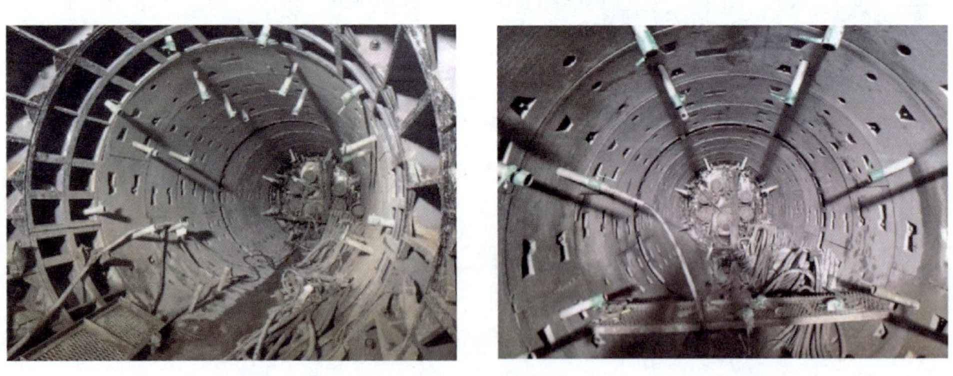

图 4. 2-23　洞内注浆实景图

7 号联络通道地表沉降时程曲线如图 4. 2-25 所示，由图可知，7 号联络通道上方测点变形量介于 -2. 4 ~ 3. 8 mm 之间。

图 4. 2-24　防水钢板安装实景图

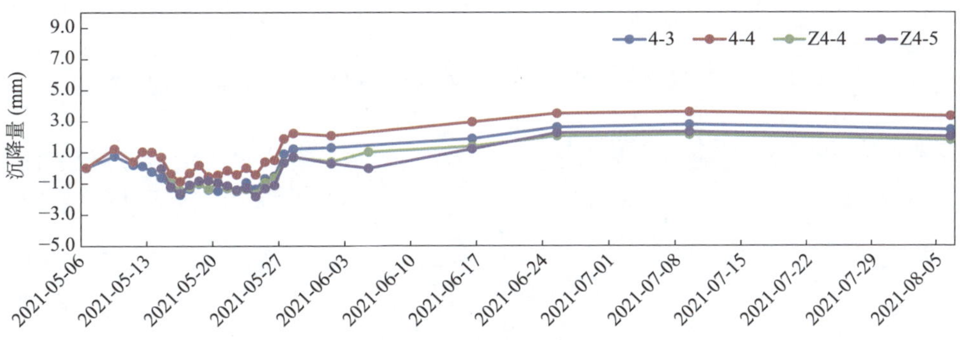

图 4. 2-25　7 号联络通道地表沉降时程曲线

6 号联络通道地表沉降时程曲线如图 4. 2-26 所示，由图可知，6 号联络通道上方测点变形量介于 −3. 0 ~ 1. 3 mm 之间。

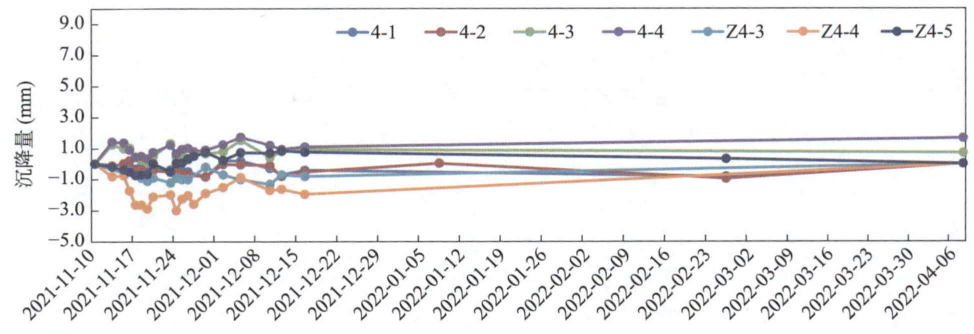

图 4. 2-26　6 号联络通道地表沉降时程曲线

5 号联络通道地表沉降时程曲线如图 4.2-27 所示,由图可知,5 号联络通道上方测点变形量介于 -2.0 ~ 0.8 mm 之间。

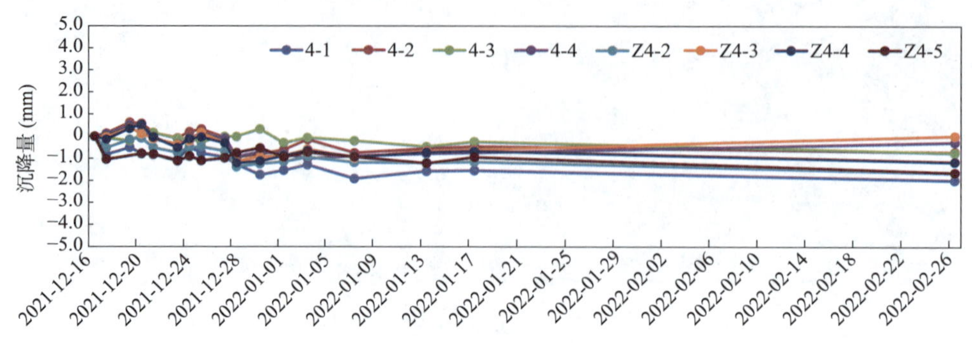

图 4.2-27　5 号联络通道地表沉降时程曲线

由以上数据分析可知:

①顶管施工对上方地表影响较小,施工过程中较稳定,最终沉降均在控制范围之内。

②顶管完成后,进行置换注浆过程中道路地表测点有少量上浮,合理控制注浆压力及注浆量,保护周边环境安全。施工期间无巡视预警,洞内及上方地表无异常。

本 章 小 结

本章介绍了两种特殊工法:一是出入口通道顶管施工技术,非常适用于繁华地段地铁增建出入口的施工,这项施工技术在施工风险管控、工期筹划、施工占地面积、地下空间利用率等方面具有显著的优势,但其顶进施工过程中路面沉降控制难度大,对施工技术水平要求较高;二是机械法联络通道施工技术,具有“微加固、可切削、全封闭、强支护、集约化”的特点,对各种地层的适应性较强,机械法施工高效、快捷、隧道成型结构质量好、作业环境安全、机械化程度高,已成为联络通道施工的一种全新施工工法。

第5章　北京地铁砂卵石地层中型盾构长距离快速掘进安全风险控制技术

5.1　概述

5.1.1　项目背景

北京大兴国际机场线定位为连接北京中心城区和大兴国际机场的快速轨道交通专线，是新机场外部综合交通规划中实施的“五纵两横”配套交通设施之一，是大兴国际机场外部交通的重要支撑，提高了大兴国际机场外部交通服务水平，对大兴国际机场的日常运转起到关键作用。北京大兴国际机场线位于北京南三环以外区域，其定位为快速、直达、高品质的轨道交通专线，保证了大兴国际机场的地区竞争力。

北京大兴国际机场采用中型直径土压平衡盾构机在无水卵石地层中一次性穿越3.8 km以上，属北京首例，相较于普通盾构，中型直径盾构刀盘直径更大，扭矩更大，刀具磨损也更严重，换刀距离更难合理确定。刀具检修需要修建多个检修竖井，这些竖井会给城市带来短暂的拥堵，所以加快盾构掘进速度，早贯通、早通车不仅能节约施工成本，提高经济效益，也能减少地面占道时间，同时盾构掘进速度越慢对地层沉降影响越大，提高盾构掘进速度能减小盾构施工对周围环境的影响，因此研究快速掘进风险管控技术具有一定社会意义。

目前，关于中型直径土压平衡盾构快速掘进风险管控技术的研究较少。欧美等一些国家的城市轨道交通建设已经趋于饱和，在建的线路以改善型为主，工期要求低，如西班牙一条轨道交通线路建设周期甚至长达12年。由于国情不同，基本没有快速掘进相关方面的经验和研究成果可供参考和借鉴。我国部分城市虽然轨道交通建设速度较快，例如武汉、天津等城市，但地层条件与北京大不相同，且盾构直径也不一样，因此相关工程经验的可参考性不强。

5.1.2　工程概况

北京大兴国际机场线全长41.36 km，其中地下线和U形槽23.65 km，高架和路基段17.71 km。共设3座车站，分别为大兴机场站、大兴新城站、草桥站（施工时站名分别为大兴国际机场北航站楼站、磁各庄站、草桥站），平均站间距19 km，线路平面示意如图 5.1-1 所示。线路南起大兴国际机场线北航站楼,在北航站楼综合交通中心地下二层设大兴机场站,之后沿机场中轴绿化带向北敷设,出机场用地界暗挖下穿永兴河后,线路由地下转入高架与大兴国际机场高速公路、京霸城际铁路共走廊敷设。在大礼路—庞安路段大兴国际机场高速公路上下行两幅路分开,大兴国际机场线与京霸城际铁路位于机场高速公路上下行两幅路之间。在庞安路—京沪高铁段大兴国际机场线与大兴国际机场高速公路采用双层共构桥方式布置,大兴国际机场高速公路位于共构桥上层,大兴国际机场线位于共构桥下层。线路在共走廊段依次上跨大礼路、大兴国际机场北线、东南部过境通道、庞安路、房黄亦联络线、魏永路。

图 5.1-1 北京大兴国际机场线工程位置示意图

大兴国际机场线在既有铁路走廊节点前与京霸城际铁路、机场高速公路分开后下穿京沪高铁上跨京山铁路,之后沿规划东环路向北敷设,至规划海鑫北路南侧由高架转入地下,采用盾构方式下穿南六环、海北路,至黄村大街与双河北路之间设大兴新城站与规划 S6 线换乘。之后沿广平大街、范家庄西路、京良路东延敷设,下穿海子公园后转入京开高速公路东侧绿化带与 19 号线一期并入同一走廊,两线共走廊敷设至玉泉营桥东南侧绿地设终点站草桥,与 10 号线、11 号线以及 19 号线一期换乘。线路设一座车辆段,位于大兴区团河地区海北路北侧东环路西侧地块,占地 30.1 hm^2,接轨于大兴新城站。另外,线路在新航城地区规划预留一座停车场,占地 30.1 hm^2,接轨于路基段。地下段中盾构区间隧道长度 14.8 km,共分为 4 个合同段、5 个区间,详细信息见表 5.1-1。

表5.1-1　大兴国际机场线一期盾构隧道区间基本信息

区　间	区间单线长度(m)	区间单线环数	穿越地层
A区间	2 783	1 739	粉质黏土、粉砂
B区间	2 852	1 783	粉细砂、卵石
C区间	2 108	1 318	卵石
D区间	3 825	2 391	卵石
E区间	3 189	1 993	卵石

5.1.3　工程特点

1. 隧道长、工期紧

北京大兴国际机场线盾构区间设置较长，最短的区间2 108 m，最长的区间3 825 m，单台土压平衡盾构机在卵石地层中掘进3 825 m(D区间)的区段，在北京尚无先例。该区段制约全线地下段洞通时间，对施工组织及设备性能要求高。大兴国际机场线盾构区间隧道管片外径8.8 m，环宽1.6 m，是目前国内城市轨道交通单线断面最大盾构法区间，土方工程量是普通盾构区间的3倍以上，且工期紧，要求盾构掘进速度快，这就导致场地使用、运输及施工组织压力极大。大兴国际机场线原计划2019年9月投入运营，根据工程筹划和施工情况，大兴国际机场线各个盾构区间始发时进度均落后投标阶段的计划，普遍落后3个月左右，严重的如B区间落后约5个月。制约大兴国际机场线按时通车运营的关键是盾构区间隧道能否顺利、快速完成。

2. 长距离穿越砂卵石地层

北京大兴国际机场线盾构穿越地质主要为粉质黏土、粉砂混合地层和卵石地层，其中盾构在卵石地层中掘进11 226 m(占总长度的76.1%)，卵石地层刀具磨损严重、频繁检修换刀，严重影响工期。为保证盾构顺利施工，一般需要提前施作检修井，鉴于大兴国际机场线施工进度要求高的特点，提前施作检修井更加必要。但由于场地条件、工程筹划等原因，施工过程中也存在盾构停工等待检修井施工的情况。大兴国际机场线施工过程中共检修16次，盾构停工等待检修井施工的情况共有3次，盾构平均停机时间109 d；对于提前施作完成检修井的情况(13次)，盾构检修平均停机时间22.6 d。主动换刀提前施作检修井平均可节约工期86.4 d。

5.2　砂卵石地层中型盾构机选型

5.2.1　盾构选型

盾构选型是指根据工程需求，包括隧道尺寸、长度、覆土厚度、地层状况和环境条件等选定盾构机构造、稳定开挖面的方式、施工方式等的工作。不同机型的盾构对施工工期、经济、管理、完整性等各方面都有显著影响,尤其对盾构掘进速度影响较大。大兴国际机场线 D 盾构区间为全线最长的盾构区段,主要穿越地层为粉土、粉细砂层、卵石圆砾,如图 5.2-1 所示,其中砂卵石层占比较高。

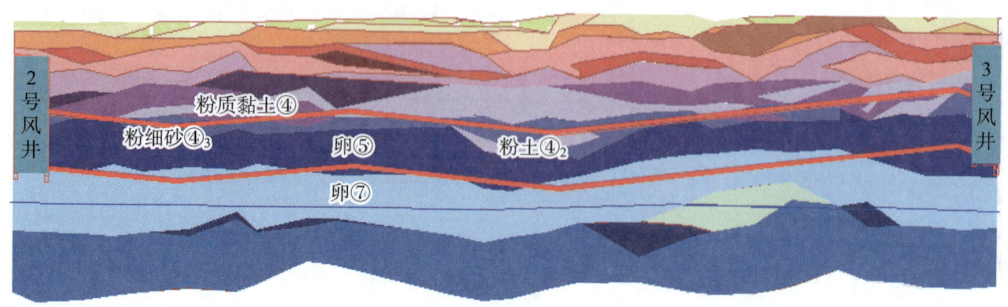

图 5.2-1　大兴国际机场线 D 盾构区间地质剖面示意图

综合考虑工期、技术及经济问题,决定新购两台铁建重工生产的 ZTE9100 土压平衡式盾构机施工,盾构机开挖直径 9 150 mm,盾体直径 9 100 mm,盾构机分为主机和后配套设备,后配套为 1 节桥架、7 节车架,主机长度约 17 m,整机总长约 116 m。主要性能参数见表 5.2-1。

表 5.2-1　盾构机参数性能表

主部件名称	细目部件名称	参数配置
整机概述	设备型号	ZTE9100
	主机长度(m)	约 17
	整机总长(m)	约 116
	总重(t)	约 1 250
	装机功率(kW)	约 4 500
	水平转弯半径(m)	500
	纵向爬坡能力(‰)	±50
刀盘	类型	辐条式
	开挖直径(mm)	9 150
	刀盘开口率(%)	60
	主要结构件材质	Q345C
	泡沫口数量(个)	9
	主动搅拌臂数量(个)	4

续上表

主部件名称	细目部件名称	参数配置
刀具	中心刀具	鱼尾中心刀1把
	正面刀具	高贝壳刀75把
		低贝壳刀59把
	切刀(把)	120
	保径刀(把)	22×3
	超挖刀	仿形刀2把
主驱动	驱动形式	变频电驱动
	支承类型	中心支承
	驱动数量(组)	12×250 kW
	转速范围(r/min)	0~2.8
	额定扭矩(kN·m)	17 960
	脱困扭矩(kN·m)	19 760
	最大工作压力(MPa)	0.45
	主轴承直径(mm)	4 800
	主轴承寿命(h)	≥10 000
盾体	超前注浆孔数量(个)	16
	前盾外径/板厚(mm)	9 100/80
	被动搅拌臂数量(个)	4
	前盾壳体润滑孔数量(个)	10
	土压传感器数量(个)	6
	中盾直径(mm)	9 085
	中盾壳体润滑孔数量(个)	10
	尾盾直径(mm)	9 070
	尾盾密封刷(道)	4
	尾盾止浆板(道)	1
	盾尾间隙(mm)	40
	同步注浆管数量(根)	2×6
	注脂管数量(根)	3×10
	盾体主要结构件材质	Q345B

5.2.2　盾构机刀盘设计及刀具布置

本工程ZTE9100盾构机刀盘的设计原则：刀盘设计和刀具布置完全能适应本

工程地质条件,并且具有高效及减少刀具磨损的特点。

盾构刀盘类型为辐条式刀盘,主要由轮缘、辐条和布设在辐条上的刀具组成。6 根辐臂支撑的厚壁法兰连接主驱动装置并且作为刀盘辐臂的基座,以传递足够的扭矩和推力,刀盘可以双向旋转。为了保证刀盘的整体结构强度和刚度,刀盘的中心部位采用整体铸钢铸造,刀盘正面堆焊耐磨网格,刀盘上切刀为螺栓连接,可以实现刀具更换。刀盘上设有搅拌棒,可以随着刀盘一起转动,辅以土仓壁上的固定搅拌棒可起到搅拌渣土的作用,对土仓中的废弃土体进行强制搅拌,使注入在开挖面上或土仓中的添加材料(加泥、水、气泡)与切削下来的土体在土仓中进行充分的搅拌,提高土体的塑性流动性,使滞留在土仓中的废弃土体具有良好的流动性和止水性。盾构机刀具种类统计见表 5.2-2,刀盘结构及刀具布置如图 5.2-2 所示。

表 5.2-2　盾构机刀具种类统计表

刀具名称	数量(把)	备　注
切刀	120	刀高 125 mm
高贝壳刀	75	刀高 175 mm
低贝壳刀	59	刀高 145 mm
保径刀	66	刀高 145 mm
超挖刀	2	最大超挖量 50 mm
鱼尾中心刀	1	刀高 450 mm

图 5.2-2　刀盘结构及刀具布置

5.2.3　盾构配套设备情况

北京大兴国际机场线D区间投入1台45 t龙门吊、1台30 t龙门吊、5台套电瓶车、2套连续皮带输送机(每套包含5条皮带)、2套同步注浆搅拌站、1套膨润土站、循环水箱、风机等盾构机配套设备。盾构后配套设备情况见表5.2-3。

表5.2-3　盾构后配套设备情况表

序　号	设备名称	型　号	数　量
1	连续皮带机		2台套
2	龙门吊	45 t	1台
3	龙门吊	30 t	1台
4	电瓶车	XK45/540-9	5辆
5	砂浆车	8 m^3	10辆
6	储浆罐	10 m^3	4个
7	管片车	30 t	15辆
8	同步注浆搅拌站	NJZ2000	2台套
9	叉车	10 t	1辆
10	装载机	L933	1台
11	风机	2×132 kW	2台
12	循环水泵	75 kW	3台

5.3　砂卵石地层中型盾构快速掘进组段划分及关键参数确定

5.3.1　组段划分

1. 组段划分研究的目的和意义

组段划分是进行盾构法隧道施工安全风险评估的重要工作和首要内容,即依据盾构穿越的地层条件,结合隧道沿线的地面/地下环境风险状况,综合分析地层、环境风险与盾构施工的相互影响,按照影响程度、危险系数的不同将区间隧道划分为若干安全风险等级不同的组段。其主要目的是确定各组段适宜的盾构施工参数控制范围,以便有针对性地进行监控管理,实现盾构施工的规范化和施工管理的标准化,最大限度地规避盾构施工风险,保证盾构施工安全。

盾构施工过程的有效管理和风险控制很大程度上依赖于盾构施工参数设定的合理性,但是盾构施工过程中穿越的地层和隧道沿线施工环境风险状况并不是一成不变的,当地层或环境风险状况发生变化时,盾构施工参数也必须调整,如何根据盾构隧道的地层条件、施工环境条件等确定隧道穿越不同区段时主要施工参数的合理控制范围是实现盾构施工过程安全风险控制的基础。因此,寻求一种既能够考虑盾构隧道围岩特性,又能考虑环境风险条件的盾构隧道安全风险组段划分方法,对盾构施工过程的安全风险控制具有重要的意义。

2. 组段划分原则与方法

(1)划分原则

①盾构隧道穿越的地层性质:盾构施工参数确定的基本原则主要是依据盾构开挖地层情况。

②盾构施工环境条件的组合影响:除考虑盾构隧道穿越的地层情况外,还需充分考虑盾构施工环境条件的组合效应,亦即盾构隧道上方地层情况及是否有重要管线,盾构隧道上方地面和地下建(构)筑物存在与否,盾构隧道下方地下建(构)筑物存在与否,地面沉降控制要求,盾构隧道穿越特殊地层条件,如巨型漂石、水体下穿越等,都会影响盾构组段的划分。

盾构隧道组段划分的原则是根据盾构掘进过程中穿越的地层并且综合考虑盾构施工环境的组合风险来进行组段的划分。

(2)根据隧道穿越地层的组段划分

综合考虑项目初勘资料、详勘资料和补勘资料中盾构隧道穿越的地层特性,对盾构施工区间隧道进行组段划分方法如下:

A 段:盾构穿越的地层为黏土、粉质黏土、黏质粉土和粉土以及这四种土层组成的复合地层。

B 段:盾构穿越的地层为砂层,包括粉砂、细砂、中砂和粗砂。

C 段:盾构穿越的地层为砾石(卵石)层。

D 段:盾构穿越的地层为土与砂的复合土层。

E 段:盾构穿越的地层为土、砂、砾石(卵石)的复合地层。

F 段:盾构穿越的地层为土岩混合地层及全断面岩层。

(3)隧道施工环境的风险分级

①施工环境重要程度分级

盾构施工环境主要包括:既有轨道线路、铁路、建(构)筑物、河流、桥梁、管线、道路等,根据施工环境的重要程度可以划分为以下三级:

Ⅰ级:既有轨道线路,铁路,重要桥梁(高架桥、立交桥等),重要建(构)筑物(年代较长的建筑物、古建筑物、基础条件差建筑物、国家及城市标志性建筑物、需重点保护的水塔、油库、高压线铁塔等建(构)筑物等),重要市政管线(污水管、雨水管干管,使用时间较长的上水管、热力管道、中水管等)。

Ⅱ级:重要市政道路(城市主干道、快速路、高速路等),水体(河流、湖泊等),一般建(构)筑物(基础条件较好的建筑物、地下通道、无特殊保护要求的建筑物),

一般桥梁(匝道桥、人行天桥等)。

Ⅲ级:一般市政道路(城市次干道和支路等),一般市政管线(通信管、电力管道,结构较好的污水管、雨水管、上水管、热力管道、中水管等)。

②盾构隧道自身及地层环境的影响因素

盾构隧道自身及地层环境对盾构施工环境风险也会有一定的影响,同样的施工环境,地层条件不同,风险大小也不一样。盾构隧道自身及地层环境主要有以下两点影响因素:

a. 隧道的埋深:盾构隧道埋深过小的话会导致地表沉降控制困难,对于隧道埋深小于9 m的浅埋隧道应予以重视。

b. 盾构穿越及上覆土层情况:隧道穿越及上覆土层中存在漂石、孤石等特殊地质情况,或者存在较厚的高压缩性填土、地质疏松体等不良地质情况。

综合考虑施工环境重要程度、隧道自身及地层环境情况等风险因素后,将盾构施工环境的组合风险分为以下三级:

Ⅰ级:盾构下穿或上穿既有轨道线路及铁路,下穿重要建(构)筑物、重要市政管线。

Ⅱ级:盾构下穿一般建(构)筑物、重要市政道路、水体,临近重要建(构)筑物、重要市政管线。当隧道埋深小于9 m或盾构穿越及上覆地层存在不良地质或特殊情况时,施工环境风险应上调一级。

Ⅲ级:盾构下穿一般市政道路、一般市政管线等。当隧道埋深小于9 m或盾构穿越及上覆地层存在不良地质或特殊情况时,施工环境风险应上调一级。

(4)盾构施工区间隧道组段的综合划分

盾构区间隧道组段的综合划分是在盾构穿越地层组段划分的基础上按照盾构施工环境的组合安全风险级别对各个组段进行更详细的划分,将A,B,C,D,E,F六个地层组段划分为$A_{Ⅰ}$,$A_{Ⅱ}$,$A_{Ⅲ}$,$B_{Ⅰ}$,$B_{Ⅱ}$,$B_{Ⅲ}$,$C_{Ⅰ}$,$C_{Ⅱ}$,$C_{Ⅲ}$,$D_{Ⅰ}$,$D_{Ⅱ}$,$D_{Ⅲ}$,$E_{Ⅰ}$,$E_{Ⅱ}$,$E_{Ⅲ}$,$F_{Ⅰ}$,$F_{Ⅱ}$,$F_{Ⅲ}$十八个组段,即将每个地层组段按照盾构施工环境安全风险级别划分为Ⅰ、Ⅱ、Ⅲ三个组段。盾构施工区间隧道组段的综合划分如图5.3-1所示。对北京地铁任何一个盾构区间隧道而言,都是由以上18种组段中的一种或几种组段组合而成。

5.3.2　盾构掘进关键参数确定

盾构主要施工参数设定是否合理,施工过程中是否控制到位,直接影响盾构施工的安全。本节对不同组段内盾构主要施工参数的设定准则进行了深入研究,选定了5个参数进行分析,即土压力、刀盘扭矩、推力、同步注浆压力、同步注浆量。

1. 盾构掘进土压力确定

土压力是土压平衡盾构施工最为关键的控制性参数,土压力控制是否合理与

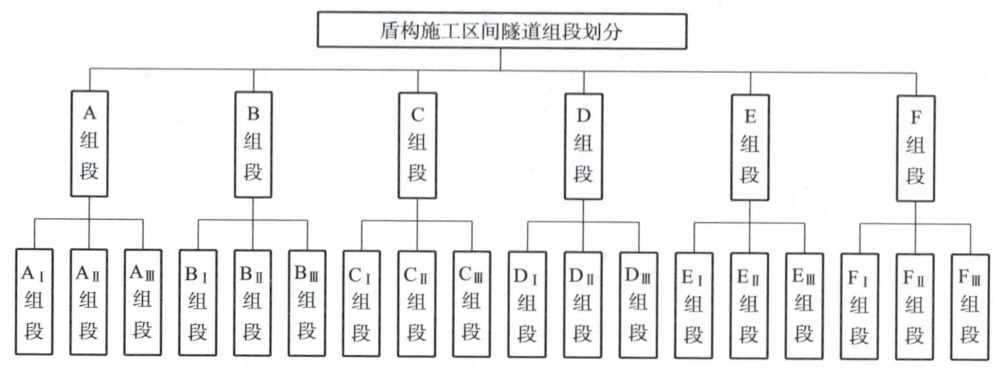

图 5.3-1　盾构区间隧道组段综合划分示意图

地表变形密切相关,而且土压力不受其他施工参数的影响,是首先需要确定的参数。只有在确定土压力的情况下才能根据地层条件、盾构设备条件、渣土改良状况、施工状况等进行刀盘扭矩、推力、同步注浆压力等其他参数的计算和设定,因此土压力的合理设定和控制对于盾构施工的安全具有决定性的意义。

(1)土压力控制原则

土压平衡的控制要点就是维持开挖面稳定,确保土仓内的土压力平衡开挖面的地层土压力和水压力。在选择掘进土压力时主要考虑地层土压力、地下水压力(孔隙水压力);土仓内的土压力可以维持刀盘前方的围岩稳定,不至于因土压偏低造成土体坍塌、地下水流失;为了降低掘进扭矩、推力,提高掘进速度,减少土体对刀具的磨损,土仓内的土压力应尽可能的低,以使掘进成本最低。

(2)土压力计算方法

土压平衡盾构土仓压力设定目前还缺少足够的理论依据,大多都是根据经验选取。目前比较常用的计算方法主要有:静止土压力理论、朗肯主动土压力理论、太沙基松弛土压力理论。

(3)砂卵石地层盾构施工土压力确定

选取大兴国际机场线 D 盾构区间右线,隧道埋深 14 ~ 16 m,盾构开挖直径 9.15 m,地下水位埋深 25.75 ~ 29.19 m,隧道主要穿越地层为圆砾-卵石、细砂-粉砂、粉土,局部中砂-细砂、粉砂-细砂,对该盾构区间土压力按照上述方法进行计算,计算结果见表 5.3-1。

D 区间盾构推进过程中上土压力一直控制在 0.06 ~ 0.12 MPa,上土压力最低设定值略高于太沙基松弛土压力理论计算的主动土压力 p_a^T = 0.058 MPa 和静止土压力 p_0^T = 0.059 MPa,说明太沙基松弛土压力理论适用于该地层,盾构开挖后地层成拱效应比较明显。

表 5.3-1　D 盾构区间土压力计算结果

区间	覆土厚度(m)	容重 γ (kN/m^3)	黏聚力 c(kPa)	内摩擦角 φ(°)	静止土压力 p_0(MPa)	主动土压力 p_a(MPa)	太沙基松弛土压力理论		
							松弛土层厚度 h_1(m)	静止土压力 p_0^T(MPa)	主动土压力 p_a^T(MPa)
2~3	15	20.39	4.66	27.64	0.111	0.106	4.567	0.059	0.058

2. 刀盘扭矩控制范围

刀盘扭矩是盾构选型和施工过程中的控制性参数，刀盘扭矩与盾构刀盘形式、地层情况、渣土改良情况、土仓压力、盾构推力等因素相关性较大。对于盾构施工来说，应该尽可能地将刀盘扭矩降低至一定范围内。刀盘扭矩过大或过小都不正常，刀盘扭矩过大会导致刀具、刀盘磨损严重，影响盾构正常掘进，而一味地减小刀盘扭矩会增加渣土改良的费用，降低推进速度，因此刀盘扭矩必须根据现场施工条件来设定一个合理的范围。

刀盘扭矩主要包括刀盘上刀具的切削扭矩、刀盘面板与土体的摩阻扭矩、刀盘支撑梁搅拌土体引起的搅拌扭矩等，具体如下：

$$T = T_1 + T_2 + T_3 + T_4 + T_5 + T_6 \tag{5—1}$$

式中　T——刀盘总扭矩；

T_1——刀盘上刀具的切削扭矩；

T_2——刀盘开口处剪切渣土所需扭矩；

T_3——刀盘正面与土体摩阻扭矩；

T_4——刀盘周边与土体摩阻扭矩；

T_5——刀盘背面与土体摩阻扭矩；

T_6——刀盘土仓内的搅拌扭矩。

选取大兴国际机场线 D 盾构区间，根据式(5—1)可以计算得出刀盘扭矩为 7 506 kN·m，而实际此区间盾构推进过程中，刀盘扭矩基本在 5 000~10 000 kN·m 之间，此方法计算结果符合实际工程要求。通过此方法得出的计算结果与大兴国际机场线实际施工过程中的扭矩控制范围接近，说明了该计算公式的正确性，对复杂地质条件土压平衡盾构掘进载荷的确定有一定的指导意义。但在实际工程中，刀盘扭矩还受其他很多因素影响，如刀盘的形式、地层情况、土仓压力、渣土改良情况等，因此刀盘扭矩必须根据现场施工条件来设定一个合理的范围。

3. 盾构推力控制范围

盾构施工过程中，推力是一个灵活控制的参数，盾构推力与推进速度、贯入度、刀盘扭矩、土压力等施工参数有较大的相关性，因此确定盾构推力的控制范围比较复杂。一般在合理保证土压力和刀盘扭矩的前提下，可以通过增大或者降低盾构推力来加快或者减慢推进速度。当推力增大到一定程度能够保证切削刀具全部贯入土体中,此时再增大推力不但不能加快推进速度,反而会增大刀盘扭矩,导致刀盘的过量磨损。

(1)盾构推力的计算方法

盾构推力主要由盾构外壳与土体之间的摩擦阻力、刀盘上的水平推力引起的推力、切土所需要的推力、盾尾与管片之间的摩阻力、后方台车的阻力组成,具体如下:

$$F = F_1 + F_2 + F_3 + F_4 + F_5 \tag{5—2}$$

式中 F——盾构推力;

F_1——盾构外壳与土体之间的摩擦阻力;

F_2——刀盘上的水平推力引起的推力;

F_3——切土所需要的推力;

F_4——盾尾与管片之间的摩阻力;

F_5——后方台车的阻力。

(2)砂卵石地层盾构推力计算

选取大兴国际机场线D盾构区间对盾构推力进行计算,计算结果见表5.3-2。

表5.3-2 砂卵石地层盾构推力计算结果

地层	F(kN)	F_1(kN)	F_2(kN)	F_3(kN)	F_4(kN)	F_5(kN)	备 注
砂卵石层	32 868	21 473	6 966	1 577	252	2 600	该区间盾构实际推进过程中推力为10 000~30 000 kN,较计算结果略微偏小

由计算结果可知,砂卵石地层中辐条式盾构实际施工中的推力较计算结果小。这是由于盾构推力相关影响因素较多,还有许多未考虑的因素。盾构推力主要受盾构设备参数(刀盘直径、开口率、盾构长度等)与地层参数(开挖土体的容重、开挖土体与刀盘的摩擦系数等)的影响。但在盾构隧道施工过程中,除了土体的摩擦性能和刀盘开口率可以通过土体改良和刀盘改造等手段进行调整外,其他因素在施工过程中均无法改变。

4. 同步注浆压力控制范围

(1)同步注浆压力控制范围影响因素

同步注浆压力设定应考虑的因素主要有以下几点:

①盾尾密封耐水压力

盾尾密封耐水压力是一定的,如果同步注浆压力高于盾尾密封的承受能力,盾尾密封会被击穿,导致盾尾密封失效,因此同步注浆压力必须低于盾尾密封耐水压力。新出厂的盾尾密封耐水压力为0.5 MPa,考虑随着盾构的推进会有部分盾尾密封刷磨损影响盾尾密封的耐水性能,因此同步注浆压力不宜高于0.4 MPa,否则将对盾尾密封产生不利影响。

②土仓压力

同步注浆压力过高，远远高于土仓压力，会导致浆液沿着盾壳与土体的空隙流窜至土仓中，然后随着土体从螺旋输送机排出土仓，造成浆液浪费，起不到有效的注浆效果。同步注浆压力过低，会导致注入土仓的土体改良剂流窜至盾尾，影响浆液质量，不能有效填充开挖空隙，造成地表变形超限。因此，同步注浆压力应与土仓压力相匹配。

③注浆口位置的水土压力

同步注浆压力应略高于注浆口位置的水土压力，减小盾尾脱出后地层的变形。注浆口水土压力 p_1 计算公式为

$$p_1 = \gamma h_1 \tag{5—3}$$

式中　h_1——注浆口的覆土厚度，一般盾尾上部注浆口覆土厚度 $h_1 = 1.5 + h$，盾尾下部注浆口覆土厚度 $h_1 = h + 4.5$，其中 h 为隧道覆土厚度。

注浆管压力应设置为 $1.0p_1 \sim 1.2p_1$。

④管片的承压能力

管片能够承受的最大压力是一定的，注浆压力过大会导致管片结构受影响。

⑤地表环境

对于地表变形要求严格的区域，应适当增大同步注浆压力和同步注浆量，以减小地表变形量。

(2)砂卵石地层同步注浆压力控制范围

对于砂层(B组段)和砂卵石层(C组段)，开挖后易成拱，盾构推进过程中土压力较低，因此根据土压力来设定，一般盾尾上部注浆管压力可设置在 $E_1 + 0.05$ MPa ~ $E_1 + 0.1$ MPa，盾尾下部注浆管压力可设置在 $E_1 + 0.1$ MPa ~ $E_1 + 0.15$ MPa(E_1 为土仓内上土压力)。

5. 同步注浆量控制范围

(1)同步注浆浆液种类及适用性

①盾构同步注浆浆液种类

盾构施工同步注浆浆液分为双液浆和单液浆两种，其中单液浆又分为硬性浆液和惰性浆液。硬性浆液的基本成分为砂、粉煤灰、水泥、膨润土、水；惰性浆液的基本成分为砂、粉煤灰、膨润土、水。石灰作为同步注浆浆液的一种添加成分，有时也有较好的效果，一般是作为水泥的替代品，但是添加石灰替代水泥后的浆液，其凝结特性介于硬性浆液和惰性浆液之间，初凝时间较长。双液浆一般是由水泥和水玻璃浆液按照一定比例(根据凝固时间的长短)混合组成的浆液(也称为C-S浆液)。

②浆液的适用性

双液浆适用于有水地层和无水地层中施工的盾构隧道。单液浆一般只适用于无水地层中施工的盾构隧道,对于有水地层,需采取特殊的应对措施,确保浆液不被稀释而影响浆液性质及其初凝时间。惰性浆液初凝时间长、强度低,对地表沉降控制不利,不建议在北京地区盾构施工中采用。

③浆液质量

浆液质量的评价指标有初凝时间、结石率、强度、渗透性、黏度等。现场取样能直接测试的指标是初凝时间和结石率,因此采用初凝时间和结石率两个指标来判断浆液质量的优劣。大兴国际机场线地铁盾构同步注浆浆液质量要求单液浆初凝时间小于6 h,双液浆初凝时间小于15 s,结石率均大于90%。

(2)同步注浆量的计算方法

同步注浆量应根据盾构开挖直径和管片外径之间空隙的体积来定,盾构开挖空隙的体积 V 计算公式为

$$V=\pi(D_{c}^{2}-D_{R}^{2})L/4 \tag{5—4}$$

式中　D_c——盾构开挖直径;

D_R——管片外径;

L——管片环数。

考虑浆液的扩散、结石率、地表变形控制要求等其他因素的影响,每一环的同步注浆量应控制在 $1.2V\sim2V$。

(3)砂卵石层同步注浆量控制范围

浆液注入开挖空隙主要起填充作用,砂层和砂卵石会有部分浆液渗透至管片周围土体中,因此注浆量相对较大。综合考虑盾构穿越地层情况和环境风险工程情况,砂卵石地层同步注浆量控制范围见表5.3-3。

表5.3-3　不同组段盾构同步注浆量控制范围

地　层	环境风险	组　段	同步注浆量范围
砂卵石层	Ⅰ	$C_{Ⅰ}$	$2V\sim2.5V$
	Ⅱ	$C_{Ⅱ}$	$1.8V\sim2V$
	Ⅲ	$C_{Ⅲ}$	$1.5V\sim1.8V$

6. D盾构区间组段划分

盾构隧道安全风险组段划分理论与研究必须与该地区的地层情况相结合,也应根据工程实际情况与地质情况进行相应的调整。根据北京地区的工程地质情况和已有的研究,对北京大兴国际机场线盾构施工过程中的安全风险控制问题,结合大兴国际机场线D区间工程实例,将盾构隧道划分为不同的组段,划分结果见表5.3-4,并建立了北京地铁盾构隧道安全风险组段划分方法。实际应用结果表明,

表 5.3-4　大兴国际机场线 D 区间组段划分成果

组段序号	组段等级	隧道埋深(m)	里程		土压(MPa)		扭矩(kN·m)		总推力(kN)		注浆量(m^3)		注浆压力(kPa)		出土量(m^3)		姿态(mm)	
			起始环号	终止环号	最大值	最小值	最大值	最小值	最大值	最小值	最大值	最小值	最大值	最小值	最大值	最小值	最大值	最小值
1	E_{II}	10.85	1	4	0.07	0.05	10000	5000	25000	18000	10	10	200	150	208.44	208.44	50	-50
2	E_{III}	11.46	5	100	0.09	0.05	10000	5000	28000	20000	11.8	10.3	300	200	209.31	209.31	50	-50
3	E_{II}	13.68	101	312	0.09	0.07	10000	5000	30000	25000	11.8	10.3	350	250	211.44	211.44	50	-50
4	E_{III}	14.35	313	485	0.1	0.07	10000	5000	30000	25000	12	10.5	300	200	211.43	211.43	50	-50
5	E_{I}	13.69	486	505	0.11	0.08	10000	5000	30000	25000	15	13	350	250	211.43	211.43	50	-50
6	E_{III}	14.15	506	524	0.1	0.07	10000	5000	40000	25000	12	10.5	300	200	211.43	211.43	50	-50
7	E_{II}	15.47	525	568	0.1	0.07	10000	5000	40000	25000	12	10.5	350	250	211.43	211.43	50	-50
8	E_{I}	14.26	569	580	0.11	0.08	10000	5000	40000	25000	15	13	350	250	213.6	213.6	50	-50
9	E_{II}	14.39	581	607	0.11	0.08	10000	5000	40000	25000	15	13	350	250	213.6	213.6	50	-50
10	E_{III}	14.12	608	739	0.1	0.07	10000	5000	40000	25000	12	10.5	300	200	213.6	213.6	50	-50
11	E_{I}	12.61	740	756	0.11	0.08	12000	5000	45000	30000	15	13	350	250	208.44	208.44	50	-50
12	E_{III}	13.92	757	818	0.1	0.07	12000	5000	45000	30000	12	10.5	300	200	209.31	209.31	50	-50
13	E_{I}	13.95	819	834	0.11	0.08	12000	5000	45000	30000	15	13	350	250	211.44	211.44	50	-50
14	E_{III}	14.08	835	930	0.11	0.08	12000	5000	45000	30000	12	10.5	300	200	211.43	211.43	50	-50
15	E_{I}	14.28	931	947	0.11	0.08	12000	5000	45000	30000	15	13	350	250	211.43	211.43	50	-50
16	E_{III}	14.59	948	1018	0.1	0.07	12000	5000	50000	30000	12	10.5	300	200	211.43	211.43	50	-50
17	E_{I}	14.75	1019	1034	0.11	0.08	12000	5000	50000	30000	15	13	350	250	211.43	211.43	50	-50
18	E_{III}	15.23	1035	1106	0.1	0.07	12000	5000	50000	30000	12	10.5	300	200	213.6	213.6	50	-50
19	E_{I}	15.28	1107	1123	0.1	0.07	12000	5000	50000	30000	15	13	350	250	213.6	213.6	50	-50

续上表

组段序号	组段等级	隧道埋深(m)	里程		土压(MPa)		扭矩(kN·m)		总推力(kN)		注浆量(m^3)		注浆压力(kPa)		出土量(m^3)		姿态(mm)	
			起始环号	终止环号	最大值	最小值	最大值	最小值	最大值	最小值	最大值	最小值	最大值	最小值	最大值	最小值	最大值	最小值
20	$E_{Ⅲ}$	14.67	1124	1198	0.1	0.07	14000	5000	60000	30000	12	10.5	300	200	213.6	213.6	50	-50
21	$E_{Ⅰ}$	14.65	1199	1214	0.11	0.08	14000	5000	60000	30000	15	13	350	250	213.6	213.6	50	-50
22	$E_{Ⅲ}$	15.53	1215	1427	0.12	0.08	14000	5000	60000	30000	12	10.5	300	200	206.54	206.54	50	-50
23	$E_{Ⅰ}$	15.34	1428	1440	0.11	0.08	14000	5000	60000	30000	15	13	350	250	208.55	208.55	50	-50
24	$E_{Ⅲ}$	14.79	1441	1913	0.12	0.08	14000	5000	60000	30000	12	10.5	300	200	208.55	208.55	50	-50
25	$E_{Ⅱ}$	16.84	1914	2271	0.12	0.08	14000	5000	60000	30000	12	10.5	350	250	209.05	209.05	50	-50
26	$E_{Ⅲ}$	14.84	2272	2315	0.12	0.08	14000	5000	60000	30000	12	10.5	300	200	209.05	209.05	50	-50
27	$E_{Ⅱ}$	14.65	2316	2325	0.1	0.07	14000	5000	60000	30000	12	10.5	350	250	209.05	209.05	50	-50
28	$E_{Ⅲ}$	15.1	2326	2374	0.1	0.07	14000	5000	60000	30000	12	10.5	300	200	209.05	209.05	50	-50
29	$E_{Ⅱ}$	13.01	2375	2400	0.1	0.07	12000	5000	50000	30000	12	10.5	350	250	209.05	209.05	50	-50

该方法划分合理,操作性强,满足实际工程的需要,有效降低了盾构施工中的安全风险。通过对盾构隧道进行安全风险组段划分,结合盾构设备情况,针对大兴国际机场线不同组段的地层地质情况,确定了盾构隧道穿越各个组段内主要施工参数的合理控制范围。在盾构施工过程中确保盾构施工参数在各个组段的参数控制范围内,针对不同组段设置合理的施工参数,大大加快了盾构掘进速度,提高了掘进效率,有效控制、规避了盾构施工过程中的安全风险,为盾构施工安全风险管理提供了新思路,为盾构施工过程的安全风险控制提供了新方法。

5.4　盾构检修换刀井合理设置及开挖步序

5.4.1　装配式检修井简介

1. 装配式检修井工艺

装配式检修井由腰梁、波纹板及钢支撑组成。腰梁及钢支撑作为受力构件,承受周边土体的侧向荷载。波纹板作为挡土及传力构件,将土体的侧向荷载传递到腰梁及钢支撑上。

整个检修井分为常规段、加强段和盾构段,如图5.4-1所示。自竖井井口以下至14.3 m部分为常规段,常规段为闭合圆环,起支护稳定作用,整个施工过程中结构形式不发生变化;盾构中心线下方1 m至盾构顶以上0.5 m范围为盾构段,盾构段结构总深度为盾构半径+1.5 m,在换撑回填时会拆除迎盾构侧的支护结构。常规段与盾构段间设置加强环来加强整体结构刚度,减小盾构顶进时对上方检修井部分造成的影响,加强段深度为1.12 m,腰梁与腰梁间使用波纹板作为挡土构件,波纹板与腰梁采用螺栓连接。常规段腰梁采用120 mm×120 mm、厚度为6 mm的拼装式空心方钢,盾构段腰梁采用140 mm×140 mm、厚度为8 mm的空心方钢,全断面钢支撑为H型钢,拼装过程中间隔0.5 m布置1道腰梁及钢支撑。

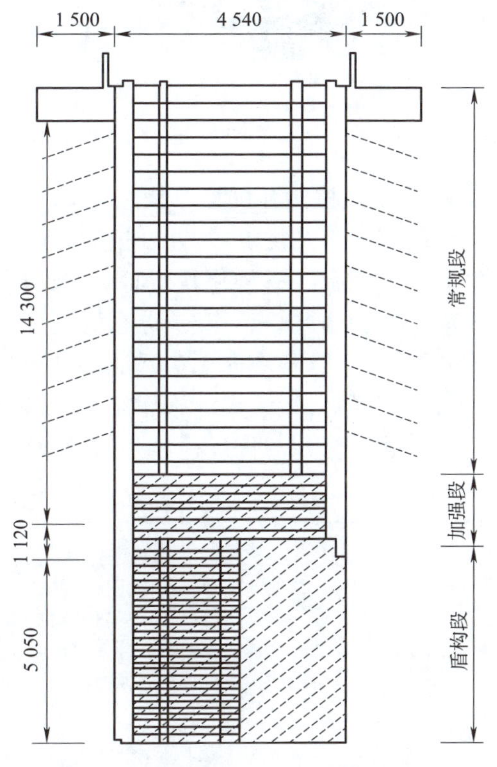

图5.4-1　装配式检修井剖面图(单位:mm)

装配式检修井分两次回填。第一次回填为盾构段换撑回填,每拆除 1 榀支护结构,回填相同厚度的土体并分层夯实,压实系数不小于 0.94,直至回填至盾构机顶 3 m 处,确保检修井结构稳定;第二次回填为检修井拆除及回填,盾构刀盘检修完成后,从下至上逐层回收所有支护结构,跟进回填,按 1 榀支护结构的厚度分层夯实土体,压实系数不小于 0.94,确保检修井周围土体稳定,直至拆除所有钢结构。图 5.4-2 所示为装配式检修井与传统检修井的内部情况。

(a) 装配式竖井内部情况

(b) 传统竖井内部情况

图 5.4-2　装配式检修井与传统检修井对比

2. 装配式检修井优势及特点

装配式检修井优点:竖井开挖时间较短;循环施工较为简便;竖井支护材料可循环利用,较为经济;竖井开挖面支护及时性良好。

装配式检修井缺点:支护体系稳定性欠佳,刀盘检修时转动,对支护结构影响较大;波纹板后空隙填充无法保证,易导致周围掌子面失稳;竖井尺寸较小,导致刀具检修难度增加;无法提前施作完成,导致盾构停机时间较长。

装配式检修井与传统检修井的对比情况见表 5.4-1。

表 5.4-1　施工技术工艺对比

序号	项目	传统检修井	装配式检修井
1	安全	初期支护时间长;喷混材料强度增长需要一定时间,且质量不易保障;被动支护;如有个别拆除钢筋混凝土留在回填土中,会给盾构刀盘带来巨大伤害	随挖随护,封闭支护时间短;预制结构工厂化定做,材料尺寸等加工精度高;施加预应力主动支护;整个竖井结构全部回收,不会给盾构刀盘造成伤害
2	工期	一榀(50 cm)6 ~ 7 h(开挖 3 h,钢格栅 2 ~ 3 h,喷料 1 h)	一榀(50 cm)3.5 ~ 4 h(开挖 3 h,预制构件安装 0.5 ~ 1 h)
3	场地	场地面积需求大;需要布设砂石料仓、搅拌系统、空压机等设备	场地面积需求小,只需堆放钢预制构件
4	环保	喷料扬尘大;初支拆除量大,产生大量建筑垃圾;盾构顶上方竖井初支不拆除	无扬尘,全部冷作业(螺栓连接);钢结构拆除后可重复利用;原位原状土恢复

5.4.2　装配式检修井的设置

通过对沿线地质情况的分析，充分考虑无气压换刀和气压换刀方式的适用条件，尽量避免在围岩含水量大和需带压作业地段进行换刀作业，根据检查情况确定是否需要对刀盘进行维护、更换磨损的刀具及清除泥饼作业。所选检查及换刀的检修井具备以下条件：

(1)检查及换刀地段的隧道围岩较均匀，力学性质好，自稳性强。

(2)检查及换刀地段隧道埋深合适，且覆盖层无不良岩层。

换刀作业前，根据盾构机的运转情况，对其进行部件检修、维护，确保盾构机的正常运转。在盾构机掘进过程中，如发生刀具必须更换且必须在加压条件下作业时，按照加压换刀操作规程作业。

大兴国际机场线共计5个盾构区间，其中4个盾构区间在施工过程中进行了换刀作业，表5.4-2是大兴国际机场线各个区间的换刀井位置。

表5.4-2　各区间检修井位置

区间	左/右线	区间总长度(m)	换刀次数	始发至第一次换刀掘进距离(m)	第一次换刀至第二次换刀掘进距离(m)	第二次换刀至第三次换刀掘进距离(m)	最后一次换刀至接收掘进距离(m)
B	左线	2 816.35	1	2 278.35	—	—	538.00
	右线	2 813.35	1	2 191.35	—	—	622.00
C	左线	2 160.09	2	948.44	284.11	—	927.54
	右线	2 157.31	1	1 267.14	—	—	890.17
D	左线	3 857.02	3	759.15	907.36	828.31	1 362.20
	右线	3 847.44	3	769.74	895.91	837.61	1 344.18
E	左线	3 968.99	3	1 508.24	652.00	904.00	904.75
	右线	3 060.60	3	608.08	909.18	635.00	908.34

5.4.3　装配式检修井的开挖步序

盾构检修井采用装配式技术施工，开挖尺寸为类椭圆形，长轴长6.34 m，短轴长4.64 m，护壁采用钢腰梁+波纹板+内支撑的形式。

盾构检修井施工前，先施工围挡，解决水电问题，随后施作装配式锁口圈；锁口圈完成后进行井口护栏安装，材料机具设备进场，一切准备就绪后开始检修井开挖。检修井分步开挖并安装腰梁、挂波纹板，预紧后进行紧固。将一层腰梁加上一层波纹板作为一榀支护结构，常规段每榀结构高度为0.55 m，每隔一榀在波纹板腹部打设长2 m直径32 mm、$t=2.75$ mm锁脚锚管与水平向成30°角，盾构段每榀结构高 0.55 m,开挖至设计深度,拼装施工钢封底。一次回填,每架设一层钢支撑,拆除一榀的洞口处装配式支护结构,并跟进回填,洞口结构拆至盾构顶以上 0.5 m,一次回填土方至盾构顶以上 3 m。盾构进洞,并开挖土方至基坑底部,进行刀盘检修。检修完成后逐层拆除支护结构,跟进回填,待全部回填完成后盾构继续掘进。

装配式检修井施工流程如图 5.4-3 所示。

1. 锁口圈施工

锁口圈梁截面尺寸为 1.5 m×1.0 m(高),如图 5.5-4 所示,圈梁为整体浇筑,圈梁底为 C20、厚 10 cm 混凝土垫层。锁口圈梁及挡墙内外侧钢筋保护层厚度均为 30 mm。在圈梁上安装工程预制的波纹板护栏,波纹板护栏与圈梁间采用法兰螺栓连接,在两者拼装处采用防水密封胶封闭,波纹板护栏高 1.2 m,便于挡水、挡土。

锁口圈施工流程如图 5.4-5 所示。

2. 井身施工

由人工从上到下逐层用镐、锹进行挖土,遇坚硬土层用锤、钎破碎,挖土次序为先挖四周土体后挖中间土体,开挖断面尺寸为 4.64 m×6.34 m,允许尺寸误差 3 cm。每榀开挖深度为 0.55 mm(相当于一环腰梁加一环波纹板尺寸),弃土装入吊斗内。垂直运输采用 25 t 汽车吊提升出渣,渣土吊至地面渣土临时堆放区。

挖土遵从对角开挖原则,先挖边角处土,再向井中央开挖。图 5.4-6 所示为检修井的开挖步序,具体为:

第一步:按照设计步距要求,先开挖四周土体。

第二步:及时架设钢腰梁及波纹板支护,封闭成环。

第三步:支护完毕后开挖中间土体,以此类推进行竖井施工。

3. 井壁施工

圈梁浇筑完成后,拼装装配式预制圈梁及护栏。进行土方开挖后架设第一道腰梁,用连接件将腰梁与预制圈梁进行连接,腰梁封闭成环,并将腰梁与预制圈梁用螺栓紧固连接。架设第一道腰梁后,开挖土体,每榀开挖深度 0.55 m,及时架设一榀波纹板,将其与第一道钢腰梁连接紧固。拼装第二道钢腰梁,并将其与上部拼装完成的波纹板连接,波纹板封闭成环,第二道腰梁与第一道腰梁的拼装缝要错开,波纹板同样要采用错缝拼装。及时架设内支撑。

随后的施工过程重复上面的步骤。

4. 波纹板背后注浆

每隔 3 m 在波纹板背后注入一次水泥浆,以填充波纹板背后空隙。在单环波纹板的 6 个波纹板块上各预留一个注浆孔,或者采用现场打孔的方式,注浆管采用 DN32 小导管,长度 1 m。

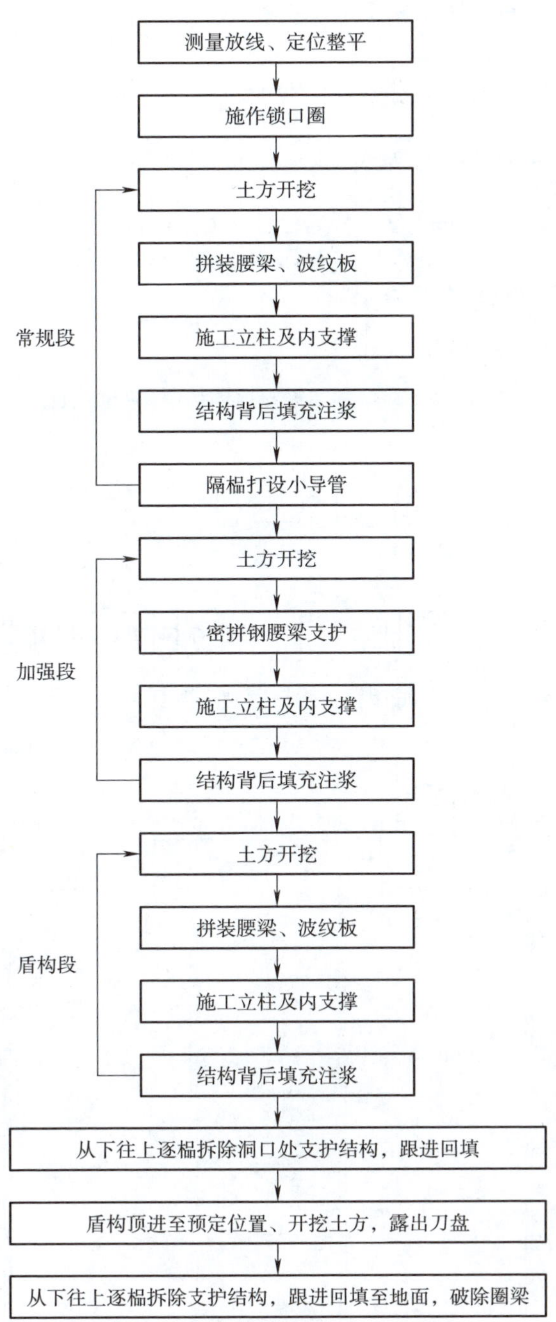

图 5.4-3　装配式检修井施工流程图

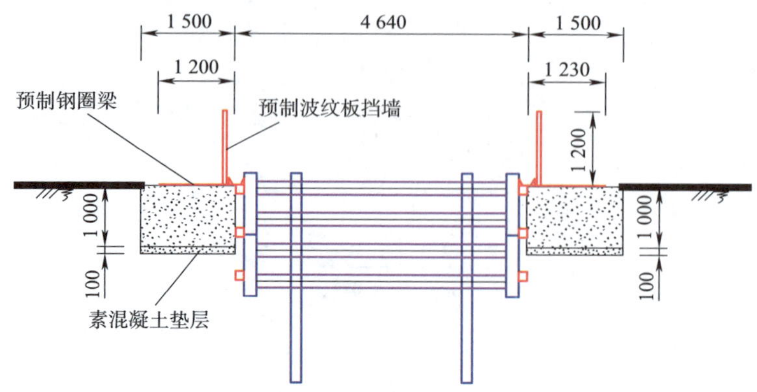

图 5.4-4　检修井圈梁支撑体系图(单位:mm)

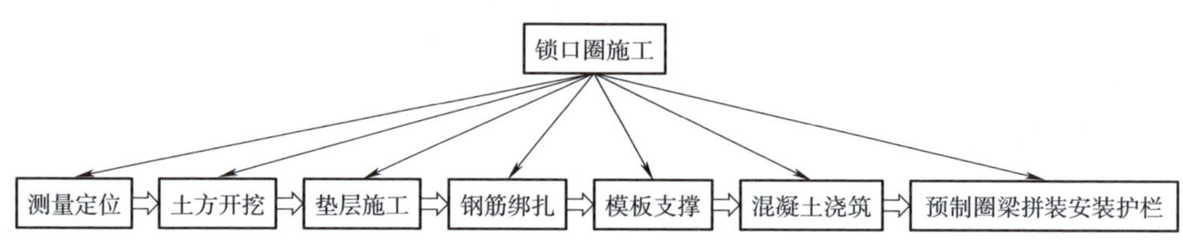

图 5.4-5　锁口圈施工流程图

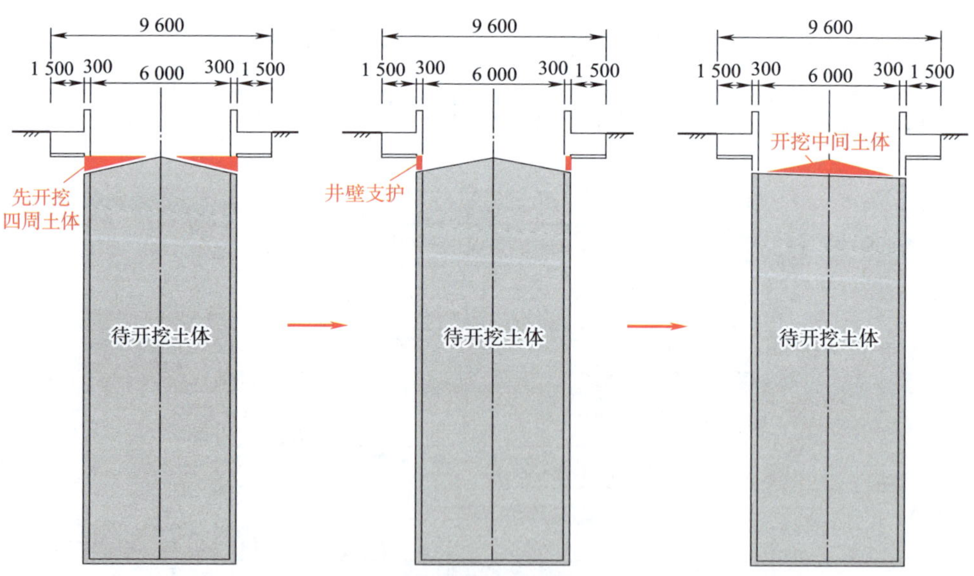

图 5.4-6　检修井开挖步序示意图(单位:mm)

波纹板注浆流程如图 5.4-7 所示。

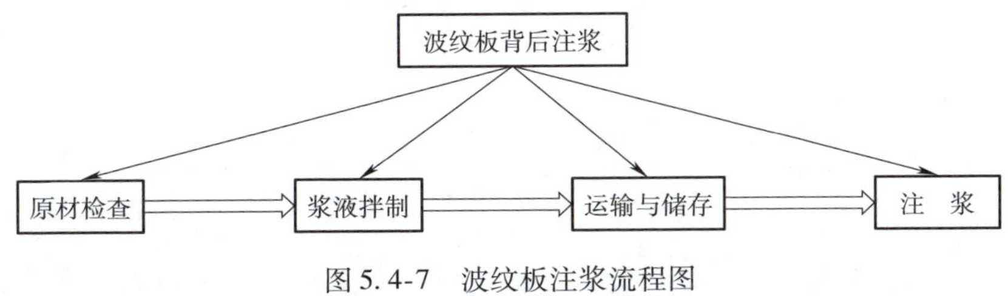

图 5.4-7　波纹板注浆流程图

注浆结束标准:①注浆量达到设计注浆量;②根据监测情况判断是否继续注浆;③当注浆压力达到设计压力的 80% 即可完成注浆(0.1 MPa)。

5.5　辅助工法

在盾构施工过程中,出渣运输系统是制约盾构推进进度的重要因素,特别是在长距离盾构隧道施工过程中,隧道长度的延长会降低出渣速度,水平运输的效率约束着盾构机快速掘进性能的发挥。在一般的盾构隧道施工中,水平运输方式主要包括:连续皮带机运输渣土、有轨电车运输渣土以及物料、胶轮车运输渣土以及物料。

大兴国际机场线 5 个盾构区间基本包含了以上几种水平运输方式,其中 D 盾构区间和 E 盾构区间隧道内采用连续皮带机主要出渣、电瓶车辅助出渣的方式,在前期始发或皮带机故障时,可使用电瓶车渣斗进行应急出渣。连续皮带机由连续皮带、折返皮带机、横向转渣皮带机、地面转渣皮带机、移动布料皮带组成,储带仓可储存皮带,掘进一定距离后续接一次皮带。

连续皮带机输送工艺流程:盾构机主皮带→连续皮带机→转载皮带机→连续折返皮带机→横向转渣皮带机→地面转渣皮带机→移动皮带机→渣池。

5.5.1　连续皮带机出渣系统

相比于传统有轨运输出渣系统,连续皮带机出渣系统在盾构掘进过程中螺旋输送机输送的渣土直接运输到后方连续皮带输送机上,随着皮带输送机运出隧道直至进入地面渣土池,管片车携带管片等物料自盾构始发井吊装完成后向盾构机方向驶去,至盾构机后配套设备处进行卸载,卸载完成后管片车即可驶出隧道至盾构始发井继续进行吊装加载,至此完成一次掘进循环。具体掘进循环工序如图 5.5-1 所示。

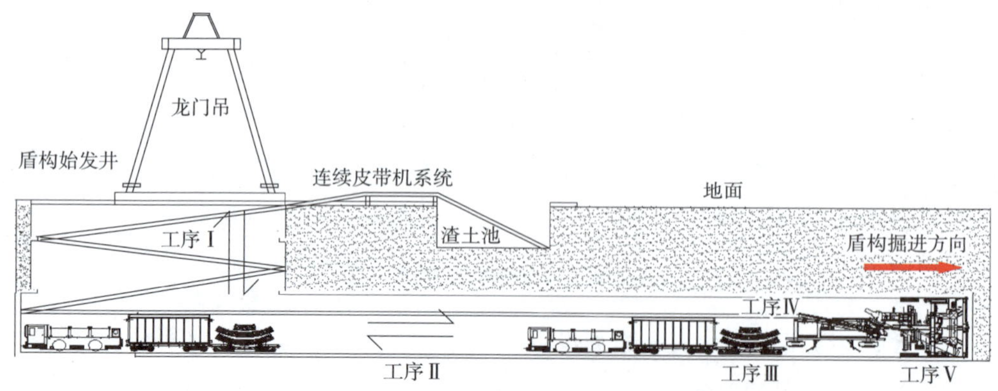

图 5.5-1　连续皮带机出渣系统掘进循环工序示意图

5.5.2　连续皮带机工效计算

连续皮带机不需要等待盾构掘进进行渣土加载,渣土直接由连续皮带机出渣系统转运至地面渣土池,故风井吊装时间缩短为 15 min,即 $T'_{\mathrm{I}}=15$ min。

在洞内轨道铺设第一阶段,当隧道长度较短时,盾构掘进时间与管片拼装时间之和是制约盾构完成掘进循环的主要因素,此时连续皮带机出渣系统完成掘进循环所需时间见表 5.5-1 。

表 5.5-1　洞内轨道铺设第一阶段连续皮带机出渣系统掘进循环时间

序号	分项步骤	时间(min)	盾构掘进循环时间(min)														
			5	10	15	20	25	30	35	40	45	50	55	60	65	70	75
Ⅰ	风井吊装	15	■	■	■								■	■	■		
Ⅱ	隧道运行	T'_{X1}				■						■				■	
Ⅲ	物料卸载	20					■	■	■	■						■	
Ⅳ	盾构掘进	45	■	■	■	■	■	■	■	■	■						
Ⅴ	管片拼装	30										■	■	■	■	■	■

连续皮带机出渣系统不需要有轨列车等待渣土加载,故在列车进行始发风井吊装同时,盾构即可进行掘进作业。此时连续皮带机出渣系统完成一次掘进循环所需时间为

$$T'=T'_{\mathrm{IV}}+T'_{\mathrm{V}} \tag{5—5}$$

式中　T'——连续皮带机完成一次掘进循环所需时间;

T'_{IV}——在连续皮带机施工条件下盾构掘进时间;

T'_{V}——在连续皮带机施工条件下管片拼装时间。

同有轨运输系统类似，在洞内轨道铺设第二阶段，盾构掘进时间与管片拼装时间之和仍为制约盾构掘进循环时间主要因素，即

$$T'_{\mathrm{IV}} + T'_{\mathrm{V}} > T'_{\mathrm{I}} + T'_{\mathrm{II}\,\max} \tag{5—6}$$

式中　T'_{I}——在连续皮带机施工条件下风井吊装时间；

$T'_{\mathrm{II}\,\max}$——在连续皮带机施工条件下隧道内运行最大时间。

在洞内轨道铺设第三阶段，一定隧道长度范围内，盾构掘进时间与管片拼装时间之和仍是决定盾构完成掘进循环的主要因素。

当隧道长度大于 X'_3 时，列车运行时间与风井吊装时间之和大于盾构掘进时间与管片拼装时间之和，即

$$T'_{\mathrm{I}} + T'_{\mathrm{II}} > T'_{\mathrm{IV}} + T'_{\mathrm{V}} \tag{5—7}$$

在此状态下，连续皮带机出渣系统完成一次掘进所需时间见表 5. 5-2。

表 5. 5-2　洞内轨道铺设第三阶段连续皮带机出渣系统掘进循环时间

序号	分项步骤	时间(min)	盾构掘进循环时间(min)											
			15	30	45	60	75	90	105	120	135	150	165	180
Ⅰ	风井吊装	30	■											■
				■										
Ⅱ	隧道运行	T'_{X3}	■	■	■	■	■				■	■	■	■
					■	■	■	■				■	■	■
Ⅲ	物料卸载	20							■	■				
Ⅳ	盾构掘进	45	■	■	■						■	■	■	
Ⅴ	管片拼装	30						■	■	■				■

此时连续皮带机出渣系统完成一次掘进循环所需时间为

$$T' = T'_{\mathrm{I}} + T'_{\mathrm{II}} \tag{5—8}$$

由式(5—8)计算易得

$$X'_3 > 2\ 500\ \mathrm{m}$$

综上所述，在连续皮带机出渣系统下盾构完成一次掘进循环时间共分为两个阶段，即

$$T' = \begin{cases} T'_{\mathrm{IV}} + T'_{\mathrm{V}} = 75 & 0 < X \leqslant 2\ 500\ \mathrm{m} \\ T'_{\mathrm{I}} + T'_{\mathrm{II}} = 0.024X + 15 & X > 2\ 500\ \mathrm{m} \end{cases} \tag{5—9}$$

连续皮带机出渣系统完成一次掘进循环所用时间统计见表 5. 5-3。

表 5.5-3　连续皮带机出渣系统掘进循环理论施工时间

环　数	时间(min/m)	环　数	时间(min/m)
100	75	2 000	75
200	75	2 100	75
300	75	2 200	75
400	75	2 300	75
500	75	2 400	75
600	75	2 500	75
700	75	2 600	77.4
800	75	2 700	79.8
900	75	2 800	82.2
1 000	75	2 900	84.6
1 100	75	3 000	87
1 200	75	3 100	89.4
1 300	75	3 200	91.8
1 400	75	3 300	94.2
1 500	75	3 400	96.6
1 600	75	3 500	99
1 700	75	3 600	101.4
1 800	75	3 700	103.8
1 900	75	3 800	106.2

5.6　工程筹划

盾构施工现场管理是地铁施工中重要的管理活动之一。盾构隧道工程筹划是编制轨道交通全线工程筹划的基础,也是土建施工标段、监理监测标段划分的依据,合理性与可实施性得到广泛重视。盾构施工规范化管理,是根据盾构施工全过程顺利进展的需要,从盾构施工场地布设、临建施工、盾构施工、设备管理、监测管理、安全文明施工等方面着手,合理制定统一的基本制度、工作流程、工作标准及要求,形成规范、稳定的管理体系,并在实施过程中加以完善和改进,确保盾构施工顺利、安全、高效进行。

地铁建设总工期一般需要 4 ~5 年,主要包括设计、招投标、土建施工、铺轨、机电设备安装及调试、建筑装修、全线联调及试运行等,其中土建工期 3 ~3.5 年。城市发展引导型线路,由于拆迁少,管线迁改及交通疏解容易,车站施工速度快,周期短，需要时具备提前开工条件，土建工期可以压缩，全线总工期4～4.5年为好。相反，交通疏导型线路穿越城市中心区特别是交通繁忙的城市主干道，由于车站风亭、出入口因拆迁布置困难，设计施工方案多有反复，加之管线迁改与交通疏解困难，车站施工需要多次翻交甚至需要采用全盖挖或半盖挖工法，另外还要考虑合适的盾构始发场地，往往是盾构施工和全线工期目标的制约区段，总工期5年左右为宜。在总工期和土建工期较为紧张的情况下，传统意义上合理的盾构隧道工程筹划已不可能，采取措施进行合理的工程筹划管理已成为盾构长距离快速掘进的保障。

5.6.1　盾构施工设备部署

1. 盾构设备进场验收管理

(1)盾构设备自适应性评估

①盾构设备进场至少3个月前，施工单位应根据盾构穿越隧道地层条件和施工环境条件，对盾构设备进行适应性自评估，编制盾构设备适应性自评估报告，评估报告应至少包括以下内容：

a. 盾构设备主要参数的合理性，包括：设备制造厂商名称及设备编号、生产日期、主要技术参数（刀盘开口率、刀具布置、额定扭矩及脱困扭矩、同步注浆孔位置及注浆泵参数、土体改良系统注入口位置、螺旋输送机形式及最大允许通过粒径等）。

b. 盾构使用历史，主要包括：累计使用年限、累计施工隧道长度、设备产权单位、主要穿越地层情况及设备运行状况、有无出现过重大设备故障、有无进行重大设备改造等。

c. 刀盘形式和刀具布置与地层的适应性评价，计划换刀地点和换刀方案。

d. 同步注浆及二次补浆设备与盾构主体设备和地层的适应性评价。

e. 泡沫、膨润土等土体改良剂的性能、能力及其适应性评价。

f. 螺旋输送机的地层适应性评价。

g. 皮带输送机的相关特性及其适应性评价。

h. 润滑及密封系统的适应性评价。

i. 推力和刀盘扭矩的地层适应性评价。

j. 推进缸和铰接缸的功能、压力检测及评价，主要包括：推进缸行程、速度，铰接缸行程、电磁阀，推进缸和铰接缸内泄检查。

k. 导向系统功能检测及评价，主要包括：棱镜或激光靶安装位置是否合理，倾斜仪安装是否正确，读取铰接缸行程是否正确，导向系统显示界面是否正确。施工单位应出具设备制造商（或导向系统供应商）承诺的“导向系统资信服务承诺书”，确保一旦导向系统出现故障，设备制造商（或导向系统供应商）能够及时进行现场检修并恢复其功能。

②盾构主体设备使用年限超过 8 年或已累计施工隧道长度超过 10 km(含)的盾构,盾构设备适应性自评估报告中需明确盾构主驱动及其密封的残余寿命。

③评估报告编制完成后,提交施工单位审查,审查通过后需由公司总工程师签发,加盖施工单位公章后,于进场前 3 个月提交监理单位。

(2)监理审查

监理单位接收到施工单位自审通过后的评估报告和审查表后,于盾构设备进场 2 个月前,总监理工程师办公室应对评估报告逐条审查,并出具审查意见。审查合格后需经监理公司总工程师(或技术负责人)签字确认,并加盖监理公司公章;审查不合格时,施工单位应针对不合格项进行整改,并重新编制评估报告及履行后续审查程序。

(3)专家会议审查

评估报告经监理单位审查通过后,由总监理工程师负责组织专家(盾构设备专家不少于 2 人)、施工标段项目经理、项目总工、工点设计负责人、项目管理单位相关人员,针对评估报告的合理性与适应性进行逐条审查,并形成书面专家审查意见。专家审查结论为“不通过”时,施工单位应针对不合格项进行整改,并重新编制评估报告及履行后续审查程序。

(4)盾构存储基地验收

①评估报告经专家会议审查通过后,总监理工程师负责组织专家(至少包含 1 位参加专家会议审查的盾构设备专家)、施工标段盾构副经理、项目管理单位相关人员前往盾构存储基地进行盾构验收,验收内容应为评估报告所涉及的全部内容,形成验收报表。重点验收内容包括:

a. 现场盾构设备与适应性评估报告中的盾构设备主要技术参数是否相符。

b. 非新生产盾构主驱动需拆卸进行检查验收,主要验收主驱动密封和大小齿圈是否完好。

c. 刀具安装和焊接是否完好,刀具高差是否满足适应性评估报告的要求,对于砂卵石地层,刀盘刀具是否具有耐磨层。

d. 螺旋输送机叶片焊接完成后是否进行过探伤(需提供探伤报告),对于砂卵石地层,螺旋输送机筒壁与相关叶片是否具有耐磨层。

②当验收结论为“不合格”时,项目管理单位或公司视情况约谈施工、监理单位评估报告和审查意见的签发人并进行通报;施工单位应更换设备或针对不合格项进行整改,并重新编制评估报告及履行后续审查程序。

(5)盾构吊装与下井组装

盾构设备进场后,需经监理单位确认该设备为盾构存储基地验收的盾构设备后,方可进行盾构吊装方案的论证。盾构设备组装前,监理单位应对吊装方案进行审核,审核通过后盾构方可下井组装。

(6)盾构现场验收

盾构现场组装完成后,施工单位应对盾构设备进行验收,并形成验收报告(斜体字项目可在地面完成验收检测)。监理单位应对盾构设备及验收报告进行核验,核查合格后签字确认,备案后方可始发。

2. 盾构机的维护

为了充分发挥盾构的性能,防患故障、延长盾构机的寿命,必须定期和随时对盾构设备进行日常维护、检查和维修。

(1)日常检查、维护

①各部位的螺栓、螺母松动检查、拧紧。

②异常声音、发热检查。

③工作油、润滑油、润滑脂、水、空气的异常、泄漏检查。

④各部位供油、油脂情况确认、检查、补充。

⑤工作油箱油位检查。

⑥电源、电压正常确认。

⑦操作盘开关类、指示灯、仪表类正常动作确认。

⑧盾构本体-台车之间的软管、电线有无异常检查。

⑨安全阀设定压力检查。

⑩液压设备维护、过滤器清扫后的回路内排气确认。

(2)定期维修、维护

① 1 个月维修、维护:a. 油箱排水;b. 电动机类的精密检查(轴承供油、绝缘电阻测量、滴水检查等);c. 控制盘和配电器具检查(接点磨损状况,绝缘电阻测量,配线管、管道损伤等)。

② 6 个月检查、维护:启动油、润滑油定期检查(2 次/年,工作油生产厂家检查)。

(3)长期停止运行时的维护管理

长期停止运行时,遇有地下不明障碍物必须实施下列作业规定:

①每个设备的空载运行(每隔 10 ~ 15 d)。

②气缸头、阀槽等滑动面露出部分涂油。

③防止空间加热器引起的动力盘内结露的作业。

3. 盾构施工中的主要设备、工具及材料管理

在盾构施工中,除盾构机之外,其他设备的选择管理合理与否同样影响施工进度。根据施工技术要求和施工作业条件确定设备选型,按照施工进度计划指标配置设备,生产能力要留有余地;同时考虑突发事件所需的工程抢险应急设备,为保证设备的能力,定期对机械设备进行维修保养。北京大兴国际机场线 B 盾构区间的设备、材料分别见表 5.6-1、表 5.6-2。

表 5.6-1 北京大兴国际机场线 B 盾构区间设备表

序 号	设备名称	型 号	数量
1	龙门吊	100 t	2 台
2	龙门吊	50 t	1 台
3	电瓶车	85 t	4 辆
4	泥浆系统	12 m^3	2 套
5	浆液站	30 m^3/h	2 套
6	挖掘机	330	4 台
7	电焊机	便捷式 BX6-300	3 台
		ZX7-630	1 台
8	风机	110 kW	2 台
9	渣土斗	50 m^3	30 个
10	自卸汽车	20 m^3	50 辆

表 5.6-2 北京大兴国际机场线 B 盾构区间材料表

序 号	材料名称	规格型号	数量	单位
1	管片	1.6 m	3 584	环
2	洞门临时密封装置		4	套
3	管片螺栓		136 192	根
4	螺栓孔密封圈		136 192	套
5	管片弹性密封垫		3 566	环
6	水泥	袋装 P · O42.5	2 674	t
7	水泥	散装 P · O42.5	6 918	t
8	砂	中砂	16 142	m^3
9	粉煤灰		7 610	t
10	膨润土		9 380	t
11	水管	ϕ100	24 000	m
12	人行踏板		6 345	m
13	高压电缆		6 400	m
14	钢轨	43 kg/m	13 248	m
15	轨枕		7 130	套

5.6.2 盾构施工进度控制

1. 工程进度管理目标

为了确保项目进度目标的实现,需要对工程项目各建设阶段的工作内容、工作程序、衔接关系和持续时间等编制计划、实施、检查、协调及信息反馈。为有效进行进度控制,必须对影响进度的因素进行分析,以便事先采取措施,尽量缩小实际进度与计划进度的偏差，实现项目的主动控制与协调。北京大兴国际机场线 4 个以砂卵石地层为主的盾构区间施工进度总计划见表 5.6-3。

表 5.6-3　各盾构区间施工进度计划

标　段	线　路	线路总环数(环)	工程进度目标	
			开始时间	完成时间
B 区间	盾构左线	1 758	2018-02-28	2018-11-10
	盾构右线	1 758	2018-01-30	2018-10-10
C 区间	盾构左线	1 353	2017-12-11	2018-09-30
	盾构右线	1 349	2018-02-01	2018-11-05
D 区间	盾构左线	2 396	2017-10-15	2018-08-31
	盾构右线	2 405	2017-09-15	2018-08-08
E 区间	盾构左线	1 921	2018-02-26	2018-11-15
	盾构右线	1 921	2017-12-10	2018-10-30

工程进度计划的制定得细化到各分部、分项工程的具体工期。隧道区间施工可分为隧道掘进施工和联络通道施工，隧道掘进按始发、掘进、接收三个阶段划分。联络通道作为盾构隧道的重要组成部分，对盾构隧道的贯通有着重要影响。大兴国际机场线盾构区间联络通道共计 23 处，根据入水深度、不同加固方式主要分为注浆加固、冻结法施工。不同的联络通道施工方法需要不同的工期。注浆加固施工的联络通道从打设注浆孔至土方开挖完成共需 60 ~ 70 d。冻结法施工的联络通道自打设冻结孔至土方开挖完成共需约 135 d，采用冻结法施工所用时间约为普通注浆加固方式的 2 倍。大兴国际机场线 C 盾构区间分部分项工程的工期参见表 5.6-4。

表 5.6-4　大兴国际机场线 C 盾构区间分部分项工程的工期

分部分项名称	线路名称	施工内容	工期(d)	开始时间	完成时间
C 盾构区间	左线	组装、调试	35	2017-12-11	2018-01-14
		掘进施工	212	2018-01-15	2018-08-15
		拆解、吊出	45	2018-08-16	2018-09-30
	右线	组装、调试	36	2018-02-01	2018-03-06
		掘进施工	198	2018-03-07	2018-09-20
		拆解、吊出	46	2018-09-21	2018-11-05
	附属工程	1 号联络通道	76	2018-08-16	2018-10-30
		2 号联络通道	76	2018-08-16	2018-10-30
		3 号联络通道兼泵房	76	2018-08-16	2018-10-30

2. 工程进度管理效果

(1)大兴国际机场线砂卵石地层盾构区间施工进度分析

大兴国际机场线4个以砂卵石地层为主的盾构区间施工进度见表5.6-5。

表5.6-5 各标段施工进度及工期统计表

区间	线路	总环数	贯通日期	0环拼装日期	施工天数(d)	日平均进度(m)
B	左线	1 758	2019-03-04	2018-04-13	325	5.4
	右线	1 758	2019-02-16	2018-03-15	338	5.2
C	左线	1 353	2019-02-20	2018-02-21	364	3.7
	右线	1 349	2019-03-08	2018-04-19	323	4.2
D	左线	2 396	2018-08-21	2017-12-08	256	9.4
	右线	2 405	2018-08-21	2017-11-12	282	8.5
E	左线	1 921	2019-02-10	2018-03-10	337	5.7
	右线	1 921	2019-02-24	2018-02-21	368	5.2

①B盾构区间施工进度

北京大兴国际机场线B盾构区间盾构施工始发阶段右线工期29 d,左线工期29 d;正常掘进阶段右线工期274 d,左线工期252 d;接收阶段右线工期35 d,左线工期44 d;施工过程中总停机时间右线170 d,左线154 d;右线刀具检修停机时间170 d,左线刀具检修停机时间154 d。施工进度如图5.6-1和图5.6-2所示。

②C盾构区间施工进度

北京大兴国际机场线C盾构区间盾构施工始发阶段右线工期21 d,左线工期17 d;正常掘进阶段右线工期145 d,左线工期307 d;接收阶段右线工期157 d,左线工期40 d;施工过程中总停机时间右线181 d,左线197 d;右线刀具检修停机时间24 d,左线刀具检修停机时间133 d。施工进度如图5.6-3和图5.6-4所示。

③D盾构区间施工进度

北京大兴国际机场线D盾构区间盾构施工始发阶段右线工期32 d,左线工期28 d;正常掘进阶段右线工期241 d,左线工期222 d;接收阶段右线工期9 d,左线工期6 d;施工过程中总停机时间右线71 d,左线65 d;右线刀具检修停机时间45 d,左线刀具检修停机时间40 d。施工进度如图5.6-5和图5.6-6所示。

④E盾构区间施工进度

北京大兴国际机场线E盾构区间盾构施工始发阶段右线工期22d ,左线工期18 d;正常掘进阶段右线工期340 d,左线工期305 d;接收阶段右线工期9 d,左线工期14 d;施工过程中总停机时间右线178 d,左线156 d;右线刀具检修停机时间84 d,左线刀具检修停机时间69 d。施工进度如图5.6-7和图5.6-8所示。

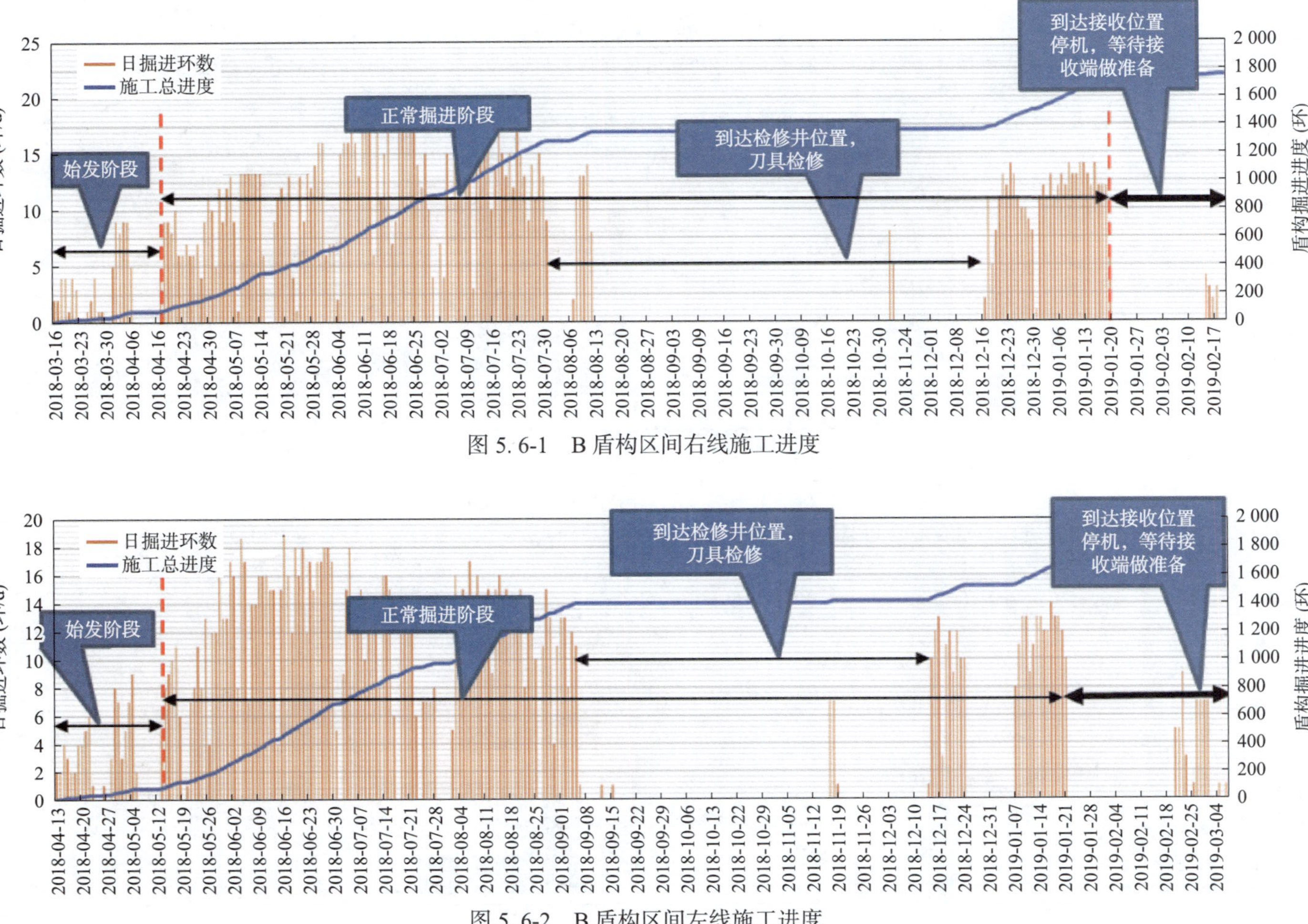

图 5.6-1　B 盾构区间右线施工进度

图 5.6-2　B 盾构区间左线施工进度

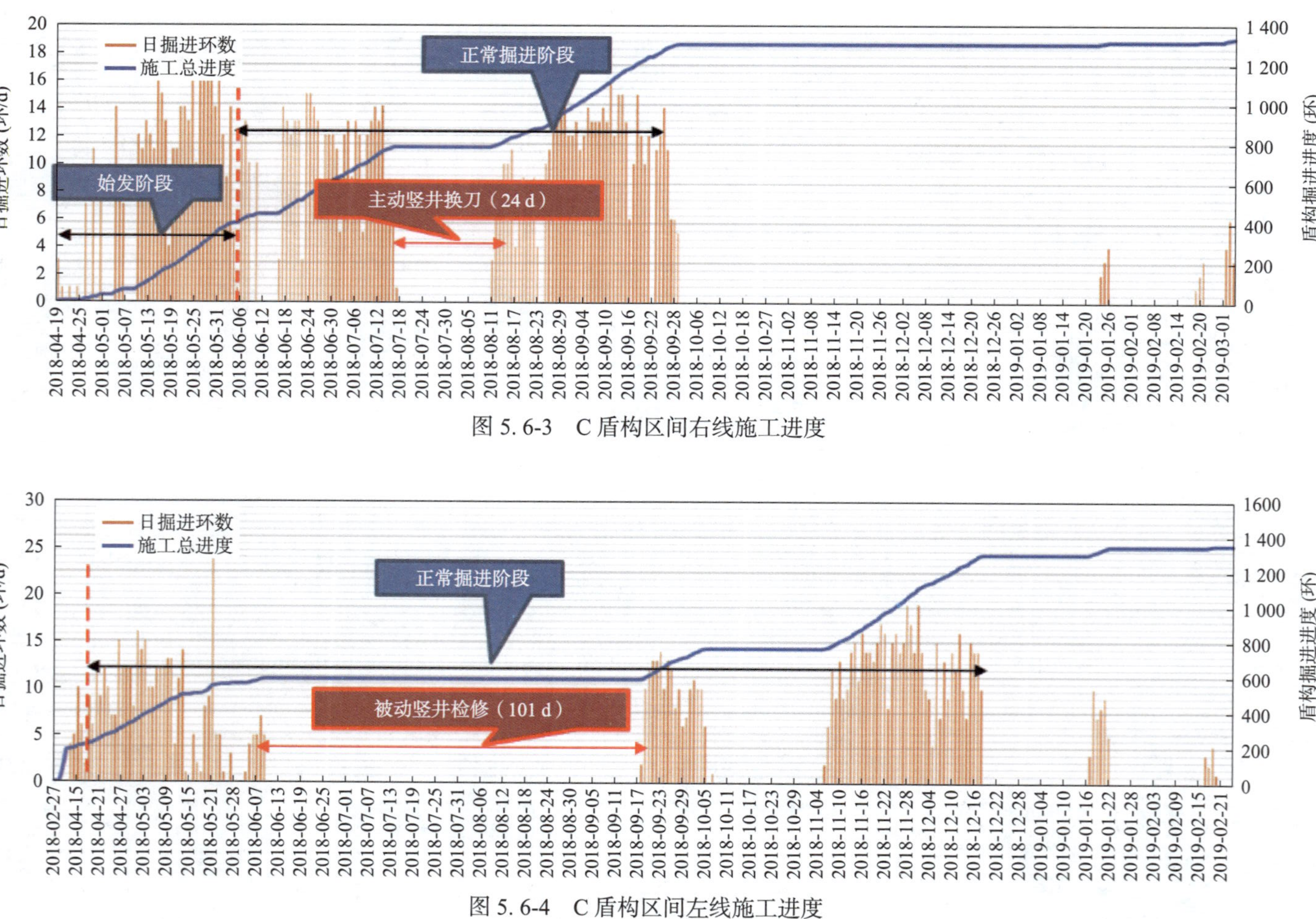

图 5.6-3　C 盾构区间右线施工进度

图 5.6-4　C 盾构区间左线施工进度

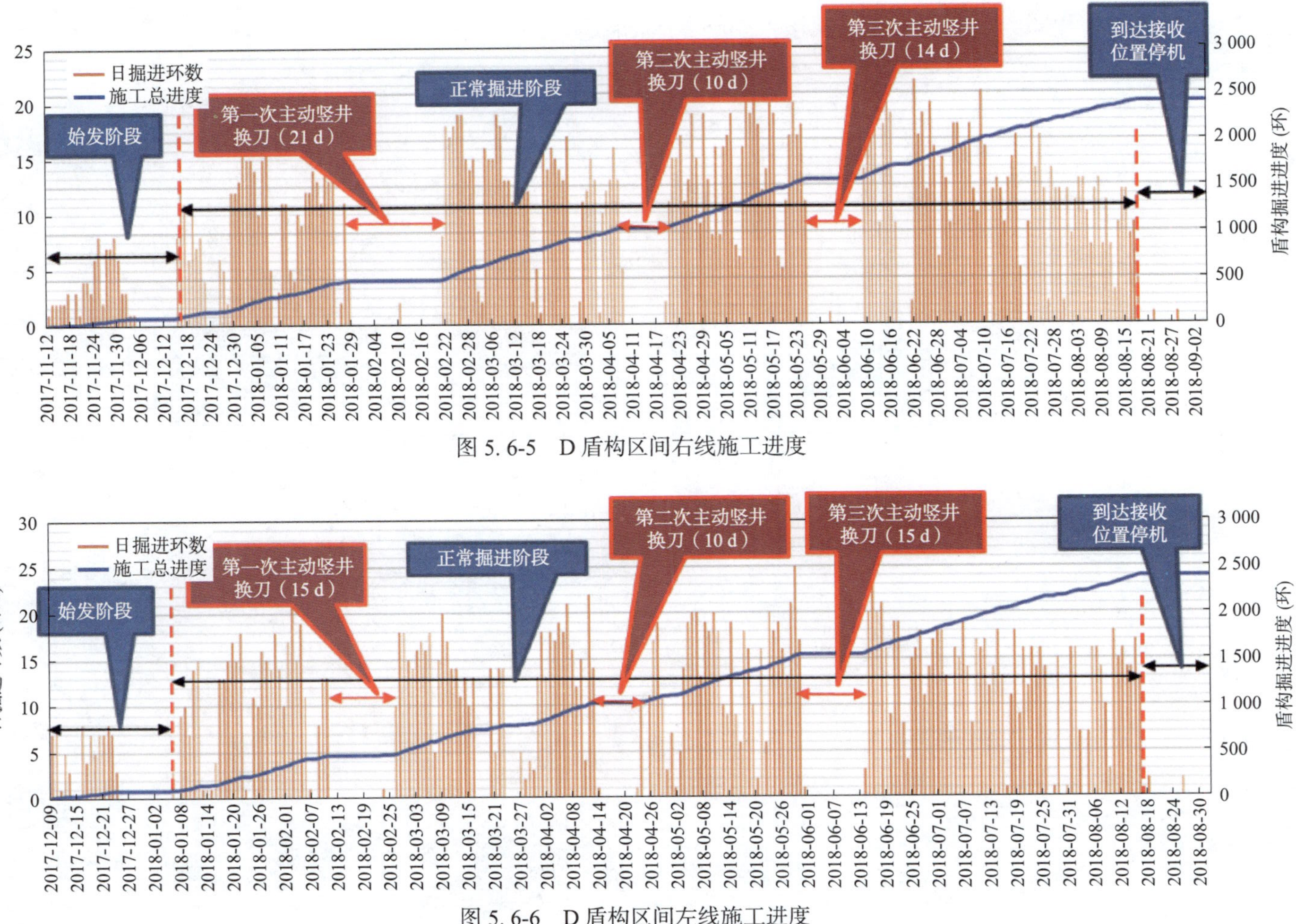

图 5.6-5　D 盾构区间右线施工进度

图 5.6-6　D 盾构区间左线施工进度

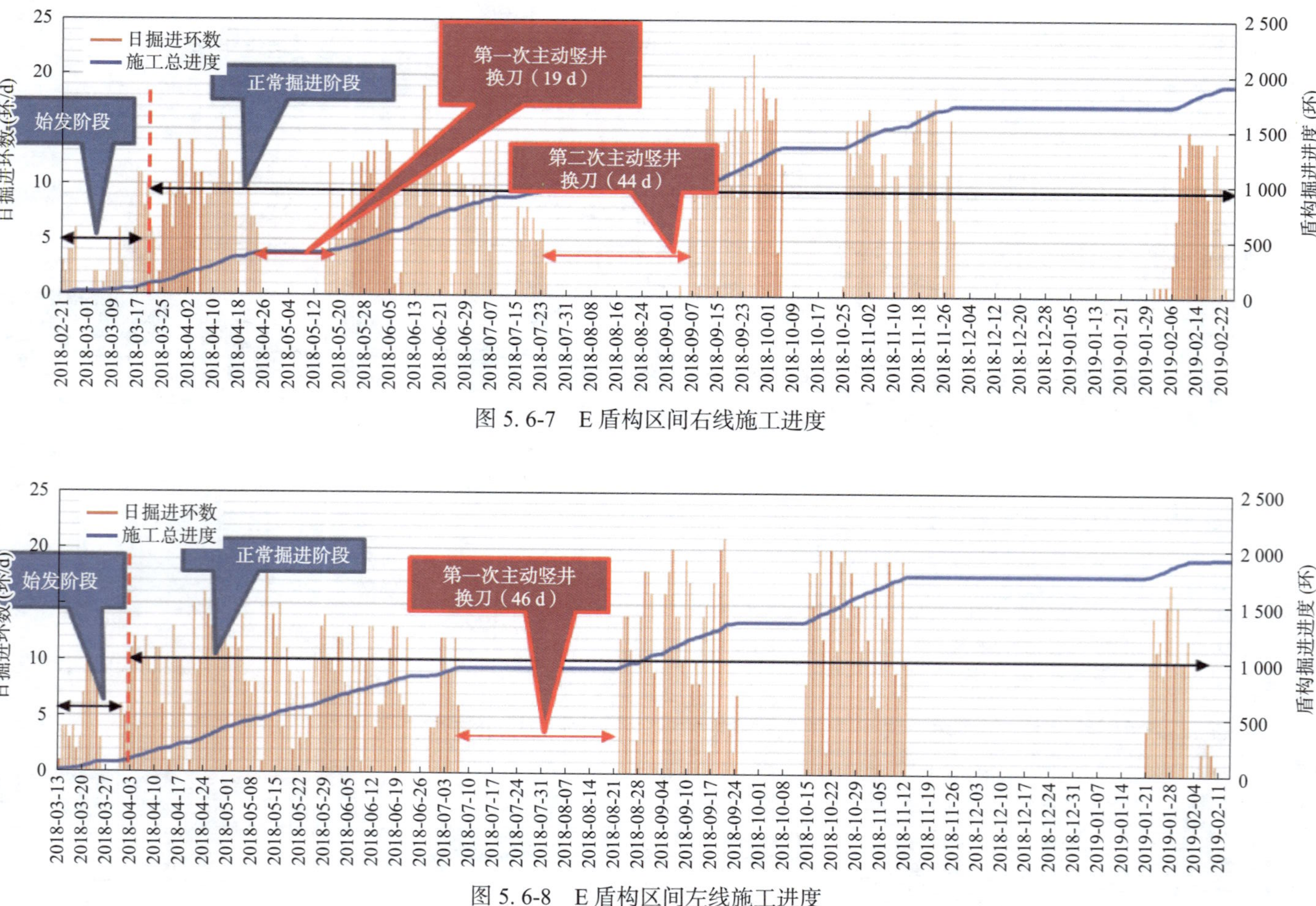

图 5.6-7　E 盾构区间右线施工进度

图 5.6-8　E 盾构区间左线施工进度

(2)各标段区间进度对比分析

针对大兴国际机场线10台盾构(A盾构区间穿越地层主要为粉细砂),对各阶段给出以下定义:始发阶段,盾构拼装0环至盾构负环拆除完成恢复掘进;正常掘进阶段,盾构拆完负环恢复掘进后到盾构接收前50环;接收阶段,隧道最终50环掘进。

各台盾构不同阶段耗时如图5.6-9所示,大兴国际机场线盾构始发平均耗时25.5 d,不考虑1号风井处4台盾构由于风井施工原因导致接收时间较长,其他6台盾构接收平均耗时11 d。

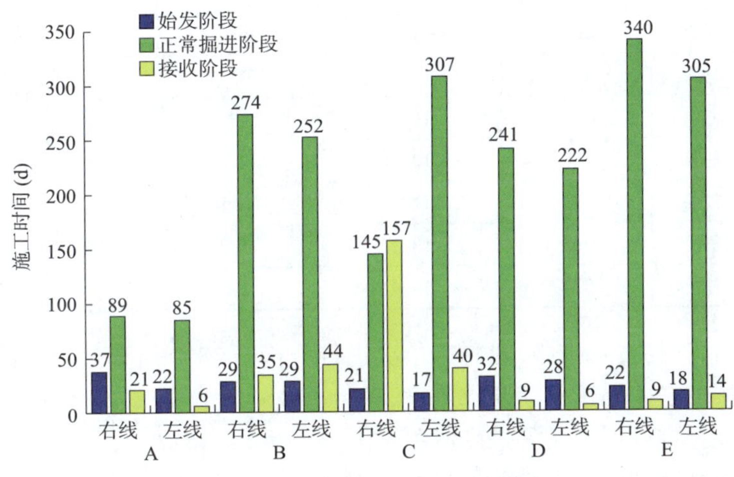

图5.6-9　各台盾构不同阶段耗时

各台盾构正常掘进阶段耗时占比如图5.6-10所示,正常掘进阶段停机时间占比最高的为C盾构区间右线,达到53.7%;正常掘进阶段停机时间最长的为E盾构区间,达到167 d。

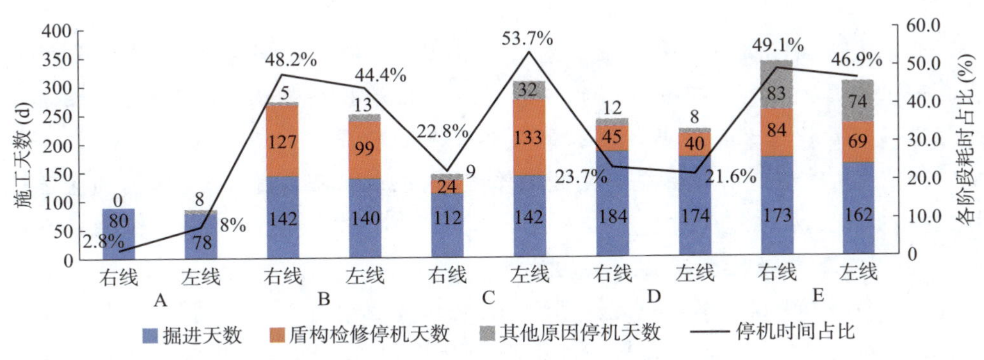

图5.6-10　各台盾构正常掘进阶段耗时占比

为对盾构设备性能、施工组织等情况进行分析,剔除所有停机时间,仅考虑盾构纯掘进时间,盾构施工进度约为 11.5 环/d。各区间掘进进度见表 5.6-6。

表 5.6-6　各区间掘进进度

区间	线路	盾构掘进工期(d)	日掘进进度预测(m/d)	日实际掘进进度(m/d)	考虑除检修时间外其他停机时间的日实际掘进进度(m/d)
A	左线	136	20.5	24.6	18.9
	右线	205	13.6	29	24.6
B	左线	211	14.7	15	13.3
	右线	208	15	16.4	12.4
C	左线	170	16.7	-15.2	7.2
	右线	150	16.6	13	9.4
D	左线	362	12.7	18.2	16.2
	右线	372	12.3	20.1	17.7
E	左线	265	13.7	15.9	10.7
	右线	274	14.4	17	11.5

通过一系列的技术措施,对施工情况进行分析,有 8 条隧道达到了前期施工要求,盾构日掘进进度高于前期要求进度,满足高效施工的要求。而未达到要求的区间,其日实际掘进进度与要求进度相差不大(1.5~3.6 m)。

考虑除检修时间外的其他停机时间对实际日掘进进度进行总结,发现仅有 3 条隧道满足要求进度。盾构施工过程一些非必要的停机是影响工程工期的重要因素。

本章小结

北京大兴国际机场线采用中型盾构长距离穿越砂卵石地层,在北京尚属首例,在建设工期紧的大条件下研究砂卵石地层中型盾构长距离快速掘进问题,掌握快速掘进风险管控技术意义重大。本章主要结论如下:

(1)盾构选型是盾构法隧道关键工作之一,应以工程地质、水文地质为主要依据,在砂卵石地层掘进的盾构其刀盘设计和刀具布置需要完全适应本工程地质条件,并且具有高效及减少刀具磨损的特点。

(2)盾构主要施工参数设定是否合理,施工过程中是否控制到位,直接影响盾构施工的安全,本章对北京大兴国际机场线 D 区间不同组段内盾构主要施工参数的设定准则进行了深入研究,选定的主要施工参数有:土压力、刀盘扭矩、推力、同步注浆压力、同步注浆量，以本章提出的参数确定原则所得出的结果与实际工程相差较小，能较好地指导现场施工。

(3)盾构在长距离施工过程中需要及时进行检修，其中利用人工挖孔、倒挂井壁等方式开挖竖井进行盾构检修的方法应用最为广泛。北京大兴国际机场线盾构工程检修施工中采用了装配式检修井，与传统施工方法相比，该施工工艺具有施工时间短、材料利用率高、施工成本低、对环境影响小等优点，工程应用前景广泛，具有良好的经济效益和社会效益。

(4)连续皮带机出渣系统在盾构施工各个阶段的单环掘进时间均要优于有轨运输系统出渣方式，连续皮带机在北京大兴国际机场线建设中发挥了重要作用，对提高施工效率、缩短工期起到了关键作用。

(5)在总工期和土建工期较为紧张的情况下，传统意义上合理的盾构隧道工程筹划已不可能，采取措施进行合理的工程筹划管理已成为盾构长距离快速掘进的保障。

第6章　北京地铁泥水平衡盾构安全风险控制技术

6.1　概述

6.1.1　泥水平衡盾构工法

泥水盾构也称泥水加压平衡盾构，简称SPB。泥水平衡盾构是在机械式盾构的前部设置隔板，装备刀盘及输送泥浆的送排泥管和推进盾构的推进油缸，同时在地面配有泥水处理设备，其主要由五大系统组成：刀盘盾构掘进系统、泥水循环系统、泥水处理综合管理系统、泥水分离处理系统、壁后同步注浆系统，如图6.1-1所示。

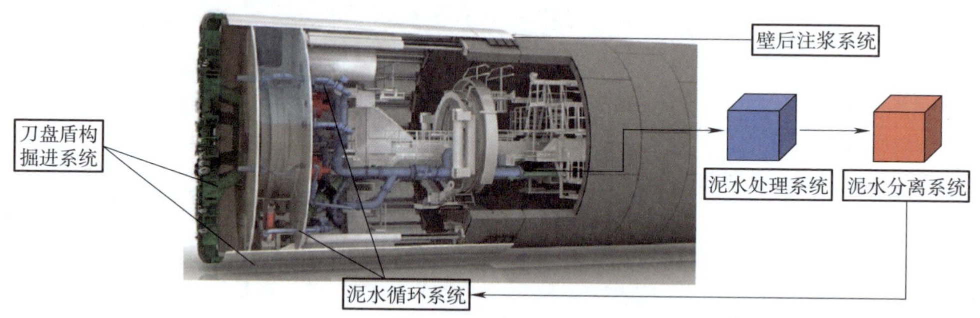

图6.1-1　泥水平衡盾构五大系统示意图

泥水平衡盾构分为英国体系、日本体系和德国体系。目前使用比较广泛的是日本体系和德国体系。日本体系为直接控制模式，由泥浆液体直接支护开挖面并提供维持平衡压力；德国体系是间接控制式盾构，其通过支护液体的压力插入一个空气缓冲层加以控制，即通过空气缓冲层的压力控制间接控制开挖面的压力。下面主要介绍间接控制型泥水平衡盾构的工作原理。

该形式盾构是在机械式盾构的刀盘后侧设置一道封闭隔板，隔板与刀盘间的空间定名为泥水仓。泥水经进浆管道压入泥水仓，待泥水充满整个泥水仓并具有一定压力时形成泥水压力室，通过隔板后侧的气垫仓(一半空气一半泥水)对泥水的加压作用和压力保持机构来维持开挖工作面的稳定。盾构掘进时，旋转刀盘切削下来的土砂经搅拌装置搅拌后形成高浓度泥水，通过排浆管送到地面泥水分离系统，将渣土、水分离后重新送回泥水仓，这就是泥水加压平衡式盾构法的主要特征。其掘进部分组成如图 6.1-2 所示。

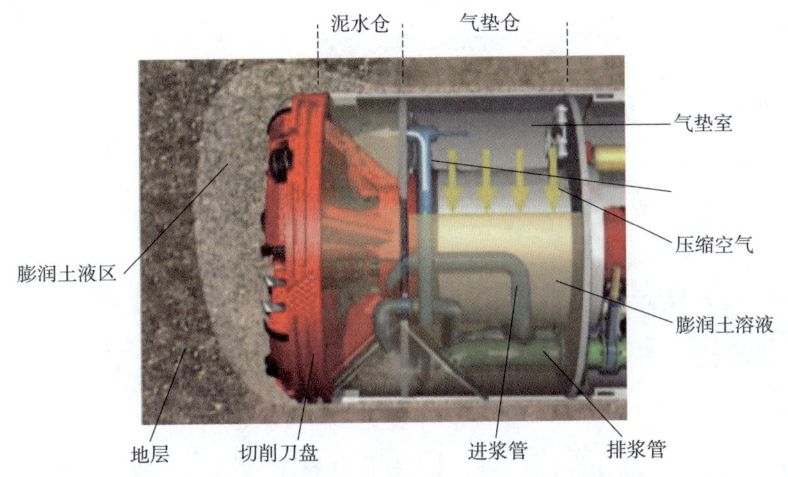

图 6.1-2　德国体系泥水平衡盾构掘进部分组成示意图

6.1.2　应用案例

北京地铁 8 号线三期王府井站—前门站区间全长 1 586 m，左、右线盾构分别于 2019 年 4 月、5 月始发，于 2021 年 5 月、6 月先后到达，该区间隧道采用泥水平衡盾构工法施工。

隧道穿越的地层主要为⑥卵石、$⑥_1$ 粉砂和中砂、⑦卵石、$⑦_1$ 中砂和粉砂、$⑦_2$ 黏质粉土和砂质粉土，隧道顶覆土 25 ~ 35 m。

区间左线采用 1 台海瑞克生产的 S-859 泥水平衡式盾构机施工，区间右线采用 1 台铁建重工生产的 DZ266 泥水平衡盾构机施工。盾构机开挖直径 6 280 mm，盾构机分为主机和后配套设备，后配套为 1 节桥架、6 节车架，主机长度约 8.4 m，整机总长约 111 m。盾构机性能配置等参数情况见表 6.1-1。

表 6.1-1　盾构机性能配置主要参数

主部件	细目部件	铁建重工盾构机参数	海瑞克盾构机参数
总体	盾构类型	间接控制式	间接控制式
	盾构型号	DZ266	S-859
	管片内/外径(mm)	5 400/6 000	5 400/6 000
	管片宽度(mm)	1 200	1 200
	前盾直径(mm)	6 250	6 250
	盾体长度(mm)	8 625	8 625
	整机长度(m)	约 96	111
	盾构总重(t)	约 500	约 500

续上表

主部件	细目部件	铁建重工盾构机参数	海瑞克盾构机参数
刀盘	刀盘结构及刀具	复合式	复合式
	开挖直径(mm)	6 280	6 280
	开口率(%)	约 33	约 35
盾体	形式	被动铰接式	被动铰接式
	盾尾间隙(mm)	30	30

6.2　泥水平衡盾构下穿既有线安全风险控制技术

6.2.1　工程概况

1. 工程简介

8 号线三期王府井站—前门站区间在里程 K31 + 050 ~ K31 + 115 处下穿国铁直径线,该区间为曲线隧道,左、右曲线半径均为 450 m,盾构隧道与国铁直径线平面交角约 30°,该区间隧道拱顶埋深 30. 9 m,国铁直径线隧道拱顶埋深 26. 7 m,两者竖向距离 4. 2 m。盾构在下穿完国铁直径线后 50 m 即下穿地铁 2 号线,盾构隧道与地铁 2 号线为斜交,左线与 2 号线区间结构交角约 16°,右线与 2 号线区间结构交角约 20°。8 号线三期王府井站—前门站区间与既有 2 号线区间、国铁直径线结构平、剖面关系如图 6. 2-1、图 6. 2-2 所示。

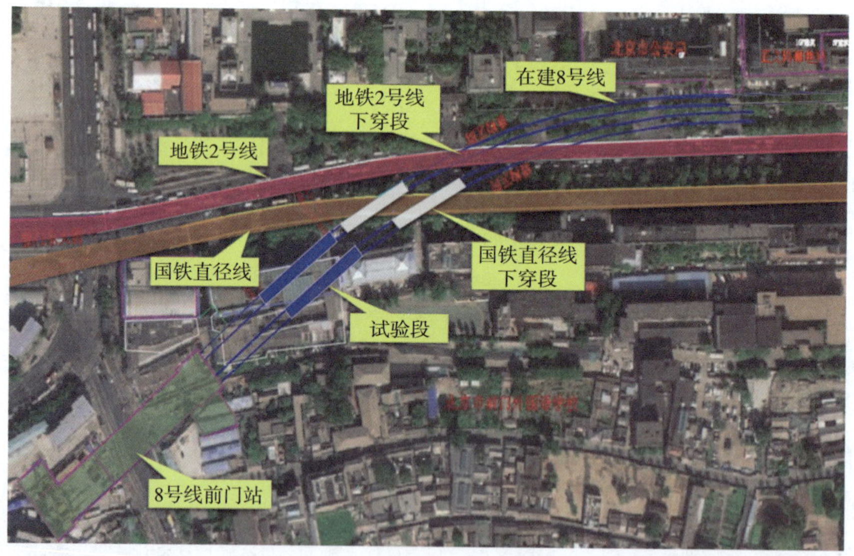

图 6. 2-1　8 号线三期王府井站—前门站区间与既有 2 号线区间、国铁直径线结构平面图

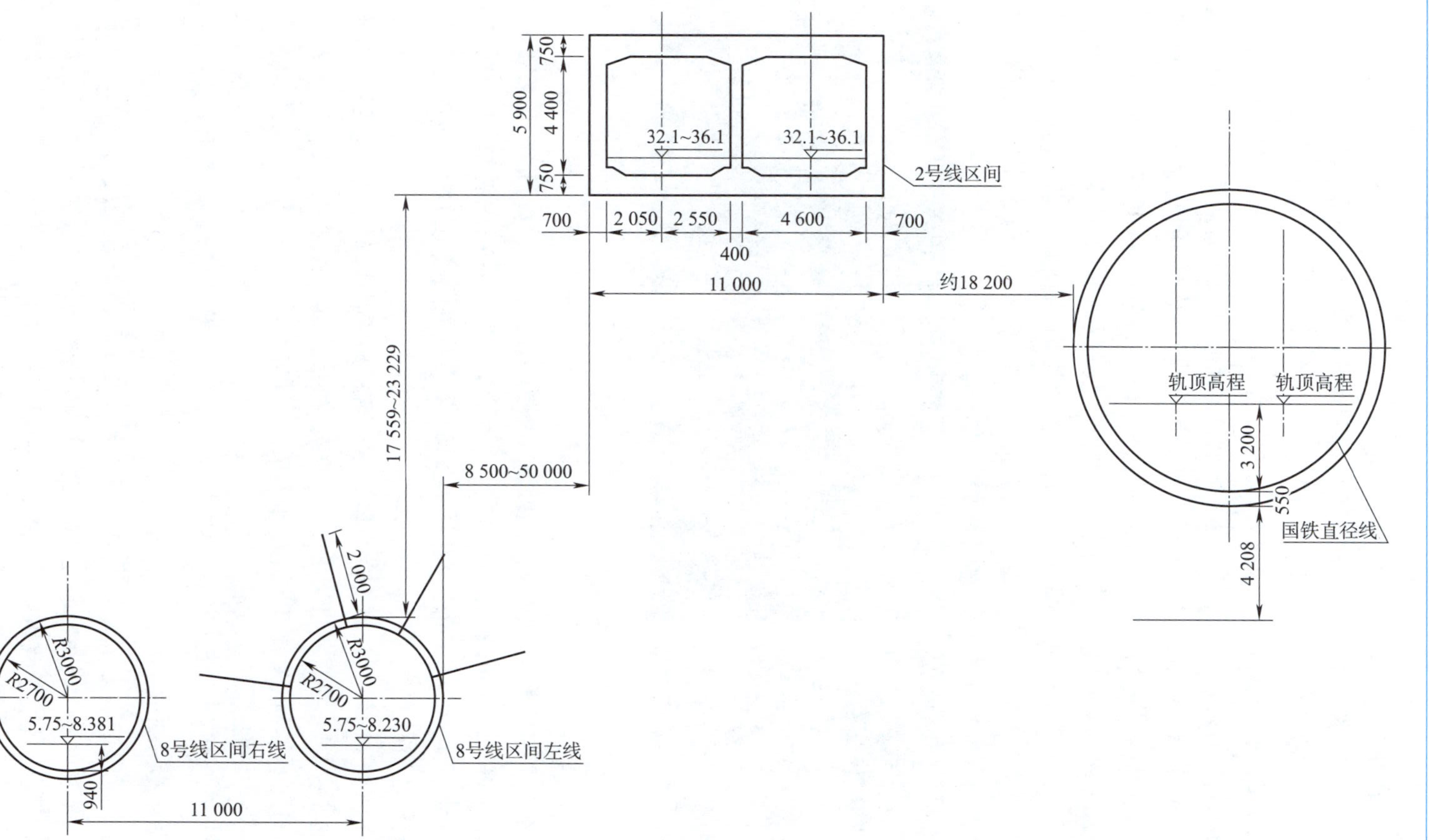

图 6.2-2　8 号线三期王府井站—前门站区间与既有 2 号线区间、国铁直径线结构剖面图（单位：mm）

2. 地下直径线概况

地下直径线(图 6.2-3)全长 9.156 km,沿着前门大街地下布设,沿途经过崇文门、前门、和平门、宣武门,穿越重大高层建筑物、市政桥梁、护城河、国家重点文物等,隧道长 7.825 km,设计为单洞双线,盾构隧道长 5 175 m,盾构管片内径 10.5 m,外径 11.6 m,管片厚度 55 cm,采用一台直径 12 m 泥水平衡盾构机施工。目前地下直径线已经通车运营。盾构区间下穿直径线段在直径线施工时已做加强,加强措施为:(1)管片背后二次深孔注浆加强,深孔注浆范围为 DK2 +040 ~ DK2 +240,共计 140 m,注浆深度 6.0 m;(2)管片嵌缝,管片嵌缝范围为 DK2 +040 ~ DK2 +240,共计 200 m;(3)轨下结构加强配筋设计;(4)管片内侧粘贴钢板,其粘贴范围为 DK2 +075 ~ DK2 +215,共 140 m,粘贴钢板厚度为 16 mm;(5)道床板加强措施,保证 8 号线盾构区间在下穿时直径线隧道结构的安全。

图 6.2-3　地下直径线现状

3. 既有地铁 2 号线概况

既有地铁 2 号线崇文门站—前门站区间隧道结构为单层双跨矩形框架断面,断面宽为 11 m,高为 5.9 m,采用明挖法施工,侧壁厚度为 0.7 m,中隔壁厚度为 0.4 m,顶板及底板厚度均为 0.75 m,穿越段既有地铁 2 号线区间隧道顶板埋深约为 7.5 m。

4. 工程地质及水文

盾构区间下穿两个特级风险源段,主要穿越地层为圆砾、卵石⑥层和粉质黏土、砂质粉土$⑦_2$层,并且处于承压水层中,受刀盘扰动自稳能力差,极易塌落。并行段主要处于卵石、圆砾⑦层,拱顶处于承压水层中。

6.2.2　掘进施工与控制措施

1. 试验段的选取

盾构下穿规划展览馆后与下穿既有地铁 2 号线、国铁直径线有类似的地质条件,从拱顶依次为卵石、圆砾⑥层,黏质粉土、砂质粉土$⑦_2$层,卵石、圆砾⑦层。根据实际情况决定选取里程 K31 +200.839 ~ K31 +135.839 之间 65 m 作为试验段,如图 6.2-1 所示。

2. 试验段施工

充分考虑对既有国铁直径线、地铁 2 号线的保护，穿越施工前设置试验段，试验段设置长度 65 m。按照穿越既有国铁直径线、地铁 2 号线的掘进参数在试验段实施。通过布设的监测点以及在既有直径线、地铁 2 号线内布置的监测点获取的数据进行掘进参数优化，调整后的参数作为下穿直径线、2 号线的参数。试验段掘进参数设定范围见表 6. 2-1。

表 6. 2-1　试验段掘进参数设定范围

序　　号	项　　目	参数设定范围	备　注
1	土压力(MPa)	0. 24 ~ 0. 26	顶部土压
2	推力(t)	1 000 ~ 1 300	
	推进速度(mm/min)	20 ~ 30	
3	注浆压力(MPa)	0. . 3 ~ 0. 4	
	注浆量(m^3)	4. 8 ~ 5. 4	
4	刀盘扭矩(kN · m)	1 500 ~ 2 000	
	刀盘转速(r/min)	0. 8 ~ 1. 0	
5	出渣量(m^3)	40 以内	

3. 下穿国铁直径线与地铁 2 号线施工

将试验段内掘进参数及优化后的参数作为下穿国铁直径线和既有 2 号线掘进参数，下穿段继续通过检测及既有线内所布置检测点反馈的数据在掘进过程中继续优化掘进参数，直至达到最优的掘进参数，控制刀盘切口压力、扭矩及推力，保证顺利、安全、快速地通过既有线。

4. 施工控制措施

(1)出土量控制

根据开挖直径及开挖长度，计算出每环出渣量在 39 ~ 43 m^3 之间，下穿既有线段掘进过程中，出渣量控制在 40 m^3 以内。根据掘进过程中的参数，每环分 4 次每 30 cm 计算一次出渣量。当发现出渣量超过允许值后及时分析原因，制定相应的措施，保证每环出渣量在允许范围内。

(2)同步注浆

根据盾构机推进速度，以每循环达到总注浆量而均匀对称注入，盾构机从推进开始注浆。下穿特级风险源，注浆量取环形间隙理论体积的 1. 5 ~ 1. 8 倍，即每环注入量 4. 8 ~ 5. 4 m^3。

(3)二次注浆及径向注浆

由于浆液凝结收缩以及同步注浆不足的情况，管片壁后可能还存在一些空隙，管片脱出盾尾 3 ~5 环时采用径向注浆及二次注浆相结合的方式进行注浆,保证管片与地层之间填充密实。为保证注浆效果、控制地层沉降,浆液暂定为普通水泥浆液,配比按照 1:1 试配,注浆压力 0.35 ~0.45 MPa,不高于 0.5 MPa,每孔注浆量 2 ~2.5 m^3,主要以注浆压力为准。

6.2.3　沉降控制分析

1. 国铁直径线沉降控制分析

左、右线盾构于 2019 年 12 月先后下穿国铁直径线,选取国铁直径线产生较大变形的既有线道床测点和既有线结构测点进行沉降分析,既有线道床测点和结构测点沉降控制值为 -3 mm,隆起控制值为 2 mm,既有线道床测点沉降时程曲线如图 6.2-4 所示,既有线结构测点沉降时程曲线如图 6.2-5 所示。

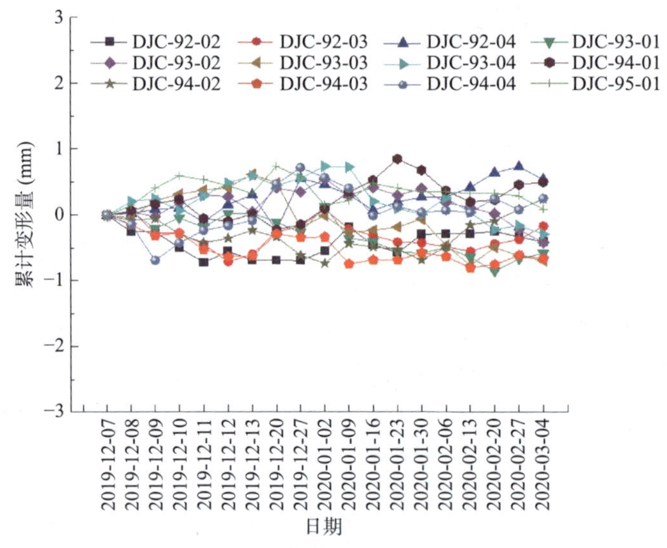

图 6.2-4　国铁直径线道床测点沉降时程曲线

由图 6.2-4、图 6.2-5 可以得出,盾构下穿既有国铁直径线对国铁直径线影响较小,施工过程中较稳定,既有国铁直径线累计变形始终在 -1 ~1 mm 以内,处于控制范围,整体控制良好。

2. 地铁 2 号线沉降控制分析

左、右线盾构于 2019 年 12 月先后下穿地铁 2 号线,选取地铁 2 号线产生较大变形的既有线道床测点和既有线结构测点进行沉降分析,既有线道床测点和结构测点沉降控制值为 -3 mm,隆起控制值为 2 mm,既有线道床测点沉降时程曲线如图 6.2-6 所示,既有线结构测点沉降时程曲线如图 6.2-7 所示。

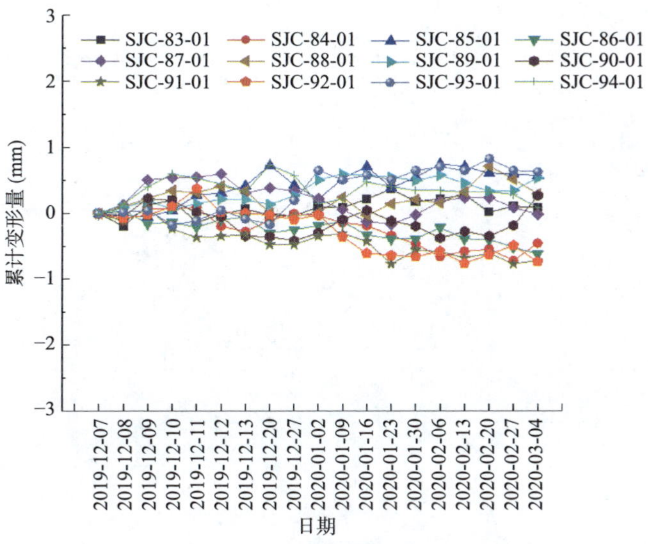

图 6.2-5　国铁直径线结构测点沉降时程曲线

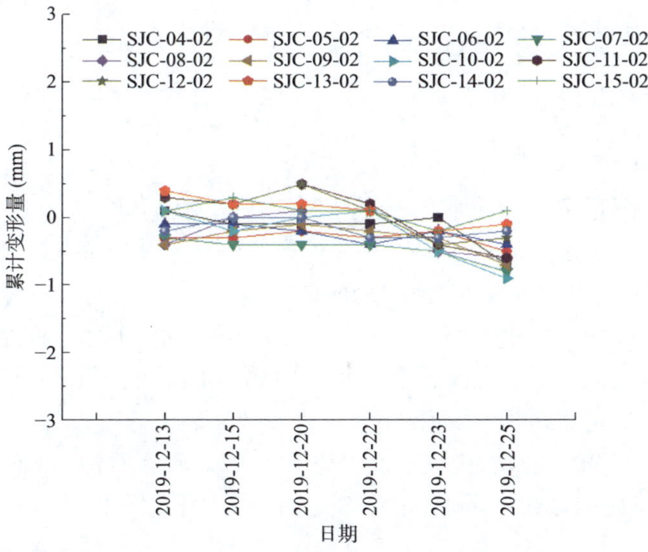

图 6.2-6　地铁 2 号线道床测点沉降时程曲线

由图 6.2-6、图 6.2-7 可以得出，盾构下穿地铁 2 号线对地铁 2 号线影响较小，施工过程中较稳定，既有地铁 2 号线累计变形始终在 −1 ~ 1 mm 以内，处于控制范围，整体控制良好。

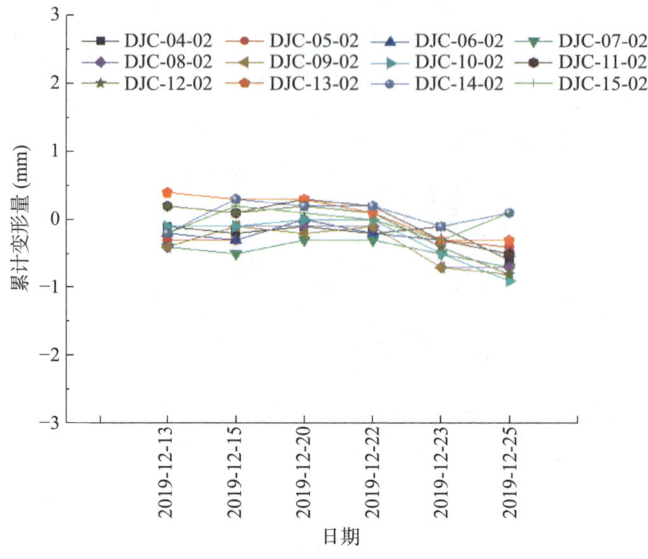

图 6. 2-7　地铁 2 号线结构测点沉降时程曲线

6.3　泥水平衡盾构带压开仓安全风险控制技术

6. 3. 1　开仓条件分析

1. 开仓位置

开仓位置(图 6. 3-1)位于前门站东侧暗挖段车站外侧约 3 m,距离升旗宾馆约 7 m,距离前门盖板河约 18 m,上方主要管线有水平距离约 14 m 东西走向电力管线,埋深约 2 m,至隧道拱顶垂直距离约 23 m;区间地质主要为卵石、圆砾⑥层,卵石、圆砾⑦层,细砂、中砂$⑦_1$层,黏质粉土、砂质粉土$⑦_2$层;拱顶以上为卵石、圆砾⑥层,厚度约 3. 7 m,粉质黏土⑤层,黏质粉土、砂质粉土$⑤_1$层,厚度约 7. 9 m。区间地下水位距离拱顶约 1 m。考虑隧道埋深、地下水位以及地面环境等因素,常规的常压开仓方案不可行,而本工程的泥水盾构完全处于地下水位以下,且盾构上部的低渗透性黏土地层又起到了良好的密封作用,因此具备良好的带压开仓因素。

2. 开仓要点

(1)缺少带压开仓先例

北京地层主要以砂卵石地层为主,而针对砂卵石地层往往采用刀盘开口率较大的土压平衡盾构施工,本工程所在区间为北京地铁隧道施工的第二台泥水盾构区间(第一台泥水盾构施工的区间为地铁 7 号线百子湾站—化工厂站区间),目前北京地区针对泥水盾构的带压开仓方案仅有国铁直径线一项工程先例,且二者的

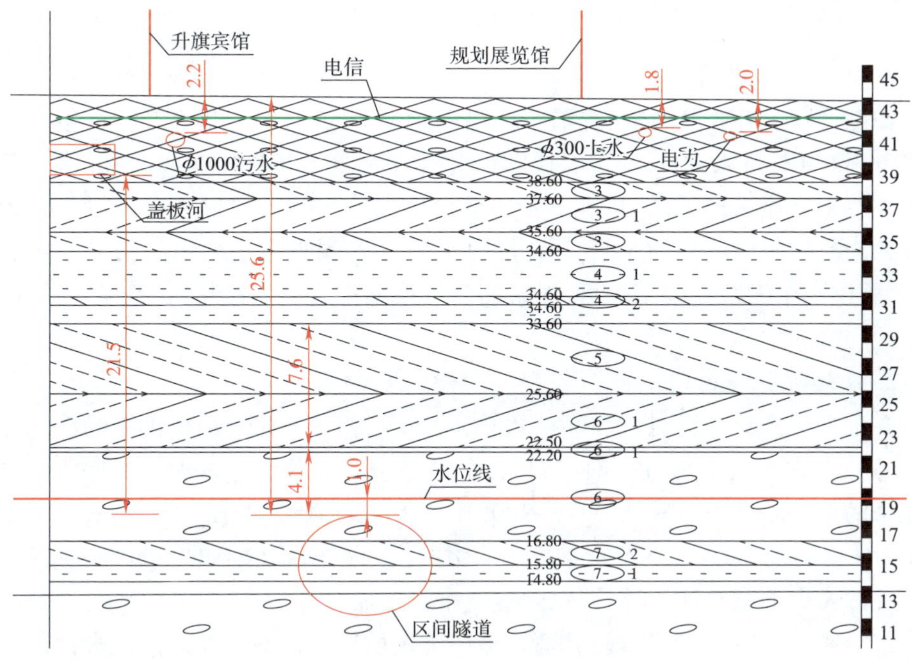

图 6.3-1　开仓位置剖面示意图

工程情况还有所区别(表 6.3-1),可参考的经验较少,因此需严格把控开仓过程,确保安全、顺利、高效地完成开仓工作。

表 6.3-1　8 号线王府井站—前门站区间与国铁直径线条件对比

项　目	埋深(m)	断面地质	水位高程(m)	对　比
国铁直径线	23～24	砂卵石 95%; 砂砾土 3.4%; 粉砂 1.2%	0～2	细粒地层少、水位低
8 号线王府井站—前门站区间	25～36	卵石 70%; 砂卵 20%; 细粒 10%	0.5～8.9	高埋深、含黏土层、水位高

(2)泥膜建立

带压开仓的要点在于对气压以及掌子面的稳定控制。一般来讲,设定确保开挖面稳定和防止涌水所必需的最小气压,以避免施工对周边环境及附近地区产生影响。一般情况下,当不发生漏气时,喷发范围内气压越高,开挖面稳定效果越好,但是从作业效率和隧道工作人员的健康方面考虑,压力则越小越好。因此,必须综合研究上述情况,选择最合适的气压。另外,必须供应必要的空气量以确保需要的压力。因此,对于泥膜的建立,密封情况尤为重要。

6.3.2 开仓前准备措施

1. 盾尾管片封堵

在到达预定开仓位置前,提前3环提高管片的同步注浆量,在此之前每环同步注浆量为6 m^3,进入到开仓停机前3环,每环注浆量提高到8 m^3,同时对这3环的同步注浆配合比进行了微调,每立方米减少膨润土50 kg,增加胶凝材料50 kg,使浆液的初凝时间由原来的6~8 h调整为4~6 h。同步注浆采用盾构上的4台注浆泵、盾尾4个注浆管同步进行,注浆的流量根据掘进速度控制均匀、稳定,保证管片与地层之间填充均匀、密实。

2. 盾尾油脂腔封堵

在进入到开仓位置时,提高盾尾油脂的注入量,原来每环盾尾油脂的注入量为40 kg/环,掘进到开仓管片环时,盾尾油脂注入量提高到60 kg/环,注脂泵头压力由原来的14~16 MPa提高到16~20 MPa,盾尾油脂腔的压力由原来的1.5~2.0 MPa提高到3.0~3.5 MPa。盾尾油脂的注入采用盾构上的注脂泵进行,盾尾每道腔的4个油脂管注入要均匀、匀速。根据盾尾管片上方地层的情况,以及同步注浆浆液收缩的特性,通过现场试验,最终确定盾尾管片封堵泥浆的配合比按下列配合比拌制:50 kg(HS-Ⅱ型制浆剂)∶300 kg(膨润土)∶200 kg(黄黏土)∶1 000 kg(水),泥浆的黏度控制在90~120 s,密度控制在1.0~1.1 g/cm^3。

3. 刀盘仓及盾体封堵

通过对盾体及开挖仓前方地层的分析,结合掌子面泥膜形成的影响因素,最终确定刀盘仓及盾体封堵泥浆的配合比为:100 kg(膨润土)∶10 kg(HS-Ⅰ型制浆剂)∶30 kg(HS-Ⅲ型制浆剂)∶1 000 kg(水),黏度控制在90~150 s,密度控制在1.10~1.15 g/cm^3。

盾构机停机位置确定后,在中盾径向注浆孔注入泥浆,采用同步注浆泵沿着中盾径向注入的方法,由上到下注入,注浆压力控制在0.03 MPa左右,同时根据开挖仓内压力变化情况控制膨润土注入量。

在注浆准备工作进行的同时,可提前进行泥浆的拌制,使膨润土充分膨化。泥浆在泥浆站搅拌池拌制,拌制时先进行膨润土的拌制,然后在膨润土泥浆中掺入黄黏土,最后根据泥浆需求掺入HS-Ⅱ型制浆剂。泥浆拌制时将膨润土(制浆剂、黄黏土)加入剪切泵中,充分搅拌后由高速泵泵送到搅拌池,最后根据泥浆类型,在搅拌池内根据需要掺加HS-Ⅲ型制浆剂,由搅拌池搅拌器对浆液进行搅拌、膨化,根据检测结果调整膨化时间。

6.3.3　进仓作业措施

1. 进仓前检查

根据之前的掘进参数等状况，对仓内的问题作出充分地分析和预判，对仓内所需的操作给出相应的预判；同时要根据计划开仓处的水文地质资料、停机前出渣土成分及数量、地表监测数据、掘进时同步注浆情况等参数的分析，确定带压进仓的实施方案及技术交底。

(1)泥膜建立

①气垫仓压力的计算及设定

切口水压采取水土分算的方式由下列公式算得：

$$P = P_w \times P_r \tag{6—1}$$

式中　P——刀盘切口压力；

P_w——计算至隧道开挖中心线的水头压力；

P_r——考虑不同地质条件、地面环境及开挖面位置的压力调整值：一般地，压力调整值应大于计算盾构中心水土压力 0.02 ~ 0.03 MPa。

本工程根据地质资料、补勘资料及地下水位，针对不同的土层和地下水位条件进行计算，并根据计算数据在掘进过程中设定切口水压。

②盾尾管片二次封堵

对盾尾后面 3 ~ 5 环管片开孔进行二次注浆，浆液为水泥-水玻璃双液浆，形成隔水环，隔断盾尾后方水。二次注浆浆液配比见表 6.3-2。

表 6.3-2　二次注浆浆液配比

浆液名称	水泥浆(质量比)		水玻璃(体积比)		备　注
材料名称	水	水泥	水	水玻璃	水:水玻璃 = 3:1 = 10°Be′
材料配比	1	1	3	1	
浆液配比(体积比)	0.8		1		
凝结时间	15 ~ 20 s				

③开挖仓泥浆置换

将盾构的同步注浆管接到盾构开挖仓的预留注浆管上，打开注浆管闸阀，利用注浆泵将优质泥浆注入开挖仓，第一次注入置换泥浆黏度控制在 60 s 左右，密度在 1.05 ~ 1.1 g/cm^3 之间。往开挖仓注入过程中，打开气垫仓上部的排污阀，一边进行刀盘仓泥浆的注入，气垫仓一边排出劣质泥浆，一直循环，待气垫仓排污阀排出泥浆的黏度控制在 60 s 左右、密度在 1.05 ~ 1.1 g/cm^3 之间时，进行第二次刀盘仓泥浆的置换。第二次泥浆置换是拌置黏度 90 ~ 120 s 泥浆，泥浆密度控制在 1.1 ~ 1.15 g/cm^3 之间。往开挖仓注入过程中，打开气垫仓下部的排污阀，一边进行刀盘仓泥浆的注入,气垫仓一边排出劣质泥浆,一直循环,待气垫仓排污阀排出泥浆的黏度控制在 90 ~ 120 s 之间、密度在 1.1 ~ 1.15 g/cm^3 之间时,停止泥浆置换。

④掌子面泥膜的建立

待开挖仓泥浆置换完成后,适当地提高气垫仓压力比理论值高 0.02 ~ 0.03 MPa,使得泥水仓内泥水压力稍高于理论计算压力,并持续保压 2 h,在持续保压的过程中每隔 30 min 转动刀盘,此时刀盘转速控制在 0.3 ~0.5 r/min,每次转动 3 ~5 min,使掌子面形成稳定的泥膜。同时根据泥水、气体逸散速率判断泥膜保压性能,必要时采用浆气多次置换保证泥膜的厚度和强度。若供气量小于供气能力的 10% 时,开挖仓内气压能在 2 h 内无变化或者不发生大的波动时,表明保压试验合格。

⑤气密性检查

在整个建膜完成后,带压进仓之前对气密性的效果进行检查。检查时先进行气垫仓液位的降低,降低液位的方法与泥浆置换时的方法类似,当液位降到 10% 左右时,打开开挖仓与气垫仓之间的平衡阀,整个气垫仓的气体通过平衡阀进入开挖仓,此时开始安排专人对保压系统的进、排气量进行详细观察,每隔 5 min 记录一次进、排气量,30 min 没有进气量的补给,说明本次泥膜与盾尾的封堵是成功的,可以进行带压进仓作业。

高压进仓时,如高压进仓时间过长,泥膜容易破损或开裂,有水土从裂纹处流出,这样就不能保证掌子面稳定,需及时对掌子面泥膜进行修复。根据不同地层情况,泥膜的修复黏度和密度不同。盾构机控制室内需要安排专门值班人员,密切留意盾构机液面和气仓压力稳定情况,2 h 记录一次气压、切口水压以及液位情况,通过数据的变化来判断泥膜的情况。如判断出泥膜损坏,及时对开挖仓内的泥浆进行置换,然后通过气垫仓压力和泥浆液位情况来判断是否形成优质泥膜。在气压开仓过程中,若供气量大于供气能力的 50% 时,则应该立即停止气压作业并重新采用浆气置换修补泥膜至保压试验合格。

2. 进仓作业

(1)人仓带压作业操作顺序

①调节保压系统

检查和清洁盾构主机的压缩空气调节站,确认此系统工作正常后关闭所有的阀门;为了检查刀盘或更换刀具的方便,需把泥水仓的泥水液面经排浆泵按要求排出一定的数量,排泥浆的同时加气保持仓内压力,避免压力降低造成开挖面失稳;打开保压系统的所有阀门,调节压缩空气站,使得泥水仓的气压保持或略高于原来的土压。

②人仓操作

人仓的操作由受过专门培训的操仓员执行，管理员需要用到的操作和显示元件均放在人仓的外面；检查所有部件（显示仪/条形记录器/加热系统/钟/温度计/密封和阀门）的功能；必须严格遵守和执行国家有关空气仓升/降压的规定和所有安全规则；通过了压缩空气测试并经过了相关培训的人员方可进入人仓工作（患病或穿着湿衣服的人员不能进入）。

(2)人员进出压力仓

①人员进入主仓，主仓升压

关闭主仓室的仓门并确定正确锁好（当主仓在压力下工作时，由于安全原因准备仓常常是没压力的）。操仓员要通过电话一直与坐在主仓中的人员保持联系。操仓员慢慢地打开通气主阀门，并按照说明缓慢地增加主仓室的压力直到预定的压力值（随时监测主仓内人员的健康状况，一旦出现任何微小的不适现象立即中断）。主仓内的工作人员可按照要求调节加热系统。在主仓与泥水仓之间进行了压力补偿后，主仓的人员便可打开主仓与泥水仓之间的门。当主仓室的压力等于泥水仓的压力时，工作人员打开泥水仓门，进行安全确认后，进入泥水仓作业。

②主仓降压

工作人员离开泥水仓进入主仓，关闭主仓与泥水仓之间的门和压力挡板上作压力补偿用的阀门。主仓内的人员通过电话与操仓员联系。操仓员打开泄压阀门开始缓慢地降低主仓中的压力，并同时观察压力表和流量计。与此同时，操仓员打开通风阀门开始通风，但不升高压力。继续调节通风阀门直到主仓压力能稳定而缓慢下降，流量计的值必须保持在0.5 m^3/(min·人)。当主仓内的压力降低到一定的值后，操仓员调节阀门保持此时压力值。同时观察流量计保持通风良好。在压力保持阶段，必须观察压力表和调节阀门保持压力的正常。在降压过程中主仓内的人员可打开加热系统，温度范围控制在15～28 ℃之间。此后，可打开主仓的仓门，人员离开主仓。人员、材料、工具通过准备仓运出。

人员离仓流程如图6.3-2所示。

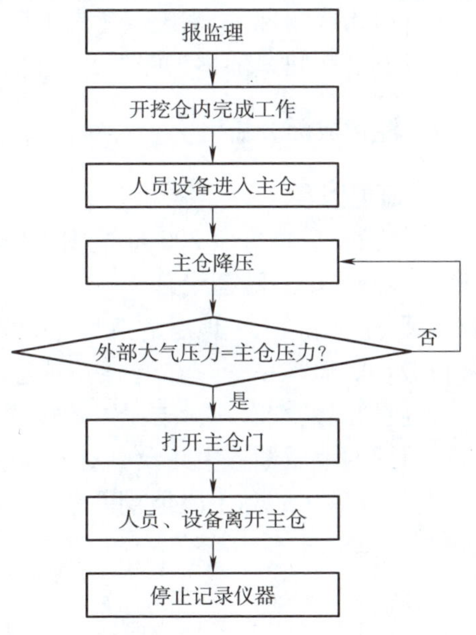

图6.3-2　人员离仓流程图

(3)带压进仓作业要点

①人仓的操作应由受过训练的操仓员执行。

②只有通过了体检和带压测试并经过相关培训的人员才能带压进仓。

③要做好带压进仓的技术交底工作。

④必须遵守所有人仓前部和内部的警示和信息标志。

⑤必须定期检查人仓所有部件的功能。

⑥必须定期检查电话和紧急电话设备能否按照规定要求工作。

⑦检查人仓门密封和密封面是否干净和损坏,必要时更换密封。

⑧检查工具、备件、加热器、钟表、温度计、紧急电话、进气阀、排气阀以及人仓门是否工作正常并清洁人仓门密封。

⑨关闭主仓室闸门以及主仓室与应急仓室之间的闸门,并确认所有闸门均正确关闭。

⑩使电话处于在线状态,以便随时与仓外人员进行联系。

⑪缓慢打开进气球阀,使主仓室内的气压升高,直至达到操作压力。

⑫根据规定启动主仓室内的加热器,调整主仓室内的温度至适宜状态。

6.4 泥水平衡盾构刀盘结泥饼处置安全风险控制技术

盾构区间左线在站内掘进段出现刀盘及气垫仓内严重结泥饼现象,区间在后续的掘进中,黏土段长度剩余大约 100 m,目前盾构机刀盘处黏土位置约在区间中部,随着盾构区间掘进,黏土层逐渐上升到区间顶部,掘进至国铁直径线厚黏土层段全部结束,区间全部进入卵石、圆砾⑦地层。

6.4.1 泥饼成因分析

1. 地层因素

盾构始发后掘进段 200 m 范围内地质情况(图 6.4-1)为隧道拱顶以下约 2 m 为卵石、圆砾⑥层,隧道中部 2 ~ 3 m 为可塑、硬塑状的粉质黏土地层,隧道底部为卵石、圆砾⑦层。该种地层的典型土力学性能指标 c 值(黏聚力)较大、φ 值(内摩擦角)较小。盾构在含有黏土地层掘进是形成泥饼的主要因素。

地质情况是本次刀盘结泥饼的重要原因之一。由于前门地区的地理位置等因素,在前期的地质勘查中并没有对该局部地层进行细致的钻探,再加上施工单位对始发期间近 200 m 黏土段地层并没有给予相关重视,最终导致仅掘进 42 环即结泥饼。

2. 刀盘开口率

刀盘中心区开口率是造成盾构掘进中结泥饼的重要因素。据有关资料统计,刀盘开口率在 33% 是保证少结泥饼的开口率下限值。本区间左线盾构机刀盘开口率为 33%,为泥水盾构在黏土地层中掘进防止结泥饼的开口率下限值。盾构掘

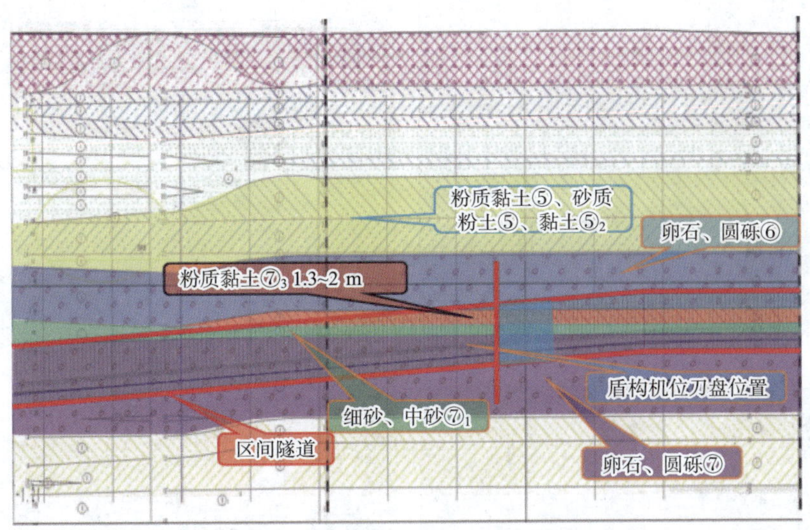

图 6.4-1　掘进位置地层情况示意图

进时刀盘中间位置线速度较小,同刀盘外周圈相比中间位置贯入度较大,使得掘进时刀盘刀具切削的黏土块较大,切削下来的黏土块不能及时通过刀盘开口进入开挖仓,造成刀盘开口、中心牛腿结泥饼,最后造成刀盘面板结泥饼。

3. 泥浆指标

控制好泥浆密度和黏度是控制泥浆指标的重点。由于受黏土地层的影响,切削后的渣土不能通过排浆管路带走,因而造成气垫仓内渣土严重积仓,长时间堆积后在气垫仓内形成泥饼。

6.4.2　处置措施和效果

1. 带压开仓

盾构停机 42 环处进行保压处理,开始带压开仓,通过作业人员及影像反馈信息,刀盘背面面板、开口、刀箱、气垫仓等处均存在结泥饼现象。开仓时刀盘周围各处的泥饼情况如图 6.4-2 所示。

2. 泥饼清理

泥饼清理后如图 6.4-3 所示。

3. 参数调整

根据专家咨询会意见,主要对下步施工的掘进参数、泥浆指标、泡仓措施进行了调整和完善,同时还要求盾构组与施工单位联合进行泥浆指标控制试验,对泥土的黏度和密度参数进行调整。

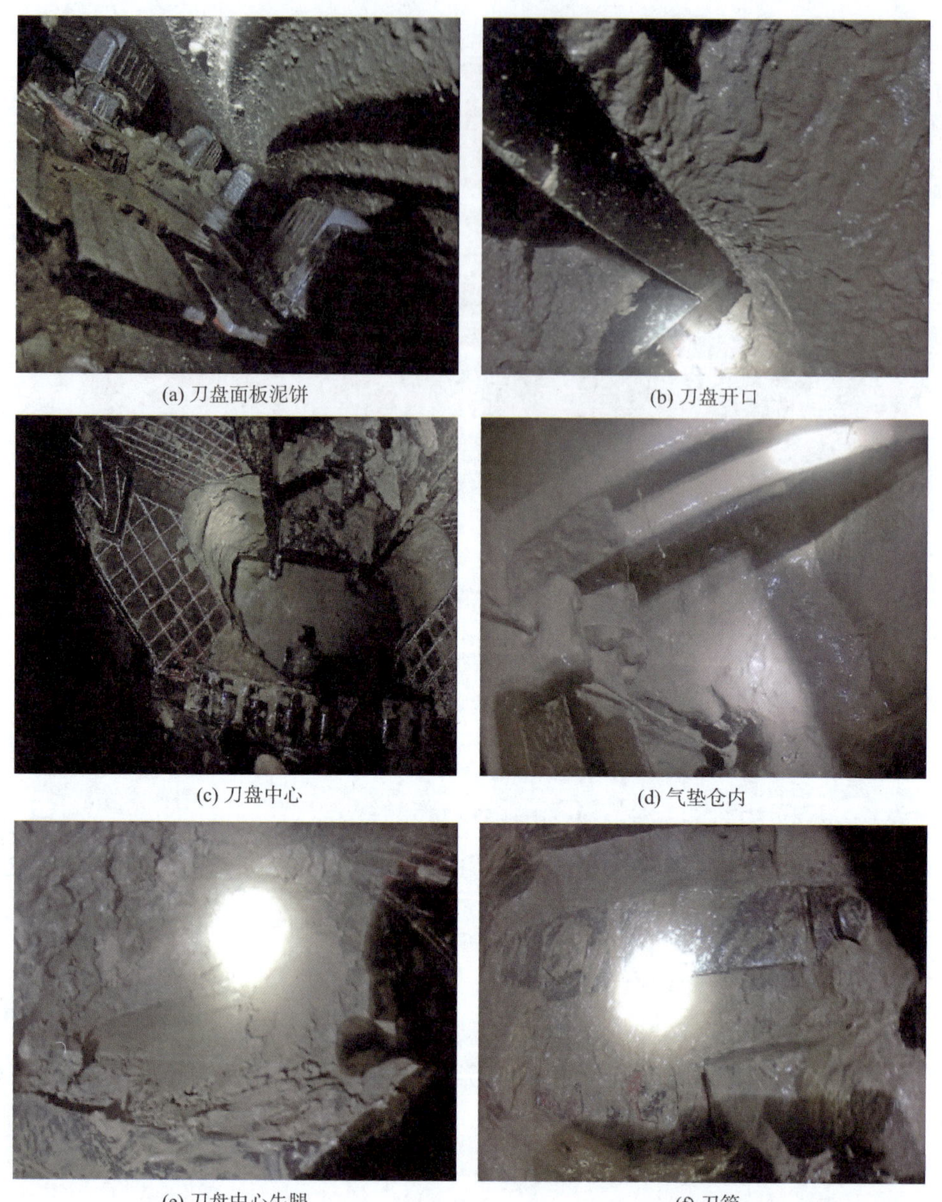

(a) 刀盘面板泥饼　(b) 刀盘开口

(c) 刀盘中心　(d) 气垫仓内

(e) 刀盘中心牛腿　(f) 刀箱

图 6.4-2　刀盘周围泥饼情况(清理前)

(1)掘进参数

根据约 200 m 的实际掘进参数情况和施工效果,经过专家评定和施工相关人员的经验把控,对切口压力、扭矩及推力等下一步施工参数进行了调整。开仓后施工参数的调整见表 6.4-1。

(a) 刀盘面板泥饼清理　(b) 气垫仓内泥饼清理

(c) 刀盘中心牛腿泥饼清理　(d) 刀盘开口处泥饼清理

图 6.4-3　刀盘周围泥饼情况(清理后)

表 6.4-1　开仓前后参数调整表

参　　数	开仓前	开仓调整后
顶部压力(MPa)	0.12 ~ 0.24	0.22 ~ 0.23
刀盘转速(r/min)	0.8 ~ 1.2	1.3
掘进速度(mm/min)	5 ~ 30	10 ~ 20
刀盘扭矩(kN · m)	1 500 ~ 5 000	以 2 600 为控制值
泥浆密度(g/m^3)	1.12 ~ 1.19	1.1
泥浆黏度(s)	20 ~ 25	20 以内

(2)泥浆指标

在泥水盾构施工过程中,泥浆的指标,尤其是密度和黏度对刀盘结泥饼的影响很大。必须使泥浆的密度和黏度保持在一定的范围内,才能有效防止渣土在刀盘底部堆积,使渣土能够及时抽排走,确保排浆管的吸浆口畅通。

区间左线盾构在黏土段掘进时,泥浆黏度控制在 17 ~ 19 s,而泥浆密度控制在 1.08 ~ 1.12 g/cm^{3}时泥浆的携渣能力较好,能够降低刀盘结泥饼的速度。当泥浆密度或黏度超标后,一般做法是向泥浆中加注清水来降低密度和黏度。当泥浆密度超过一定的范围无法调整为盾构掘进需要的泥浆指标的情况时,采用离心机处理的方法,进行废浆处理,同时制备新浆用于盾构掘进施工。

(3)分散剂泡仓

为找出分散剂泡仓的最佳浓度比,盾构组与施工单位通过现场试验对比不同比例分散剂浆液的浸泡效果,试验所用黏土块均取自盾构掘进携带出的黏土块,切割成6 cm×5 cm×4.5 cm 试样。选用同掘进时泥浆指标相同的泥浆(即黏度为17~19 s、密度为1.08~1.12 g/cm^3)对黏土块浸泡。通过试验(图6.4-4)得出,分散剂与浆液比例为1:35 时反应时间快,反应更充分。同时考虑分散剂对掌子面的黏土地层的影响,防止分散剂浸泡时掌子面不稳定,每次分散剂浸泡时间为2 h,根据掘进参数每环进行两次浸泡,有利于控制刀盘结泥饼。

图6.4-4 分散剂浸泡试验

4. 施工措施

(1)掘进过程中注意推进速度与进排浆的匹配情况,加大进排浆流量,推进中寻找平衡(进排浆流量、推进速度、切口压力、保压系统),确保不积仓。掘进完成后适当延长循环时间,在每环拼装时间继续循环,先循环气垫仓;开挖仓兼顾,适当循环,且循环过程中刀盘低速正反转。

(2)碎石机以摆动模式为主,破碎模式为辅。不用开启太频繁。

(3)掘进4~5 环在开挖仓内注入分散剂泡仓一次,时间控制在2 h,刀盘转速0.5 r/min,正反转交替,泡仓后泥浆循环,根据循环过程中分离设备筛分出渣土的量判断泡仓剂使用量及泡仓时间是否合理,以便进行下一步调整。

(4)设备故障控制:对设备存在的故障及时处理,记录设备故障原因及处理时间,并对当班内存在的设备故障处理超过1 h 的通知设备主管进行处理,掘进过程中加强设备的维保。

5. 处置效果

带压开仓完成恢复掘进后,根据内部专家意见控制盾构掘进施工参数,在43~52 环的掘进中,使用分散剂泡仓两次,掘进中刀盘转速1.3 r/min,推力12 000~

15 000 kN，掘进速度 15～20 mm/min，43～51 环掘进中扭矩在 1 000～2 000 kN·m 之间。各掘进参数变化正常，变化情况如图 6.4-5 所示。

盾构在掘进 114～144 环时，区间隧道掘进范围内含黏土量较大，掘进时容易结泥饼，造成刀盘扭矩及推力较大（图 6.4-6），不易控制刀盘扭矩及推力。通过区间掘进至 42 环带压进仓泥饼清理以及在后续掘进总结，每环掘进中使用分散剂泡仓两次，掘进中刀盘扭矩控制在 2 500 ～ 3 500 kN·m、推力控制在 15 000 ～ 20 000 kN 范围内稳定掘进，参数出现异常时及时停机使用分散剂泡仓。

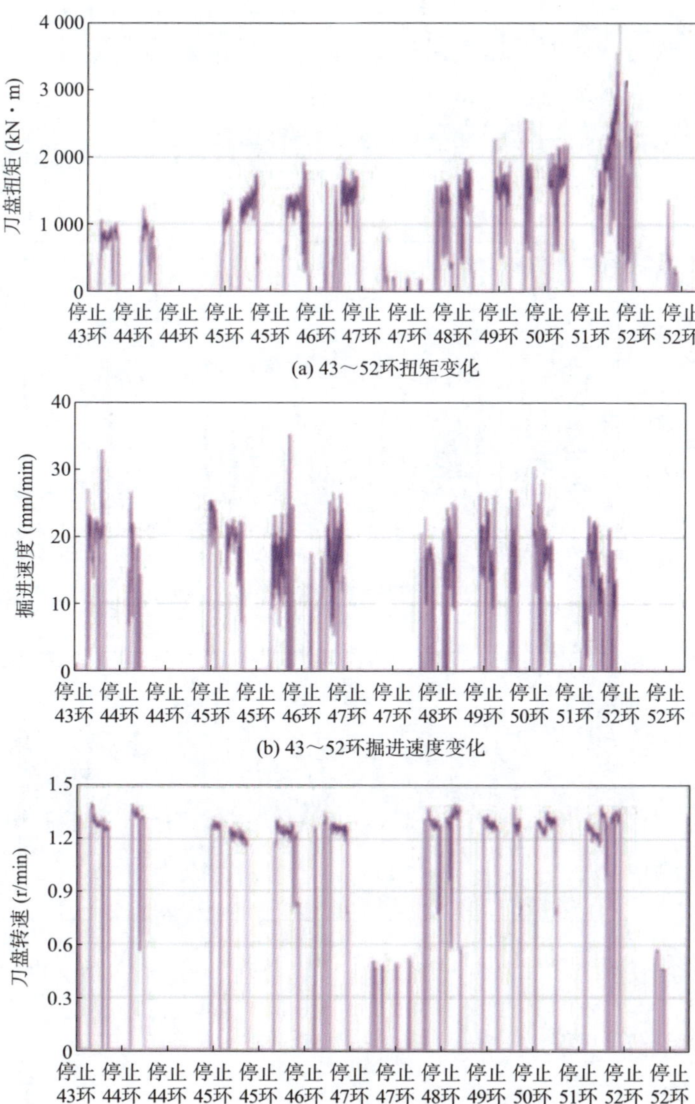

(a) 43～52环扭矩变化

(b) 43～52环掘进速度变化

(c) 43～52环刀盘转速变化

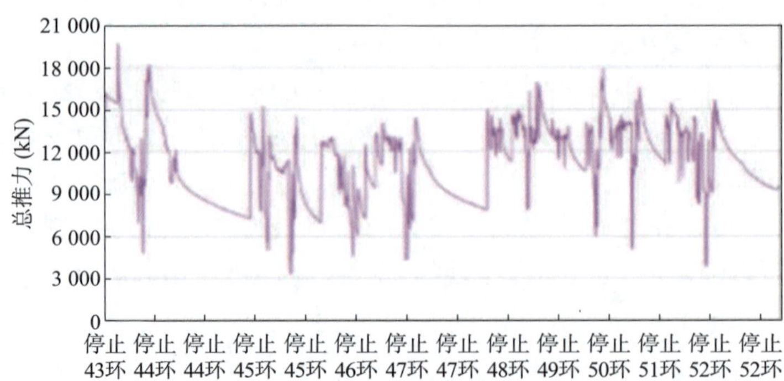

(d) 43～52环推力变化

图 6. 4-5　开仓后掘进参数情况(43 ~ 52 环)

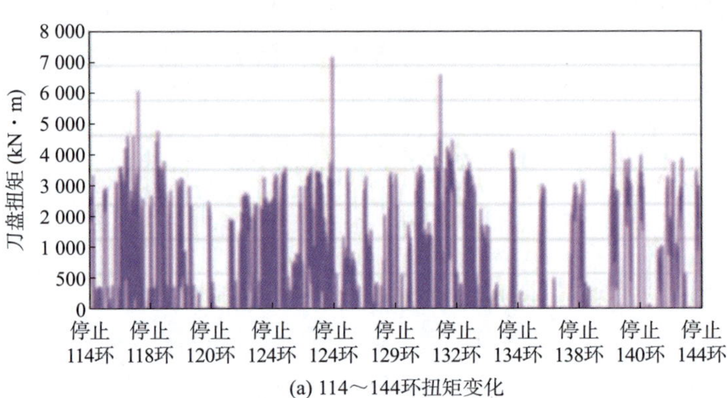

(a) 114～144环扭矩变化

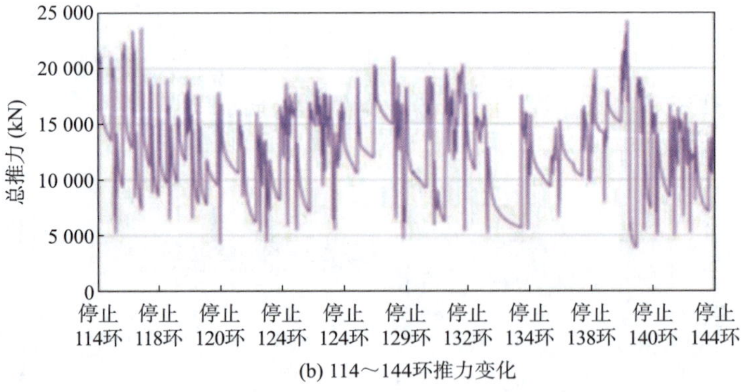

(b) 114～144环推力变化

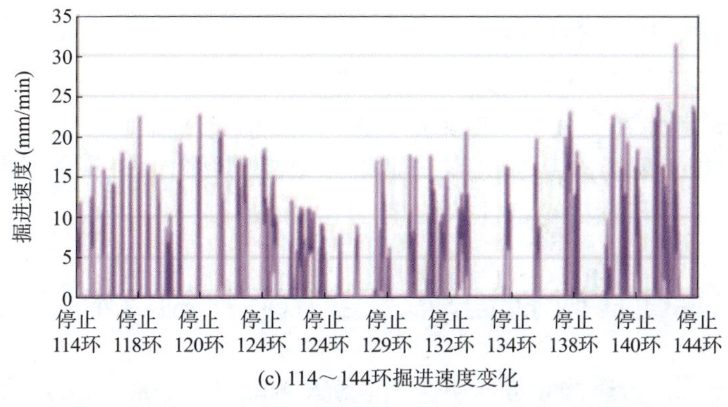

(c) 114～144环掘进速度变化

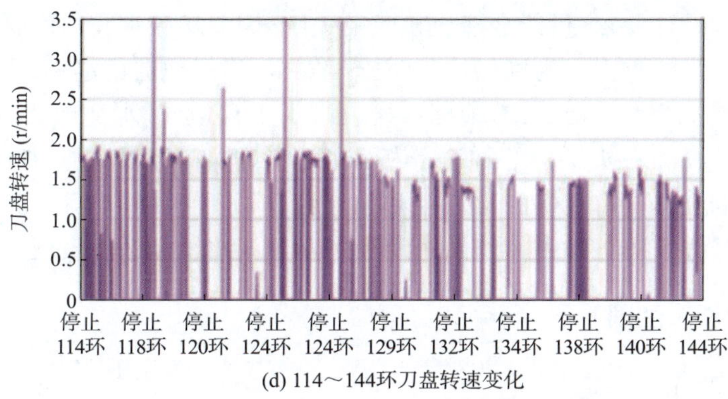

(d) 114～144环刀盘转速变化

图 6. 4-6　开仓后掘进参数情况(114 ~ 144 环)

通过在区间 114 ~ 144 环含黏土段内掘进中对刀盘扭矩及推力控制,并结合分散剂泡仓,能够有效防止泥水盾构在黏土段内掘进时刀盘结泥饼。掘进时降低刀盘转速并控制在 1. 7 ~ 1. 8 r/min,掘进至 130 环时参数有所好转,考虑刀盘在含有砂卵石地层中掘进时磨损情况,降低刀盘转速至 1. 4 r/min。掘进速度平均控制在 8 ~ 15 mm/min。

6. 4. 3　施工小结

1. 带压开仓技术

尽管缺少北京地区相似工况带压开仓的实际工程经验,但从本次开仓效果及后续施工效果可以看出,本次带压开仓方案在安全及规范方面比较成功,主要表现在泥膜的建立、开仓压力的控制及盾体孔隙密封等方面。

2. 泥饼防护措施

通过盾构组及专家的会议分析,以及采取改进施工措施后的施工效果,从掘进参数、泥浆指标、分散剂的使用三个方面对泥饼的防护措施进行了总结,具体如下:

(1)通过控制盾构掘进参数、提高刀盘转速、增大进排浆流量、延长洗仓时间能够起到防止结泥饼的作用。

(2)本区间在含有黏土地层掘进时控制泥浆黏度在 17 ~ 19 s 之间、密度在 1.08 ~ 1.12 g/cm^{3}之间,有利于盾构推力及刀盘扭矩的控制。

(3)通过相关现场试验,选用的分散剂与浆液比例为 1:35 时配比较合理,泡仓时间 2 h 能保证掌子面的稳定,同时有效分散泥饼。

6.5 泥水平衡盾构带压接收安全风险控制技术

泥水平衡盾构带压接收容易引起地表沉降和涌水、突泥,如果接收端头的加固效果不能达到设计要求,可能会造成接收的失败,因此接收端头加固是泥水平衡盾构带压接收技术的重点。为确保接收时施工安全,确保地层稳定,防止端头地层发生坍塌或涌漏水等意外情况,需根据各接收端头工程地质、水文地质、地面建(构)筑物及管线状况和端头结构等综合分析与评价,对洞门端头地层进行加固处理。要求加固后的土体具有良好的均匀性和独立性,掌子面不得有明显渗水。下面以北京地铁 8 号线王府井站—前门站区间为例介绍泥水平衡盾构带压接收技术。

6.5.1 接收端头加固

1. 端头加固施工工艺

端头加固采用深孔注浆工艺,注浆浆液为水泥-水玻璃双液浆、改性水玻璃,始发端头加固深度 12 m,加固断面为 12 m × 12 m 正方形断面,如图 6.5-1、图 6.5-2 所示。

始发端头注浆布孔于 12 m × 12 m 的截面上,通过端头墙上预留孔洞钻孔,布孔间距 800 mm,梅花形布置,垂直于掌子面打设,打设深度 12 m。

2. 加固效果的检验

端头加固完成且凝固强度达到要求时间后,严格检查端头土体加固是否满足要求。加固效果检查采用抽芯检验。加固后的土体应满足:土体有良好的均匀性和自立性,加固后土体不得有明显的渗水;加固后的土体极限抗压强度不小于 0.8 MPa,渗透系数不大于 1.0×10^{-6} cm/s。

盾构端头抽芯按图 6.5-3 布置,共抽 5 个垂直孔,检查加固强度。在取样完成后用素混凝土进行回填并振捣密实,防止盾构机推进时压力过大导致浆液从取样孔中冒出。

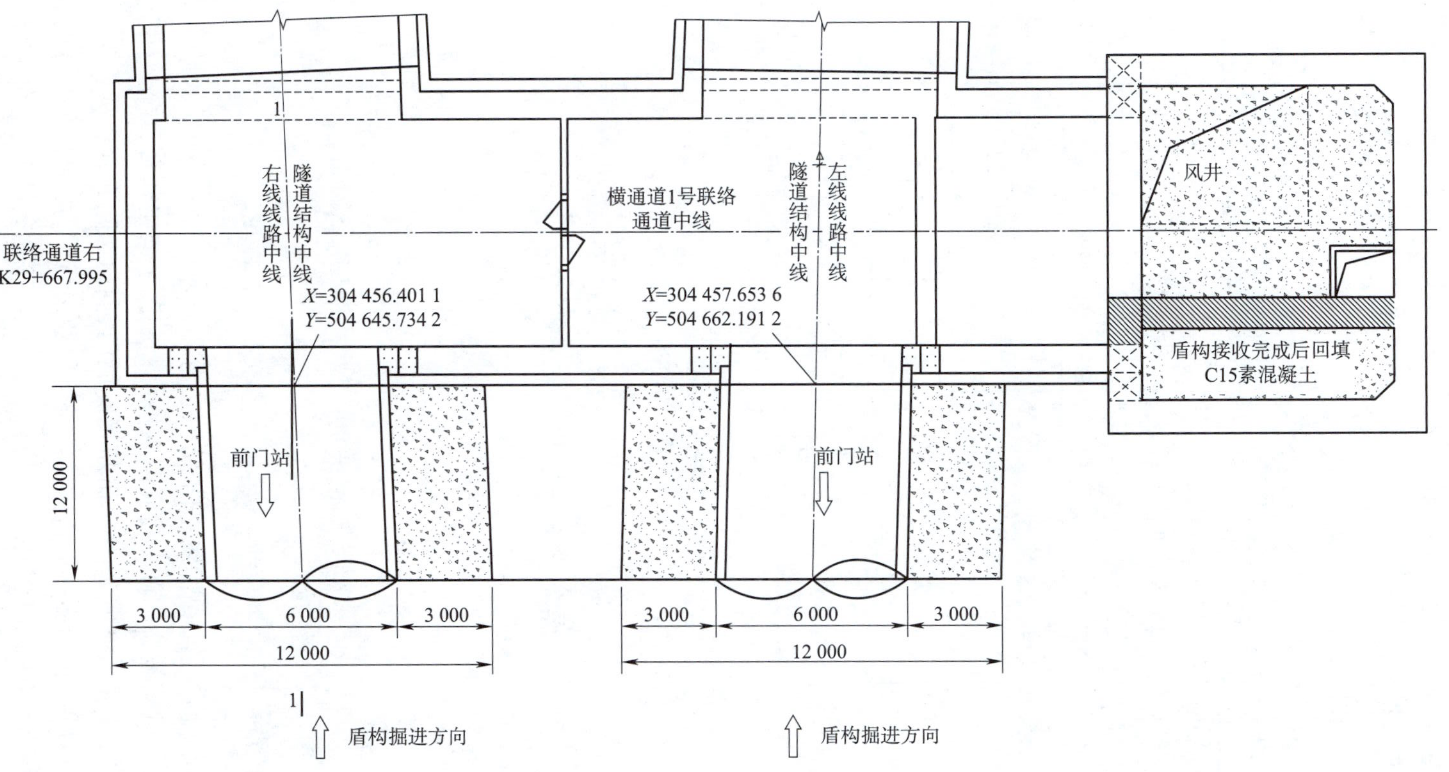

图 6.5-1　接收位置平面图(单位：mm)

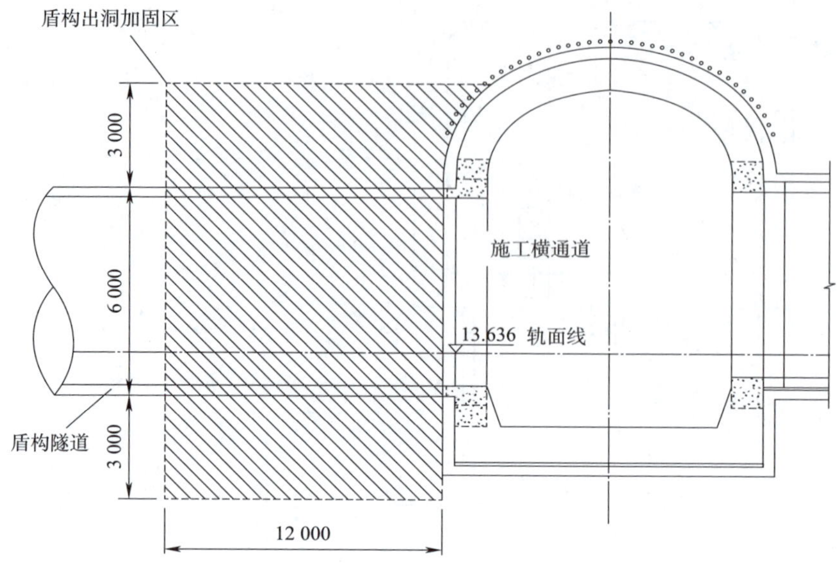

图 6.5-2　接收位置剖面图(单位:mm)

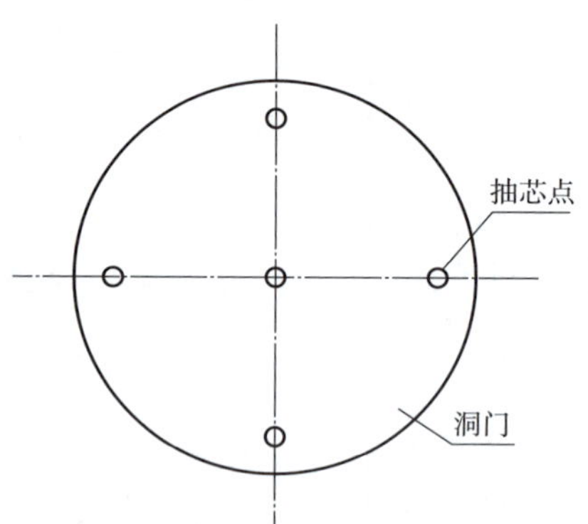

图 6.5-3　水平取芯孔布置示意图

6.5.2　洞门凿除

盾构接收前需要破除洞门处围护结构。为减少对洞门外部土体的振动及操作方便,采用人工风镐破除。首先在洞圈内搭设钢制脚手架工作台,在洞门中心凿一个孔,用来观察外部土体情况,然后分块凿除洞门,洞门凿除必须连续施工,尽量缩短作业时间,以减小正面土体的流失量。整个作业过程中,由专职安全员进行全过程监督,杜绝安全事故隐患,确保人身安全。从上至下凿除洞门封端混凝土,采用每镐小凿除量、小振动的方法进行凿除施工，保证未凿除部分不出现裂缝，凿除面平整；凿除洞门轮廓尺寸必须与预埋钢环板相平，且凿除面平整，不得超挖、欠挖。每凿除一块后要观察洞门外部土体情况，若小范围出现土体坍塌和水土流失，可采用喷素混凝土的方法对土体临空面进行封闭加固；如果土体坍塌失稳情况严重时，及时封闭洞门并重新加固。洞门凿除顺序示意如图6.5-4所示。

洞门破除完后，拆除脚手架，落在洞圈底部的混凝土碎块应清理干净，其他所用物资设备清离施工现场，以免影响后续洞门止水橡胶帘幕安装作业。

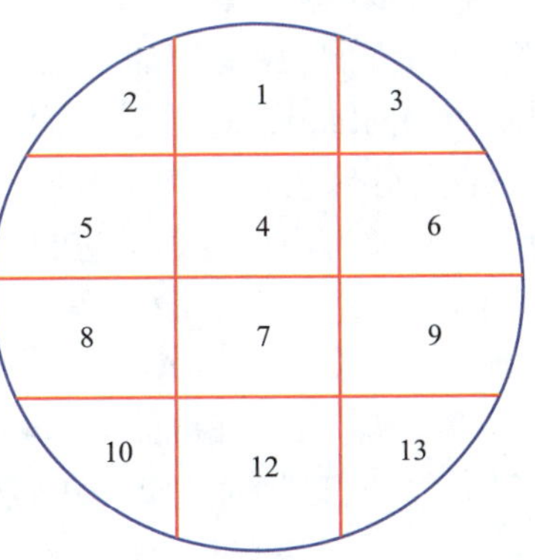

图6.5-4　洞门破除顺序示意图

6.5.3　帘布安装

洞门初支破除完成后，清理破除后的渣土，打磨钢环外沿，安装双头螺栓，悬挂安装洞门帘布。安装帘布前在洞门顶部横通道结构上设置吊点，利用倒链拉升帘布，至最高位螺栓孔位置，一次将帘布安装到双头螺栓上，安装示意如图6.5-5所示。

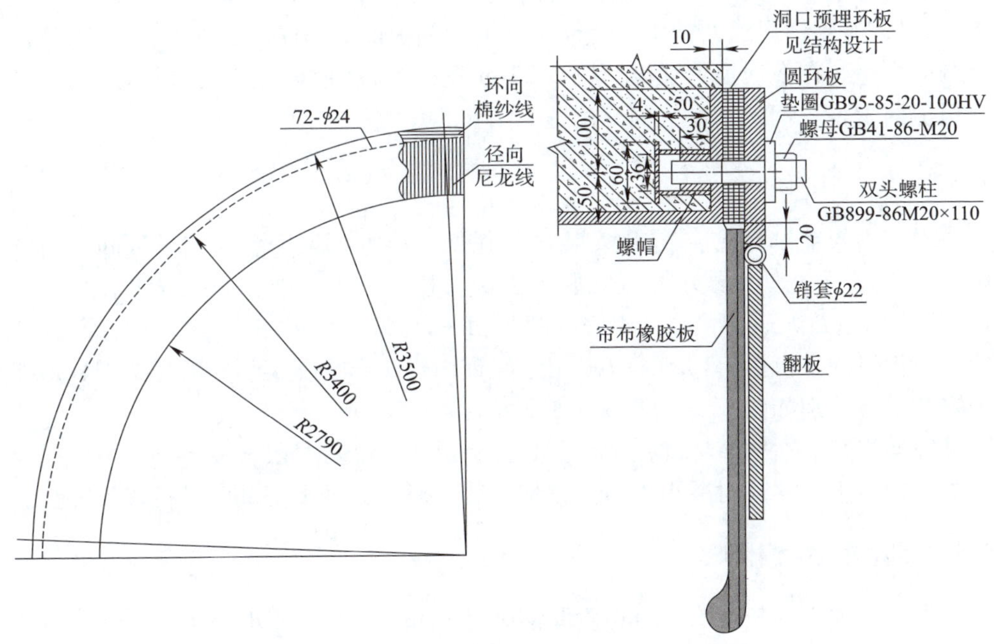

图6.5-5　洞门帘布安装示意图（单位：mm）

6.5.4 洞门封端钢板安装

洞门破除后及时清理渣土,在钢环外侧安装洞门密封帘布,帘布外侧安装洞门封端钢板。洞门封端钢板采用分块加工的形式,分为上、中、下三块,块与块之间采用法兰及高强度螺栓连接。封端钢板外侧使用I20a工字钢加固。加固方式为先在钢板外侧竖向焊接5根I20a工字钢,竖向工字钢外侧焊接3根水平方向的工字钢。在横通道内设置斜撑进行支撑。每道支撑设置3根斜撑,用于盾构机出洞前支撑洞门密封钢板。洞门密封完成后在洞门钢环内回填C15素混凝土,防止盾构机到达前出现塌方的情况。

盾构机在到达段加固区域内掘进时慢速小推力掘进,掘进至洞门封端钢板位置后停止掘进,通过泥浆环流系统,将开挖仓内的渣土尽量输送至地面。打开封端钢板下部检查孔,观察刀盘位置无渣土后开始拆除斜撑及封端钢板,封端钢板从上向下拆除,边拆除封端钢板边安装洞门翻板。封端钢板拆除完成及洞门翻板全部安装后拉紧,然后重新定位接收托架,顶推盾构机拼装剩余管片进行盾构机接收。

6.5.5 平移钢板铺设

洞门封端钢板完成后,铺设平移钢板。平移钢板采用2 cm厚、2.25 m宽钢板,从吊装井到横通道西端头进行铺设。铺设钢板前清理横通道内部,保证通道内结构面平整。在横通道内铺设两块2.25 m宽的钢板,铺设完成后进行焊接,保证钢板上面平整。钢板铺设范围及位置如图6.5-6所示。

6.5.6 接收托架安装

平移钢板铺设完成后,定位安装接收托架。接收托架安装前测量区间隧道的中线,作为定位托架中线。本区间盾构机接收托架分为标准托架和异形托架。在1号联络通道兼顾盾构接收井内安装两节(4 m和2 m)标准托架,4 m的标准托架用于盾构机的主机拆解移动。在矿山法隧道内焊接异形托架。标准托架与异形托架安装示意分别如图6.5-7、图6.5-8所示。

托架安装前在两节标准托架下方焊接一层2 cm厚钢板(图6.5-9),用于托架上的盾构机主机移动时减小阻力。托架安装后对托架及下部基座进行焊接加强。

6.5.7 盾构机出洞接收

本区间加固区长度为12 m,预埋钢环外侧里程:左线ZDK29+671.464,右线YDK29+671.503。盾构机到达段掘进施工流程如下:(1)盾构机到达加固区;(2)加固区域内掘进(图6.5-10);(3)盾构机刀盘到达封端钢板(图6.5-11);

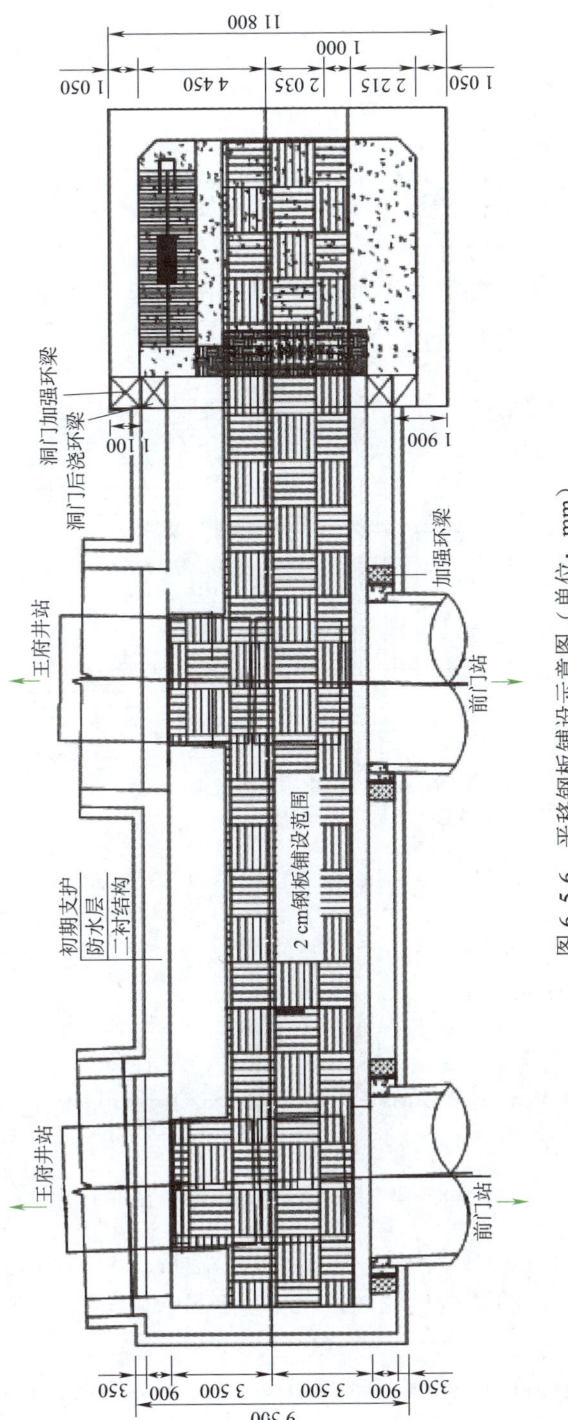

图 6.5-6　平移钢板铺设示意图（单位：mm）

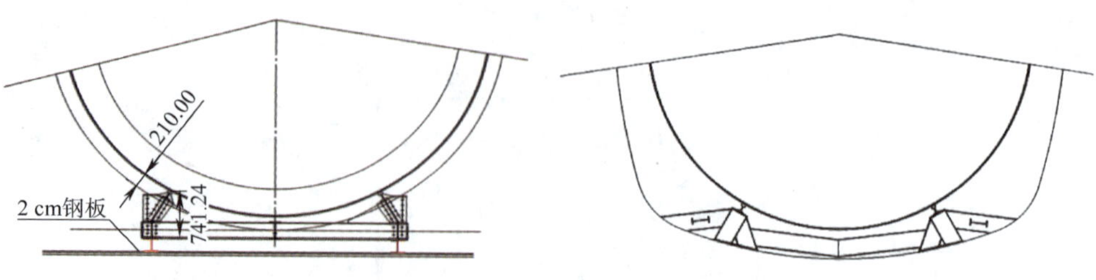

图 6.5-7　标准托架安装示意图(单位:mm)　　图 6.5-8　异形托架安装示意图

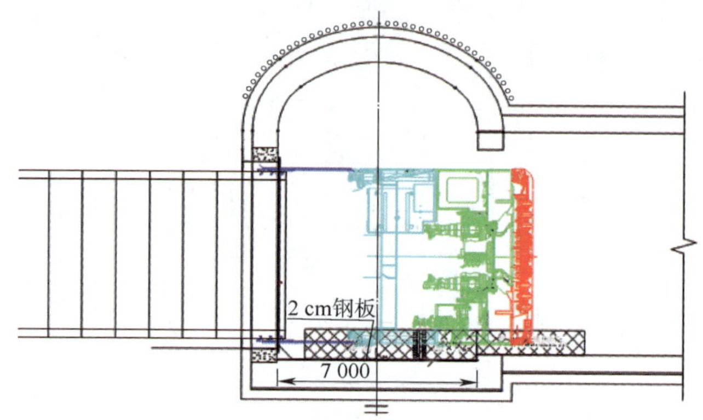

图 6.5-9　接收托架安装示意图(单位:mm)

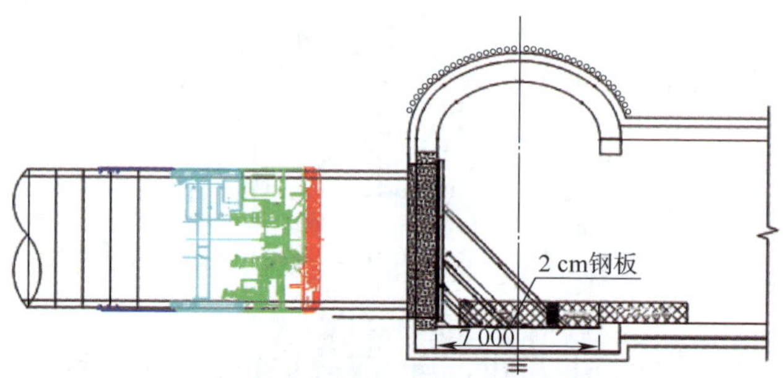

图 6.5-10　加固区内掘进(单位:mm)

(4)拆除型钢支撑、封端钢板;(5)安装洞门翻板;(6)盾构机出洞;(7)洞门注浆密封(图 6.5-12);(8)盾构机脱离帘布完全上接收托架;(9)转入盾构机拆解施工流程(图 6.5-13)。

左线刀盘到达加固区内切口里程 ZKD29 + 685. 454,到达封端钢板的切口里程 ZDK29 + 672. 464。

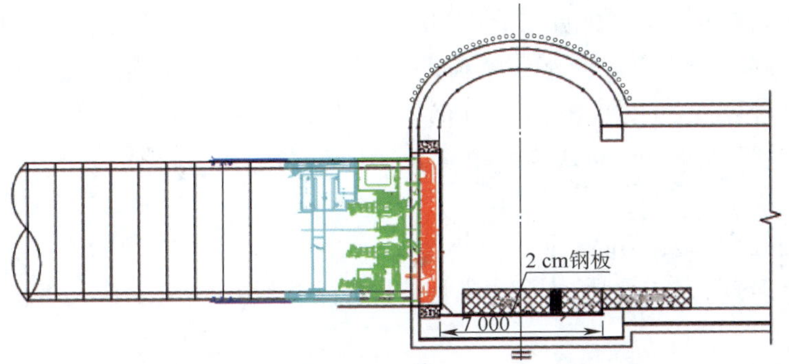

图 6.5-11　刀盘到达封端钢板(单位:mm)

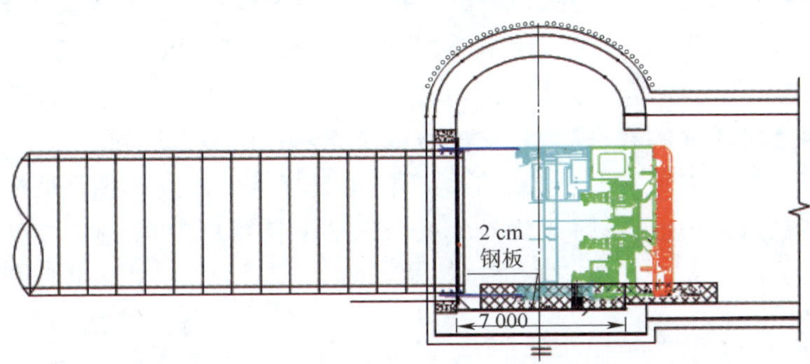

图 6.5-12　盾尾脱离帘布前二次注浆洞门密封(单位:mm)

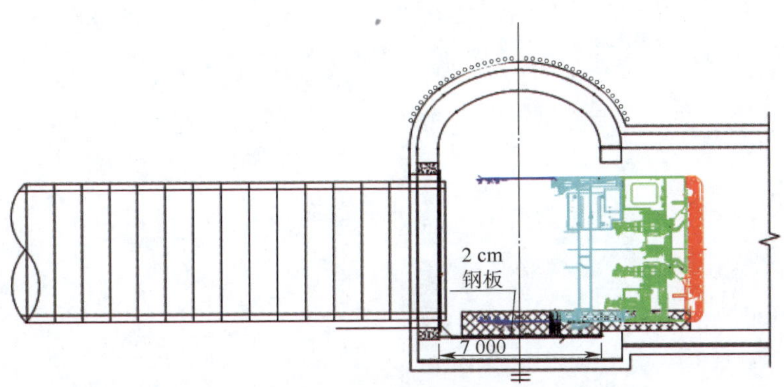

图 6.5-13　主机到达拆解位置(单位:mm)

右线刀盘到达加固区内切口里程 YKD29 + 673.464,到达封端钢板的切口里程 YDK29 + 672.503。

盾构机刀盘进入加固区后,刀盘切口压力逐渐降低到 0.05 MPa,推力控制在 800 t 左右,掘进速度控制在 10 ~ 15 mm/min,完成区间加固区的掘进施工。盾构机刀盘到达封端钢板前,在盾尾倒数 10 ~ 12 环通过管片注浆孔施工止水环。盾构机刀盘到达封端钢板后延长泥浆环流的时间,尽量将开挖仓内的渣土输送到地面。环流系统循环完成后关闭,打开封端钢板上观察孔,检查仓内渣土情况,仓内渣土剩余量较少时停止推进,拆除型钢支撑及洞门封端钢板,封端钢板拆除的同时安装洞门翻板。

洞门翻板全部安装完后盾构机顶推出洞,至盾尾即将脱离帘布时进行洞门二次注浆封堵,封堵完成后盾构机顶推上接收托架进行拆解的工作。

本章小结

泥水平衡盾构施工具有施工扰动小、地面沉降控制精度高、施工快速安全及机械化程度高等诸多优点,适用于含水率较高,软弱的淤泥质地层、松散的砂土层、砂卵石等地层,以及对地面沉降要求较高的地区。本章依托北京地铁 8 号线王府井站—前门站区间隧道工程,较为系统地总结了泥水盾构施工的难点和关键技术,涵盖了泥水平衡盾构下穿直径线、既有线风险控制技术,泥水平衡盾构带压开仓技术,泥水平衡盾构刀盘结泥饼的处置对策和泥水平衡盾构带压接收技术,并结合工程应用情况提炼了具有工程指导价值的施工经验,丰富完善了泥水盾构施工技术体系的内涵。

第7章　北京地铁盾构穿越既有运营隧道微沉降安全风险控制技术

7.1　盾构施工扰动土体变形机理分析

从施工实践和相关测试结果分析来看,凡是与隧道空间形成有关的工程地质和水文地质条件、地面自然环境、地中物理环境、施工机械本身以及操控人员的经验和判断力等都对土体变形的模式和程度产生影响。在选线、设计结束后,水文地质条件、地面自然环境、地中物理环境等客观因素都已经确定,施工因素是决定土体扰动程度的核心因素。盾构掘进引起的土体变形需从施工现象和内在机理两个角度来揭示,如图7.1-1所示。

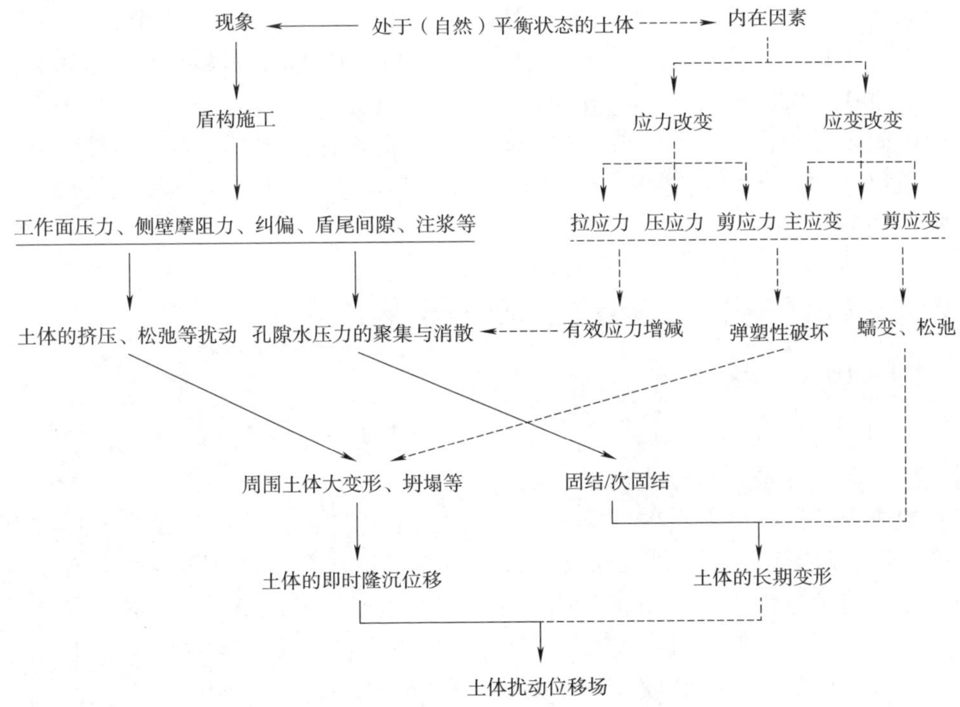

图7.1-1　盾构施工引起的土体位移机理

盾构施工过程中,盾构前方工作面压力,盾构侧向的侧壁摩阻力、纠偏,盾尾间隙填充及管片壁后注浆等施工力学行为将引起周围土体压力增加或者应力释放以及孔隙水压力的改变,见表 7.1-1。

表 7.1-1　盾构施工主要力学行为扰动分析

<table>
<tr><th>位　　置</th><th colspan="2">施工力学行为</th><th>作　　用</th></tr>
<tr><td rowspan="3">盾构前方</td><td rowspan="3">工作面压力</td><td rowspan="2">过大</td><td>土体压力增大</td></tr>
<tr><td>孔隙水压力增大</td></tr>
<tr><td>不足</td><td>土体应力释放</td></tr>
<tr><td rowspan="4">盾构侧壁</td><td colspan="2">摩阻力</td><td>土体剪切破坏</td></tr>
<tr><td rowspan="3">纠偏
(超挖、蛇行)</td><td rowspan="2">受压侧</td><td>土体压力增大</td></tr>
<tr><td>孔隙水压力增大</td></tr>
<tr><td>另一侧</td><td>土体应力释放</td></tr>
<tr><td rowspan="4">盾尾</td><td colspan="2">盾尾间隙</td><td>土体应力释放</td></tr>
<tr><td colspan="2" rowspan="2">同步注浆及二次补浆</td><td>土体压力增大</td></tr>
<tr><td>孔隙水压力增大</td></tr>
<tr><td colspan="2">衬砌结构置换土体</td><td>土体应力释放</td></tr>
</table>

土体压力的增加、应力释放及剪切破坏将引起土体的弹塑性变形,在具有流变特性的土体中还会引起土体的蠕变变形,孔隙水压力的增减将引起土体竖向的固结及次固结沉降。土体的弹塑性变形往往会在相应施工力学行为发生后较短的时间内体现出来,属于即时性的土体变形,而土体的蠕变及在渗透性较差的黏性土层中的土体固结、次固结往往会持续半年以上,对土体位移场形成长期的影响。

7.2　盾构穿越既有隧道微沉降安全风险控制技术

7.2.1　克泥效工法应用

1. 克泥效原理

克泥效工法是为填充盾构机开挖过程中地层与盾体之间空隙(图 7.2-1),在盾构机刀盘进入既有线区域范围时,通过盾体径向孔注入高黏度塑性的胶化体的方法,对盾体前行起到润滑减阻的作用并对盾体与土体间隙起到填充支护的作用。施工过程中将高浓度的泥水材料与水玻璃两种液体分别以配管压送到指定位置,将此两种液体以适当比例混合成高黏度塑性胶化体后,再通过径向孔注入。混合后的流动塑性胶化体不易被水稀释,且其黏性也不随时间而变化。

图 7. 2-1　开挖空隙示意图

2. 克泥效配比、用量及施工方法

(1)克泥效配比

克泥效投入施工使用前在现场进行试验(图 7. 2-2),摸索适用于现场情况的配比。首先,分别选用克泥效浆液为 350 kg/m^3、400 kg/m^3、450 kg/m^3 进行现场配比、搅拌,静置 24 h,最终确定克泥效配比:克泥效∶水玻璃 = 20∶1;克泥效每立方米用量:400 kg;使用量:每吨克泥效可拌和 2. 5 m^3。

图 7. 2-2　克泥效配比试验

(2)克泥效用量

克泥效在粉质黏土段用量计算方法如下:

每米间隙(m^3/m) = (开口直径^2 − 盾尾直径^2)π/4 × 1 m

每米注入 A 液量(m^3/m) = 注入率 × 每米间隙

每米克泥效用量(kg) = 克泥效浓度 × 每米 A 液量

每米注入 B 液量(L) = 每米 A 液用量 ÷ 20

每环注入 A 液量(m^3/m) = 每米注入量 × 管片尺寸

每环克泥效用量(kg) = 克泥效浓度 × 每环 A 液量

每环混合水用量(L) = (1 000 − 浓度/比重 2. 6) × 每环注入量

每环注入 B 液量(L) = 每环 A 液用量 ÷ 20

每环挖掘时间(min) = 管片尺寸 ÷ 推进速度

克泥效 A 液注入速度(m^3/h) = 每环注入量 ÷ 挖掘时间 × 60/1 000

克泥效 B 液注入速度(m^3/h) = A 液注入速度 ÷ 20

总克泥效用量(kg) = (风险源环数 + 25) × 每环 A 液用量

总水玻璃用量(L) = (风险源环数 + 25) × 每环 B 液用量

3. 克泥效使用效果

采用克泥效工艺能够有效减小地层的变形,效果随着克泥效用量的增加而改善,分析得出克泥效工艺主要有三方面的作用:

一是,及时填充盾构施工过程中由于刀盘超挖造成的盾体与土体之间的空隙,可以达到填充和止水的目的,直接减少由于土层损失而引起的沉降量,根据试验段沉降结果,盾构通过阶段可减少将近 1 mm 沉降。

二是,减小盾壳与土体的摩擦力,降低了土体受盾构推进力的扰动影响,根据分析,推进力大小与沉降的相关性极小,表明克泥效起到了显著作用。土压增大后由于克泥效的作用,盾构盾壳所受摩阻力减小,盾构的推力主要用于维持盾构掌子面土压力。

三是,起到隔离前部土仓掘进压力和盾尾同步注浆压力的作用,保护同步注浆质量,辅助控制盾构通过后的后续沉降量。

因此应用克泥效工艺可以减少对地层的扰动,进而控制对既有线路结构的影响,以保障线路的正常运营。

7.2.2　同步注浆控制

1. 同步注浆适应性

以可硬性浆液为例,材料为粉煤灰、砂、膨润土、水泥和水。每环管片拼装前提前在上、下、左、右吊装孔处开设注浆孔,接好注浆球阀,盾构下穿期间在脱出盾尾的第 2 环管片位置注入水玻璃。具体浆液配比根据试验及试验段施工经验确定(浆液性能要求:黏度 10 ~ 12.5 s,凝结时间 6 h)。同步注浆单液浆配比见表 7.2-1。

表 7.2-1　同步注浆单液浆配比

材　　料	水泥	粉煤灰	膨润土	砂	水
用量(kg)	220	350	180	250	500

一般由于出土车辆及运输能力限制,每环出土分为三个阶段,即油缸进尺 600 mm、1 200 mm、1 800 mm,盾构在上述三个阶段及管片拼装阶段处于停掘状态,同步注浆压力损失会导致既有线结构持续沉降(-0.5 mm/10 min),通过自动化监测和同步注浆补浆,少量多次的方式控制盾构通过阶段的既有线变形,得到了较为理想的控制效果。只适用于盾尾完全进入既有线到脱出既有线后 3 ~ 4 环范围。

2. 注浆压力及注浆量

(1)注浆压力

注浆压力取决于地质情况和地下静止水压力,注浆压力和注浆量控制以确保充填全部建筑空隙。注浆作业操作要有丰富的经验，过高的压力将导致浆液从盾尾窜入，影响盾构机正常掘进。

注浆时要根据实际施工情况、地质情况对注浆量和注浆压力二者兼顾。最初的注浆压力是根据理论的静止水压力确定，在实际掘进中不断地优化。如果注浆压力过大，会导致管片变形，或浆液流窜到盾体和土仓，还容易漏浆；如果注浆压力过小，则浆液填充速度赶不上空隙形成速度，又会引起地面沉陷。一般情况下，注浆压力取 1.1 ~ 1.2 倍的静止水压力，约 0.3 MPa。实际掘进过程中，考虑行程损耗及地层砂层的扩散以及同步注浆控制既有线结构沉降的功能，实际记录的同步注浆压力达到 0.5 ~ 0.6 MPa。

(2)注浆量

具体注入量及注入比例参数根据试验和现场施工环境确定。理论注浆量按下式计算：

$$Q = \frac{\pi}{4}({D_1}^2 - {D_2}^2)m \tag{7—1}$$

式中　D_1——理论掘削半径；

D_2——管片外径；

m——行程长度。

盾构开挖外径 6 640 mm，管片外径 6 400 mm，行程长度为 1.2 m，则每推进一环的建筑空隙为 $1.2\pi(6.64^2 - 6.4^2)/4 = 2.95\ m^3$。

注浆量取理论值的 1.5 ~ 2.0 倍，可算得每推进一环同步注浆量为 4.4 ~ 5.9 m^3，施工过程中根据监测情况作适当调整。

7.2.3　二次补浆及径向注浆控制

盾尾通过后的沉降控制和调整还离不开二次补浆及径向注浆。通过不间断地自动化实时变形监测，掌握盾尾通过后既有线的变形状态和趋势，在同步注浆无法达到且盾尾脱出的管片位置利用少量多次的二次补浆进行后期沉降的控制和调整，成为通过后沉降控制的主要方法。二次补浆的时机为脱出盾尾后 3 ~ 5 环位置。二次补浆浆液配比见表 7.2-2。

表 7.2-2　二次补浆浆液配比

浆液名称	水泥浆(质量比)		水玻璃(体积比)		备　注
材料名称	水	水泥	水	水玻璃	水:水玻璃 =3:1 =10°Be′
材料配比	1	1	3	1	
浆液配比(体积比)	1		1		
凝结时间	15 ~ 20 s				

径向注浆的时机为脱出盾尾后 15 环位置,采用岩石钻机进行钻孔,钻杆顶进时,保护管口不受损、变形,以便与注浆管路连接。注浆浆液为普通水泥浆液,配比按 1∶1 试配,采用水泥-水玻璃双液浆,注浆半径不小于 1 m。注浆材料采用 P·O42.5 级普通硅酸盐水泥,应注意注浆压力控制,防止因压力过大造成管片错台,压力控制在 0.5 MPa 之内,稳压时间不小于 30 min。

7.3　盾构穿越对既有线结构监测安全风险管理

7.3.1　监测对象及内容

通过对穿越既有隧道监测工作的实施,可为建设方及运营方提供及时可靠的数据和信息,评定施工对既有线结构的影响,为及时判断既有线结构安全和运营安全状况提供依据,对可能发生的事故提供及时、准确的预报,使有关各方有时间作出反应,避免恶性事故的发生,确保既有线安全运营。监测对象及内容见表 7.3-1。

表 7.3-1　监测对象及内容

序　号	监测对象	类　　别	监测内容
1	被穿越区间轨道设施	自动化监测	轨道结构竖向位移
2	被穿越区间主体结构	人工	隧道结构竖向位移
3			感应板静态几何检查
4			轨道几何形位检查
5			无缝线路钢轨位移
6			隧道结构竖向位移
7			管片错台及开合度监测
8			隧道结构收敛监测
9			结构裂缝监测
10	周边环境	人工	地下管线沉降
11			道路地表沉降

7.3.2　监测频率及周期

监测频率及周期见表 7.3-2。

表 7.3-2　监测频率及周期

<table>
<tr><th>序　号</th><th>监测项目</th><th>监测频率</th><th>监测周期</th></tr>
<tr><td>1</td><td>轨道结构沉降
（自动化）</td><td>20 ~ 60 min /次</td><td>开挖前进行初始观测，施工完成后变形趋于稳定时停止观测</td></tr>
<tr><td>2</td><td>隧道结构竖向变形</td><td rowspan="8">盾构正线施工：穿越前 $5D<L\leq 8D$，1 次/(3 ~ 5) d；穿越前 $3D<L\leq 5D$，1 次/2 d；穿越前 $L\leq 3D$，1 次/d；穿越后 $L\leq 3D$，1 次/d；穿越后 $3D<L\leq 8D$，1 次/d；穿越后 $L>8D$，1 次/3 d；之后 1 次/周；之后 1 个月监测一次，之后根据监测数据调整频率</td><td rowspan="8">工程施工期间至穿越施工完成 1 年之后且结构变形稳定后。变形稳定标准为最后 100 d 的平均速率不大于 0.01 mm/d</td></tr>
<tr><td>3</td><td>轨道结构竖向变形</td></tr>
<tr><td>4</td><td>感应板静态
几何尺寸检查</td></tr>
<tr><td>5</td><td>隧道结构收敛监测</td></tr>
<tr><td>6</td><td>管片错台
及开合度监测</td></tr>
<tr><td>7</td><td>轨道几何形位监测</td></tr>
<tr><td>8</td><td>无缝线路钢轨位移</td></tr>
<tr><td>9</td><td>裂缝监测</td></tr>
<tr><td>10</td><td>道路地表竖向变形</td><td rowspan="2">开挖面前方：$2B<L\leq 5B$，1 次/4 d；$L\leq 2B$，1 次/(1 ~ 2) d；
开挖面后方：$L\leq 1B$，1 次/d；$B<L\leq 2B$，1 次/d；$2B<L\leq 5B$，1 次/(2 ~ 4) d；$L>5B$，1 次/(4 ~ 10) d</td><td rowspan="2"></td></tr>
<tr><td>11</td><td>管线竖向变形</td></tr>
</table>

注：D—盾构法隧道或导洞开挖宽度(m)；L—开挖面至监测点或监测断面的水平距离(m)。

7.4　盾构穿越既有线施工安全风险管理

7.4.1　对既有线穿越过程中工筹及施工方案管理

北京地铁 17 号线工人体育场站—左家庄站区间穿越机场既有地铁线为特级风险源，2019 年 5 月 18 日及 21 日，施工单位邀请相关专家对盾构穿越特级及重大风险源专项施工方案及应急预案进行方案论证及咨询，专家提出以下四点意见：

(1)进一步明确各风险源的防护范围及控制值，并进一步细化控制要点。

(2)细化出土量的控制方法，做好渣土改良。

(3)控制好盾构掘进姿态，做好掘进过程中盾构机的维护保养。

(4)根据现场情况完善应急预案，补充盾构机故障、喷涌、长时间停机及小净距掘进的应急处理措施。

7.4.2　管控重点

(1)通过试验段施工，对施工参数进行系统总结，合理优化施工参数，严格控制施工参数。

(2)使用克泥效能够降低盾构掘进阻力,并控制沉降发展,起到了润滑减阻、填充支护的作用,需严格进行克泥效工法施工。

(3)通过同步注浆及二次补浆,及时填充盾构施工过程中盾构外壳与地层间间隙,控制掘进过程中沉降,并在盾构通过及盾尾脱出后一段时间内控制上方土体及结构的变形。在左、右线分别通过机场线环节中多次使用,控制沉降发展。

(4)盾构斜下穿既有线过程中,采用弧线外侧的注浆孔进行注浆弥补外侧地层损失。

7.4.3　专家巡视建议及风险工控总体评价

2019 年 7 月 3 日,轨道公司安全监控中心在机场线穿越前组织盾构专家巡视活动,经过质询和讨论形成如下专家意见:

(1)结合盾构施工阶段,深入分析试验段测点沉降数据,并对盾构施工参数及措施与测点沉降的相关性进行分析,根据分析结果优化盾构下穿过程中施工参数范围及措施。

(2)严格控制同步注浆浆液质量,及时进行二次补浆及深孔注浆,控制盾尾通过后的沉降;及时布设补偿注浆管,进行补偿注浆,控制后期固结沉降。

(3)下穿前对设备进行检修和维保,保证盾构下穿过程中设备处于正常状态,做好易损件储备,避免因设备故障导致异常停机。

(4)针对不同意外情况制定应急预案,确保安全、连续、匀速下穿机场线。

本次盾构机区间下穿既有机场线较为顺利,下穿过程中通过实时监测数据的调整使得施工对既有线及周边环境影响较小,其中左线通过后造成既有线结构下沉最大值约 -1.39 mm,右线通过后既有线沉降变形最终稳定在 -1.3 mm,盾构下穿过程中未发生监测预警,盾构掘进参数平稳正常,掘进姿态良好,无风险巡视预警。

本章小结

穿越工程顺利完成,施工过程中采取措施到位,信息化指导准确及时,但过程中还有些不足之处,现归纳总结如下:

(1)本次盾构区间下穿既有机场线过程施工控制平稳,采取的措施如试验段参数积累、克泥效减阻支护、同步注浆及二次补浆等能够控制既有线结构在安全变形范围内。施工对既有机场线运营影响小,其采取的措施及控制要点可为今后同类工程提供借鉴或参考。

(2)自动化实时监测在本次既有线下穿施工中对既有线结构的变形控制发挥

了重要作用，其高测量精度及长时间高频度监测为每个施工环节步骤提供及时的数据支持。

(3)在既有线穿越施工过程中可按照以下思路进行控制：试验段积累总结→刀盘进入前微隆控沉→刀盘切入后尽量控沉→盾构通过阶段同步注浆反复调整控沉→盾尾脱出同步补浆跟进→盾尾脱出后二次补浆至稳定并可有微量抬升。

(4)施工单位在施工前应提前与运营单位沟通并及时了解既有线情况。

(5)施工单位应与设计充分沟通，在设置测点并实现监测上落实工作，要重视监测，只有数据丰富而有效，才会给后期提供更多的参考。

(6)采用低强度砂浆作为回填料时，应安排试验人员提前对回填砂浆的强度进行检测，并提前与搅拌站沟通，防止回填砂浆强度过大而影响盾构掘进。

综上，本次下穿既有线解决了盾构区间下穿控制要求严格的机场线盾构区间难题，在施工前通过设置试验段环节总结经验、施工中通过各种措施的落实和执行结合并参考实时监测手段，及时调整施工中各项参数，确保施工过程风险可控，确保了施工的安全质量。今后该项技术可以在同领域类似项目中进行推广，以适用更多项目的安全风险控制。

第 8 章　北京地铁盾构管片上浮安全风险管控技术

北京地区近几年盾构法隧道施工过程中，管片在脱出盾尾后经常会发生上浮，管片上浮影响管片高程，如果与设计高程相差过大导致管片轴线超限，将会增加建设成本、消耗大量的人力与物力。管片上浮问题已成为盾构法施工过程中的重难点问题。研究盾构施工过程中管片上浮机理有助于得到更合理的上浮控制措施，更好地保障隧道工程质量。

管片上浮可分为局部上浮和整体上浮两种。局部上浮是盾构隧道管片某几环出现不均匀上浮的情况，表现为管片错台、裂缝、破损，容易导致隧道出现渗漏水，影响整个隧道结构的安全。当隧道的一长段管片均出现上浮，且上浮量相差不大，称为整体上浮。整体上浮会造成隧道实际轴线与隧道设计轴线产生较大的偏移，影响盾构后续的纠偏过程，因此整体上浮的后续纠偏过程也会导致隧道管片的局部不均匀上浮。

8.1　管片上浮影响因素

1. 地层因素

在实际工程中，地层因素对浆液的凝结速度和管片受到的浮力有着非常重要的影响。例如在渗透性较大的地层，注浆浆液容易渗透流失，导致管片受到的浮力减小，同时浆液失水会导致浆液凝固速度加快，管片上浮量减小。在盾构施工中，可将地层情况大致分为有水地层、无水不渗透地层和无水渗透地层，不同地层情况对管片上浮量的影响见表 8. 1-1。

表 8. 1-1　不同地层对管片上浮量的影响

地层情况	浆液凝固速度	管片浮力	管片上浮量
有水地层	减小	增大	增大
无水不渗透地层	减小	增大	增大
无水渗透地层	增大	减小	减小

2. 管片尺寸

在隧道施工前，盾构的直径大小是根据设计要求来选择的，管片的尺寸对管片重量和管片所受浮力及地层合力有直接影响。随着盾构直径增大，管片受到向上的地层合力越大，受到的浮力也越大，且管片重力与地层合力和浮力的比值也越小，管片更容易上浮。

3. 同步注浆压力

盾构施工过程中多采用盾尾同步注浆。常见盾尾同步注浆由 4 根管路组成，分布于右上侧、右下侧、左下侧和左上侧，将左、右上侧注浆压力平均值定义为上部注浆压力均值，将左、右下侧注浆压力平均值定义为下部注浆压力均值。注浆管路布置示意如图 8.1-1 所示。

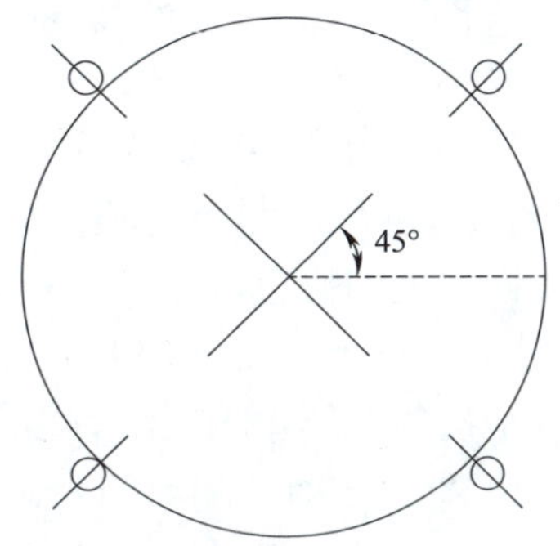

图 8.1-1　注浆管路布置示意图

浆液对管片的上浮作用主要与浆液压力的实际分布有关，在重力作用下，浆液压力在管片横断面上存在着一定的空间分布规律，管片横断面内下部浆液压力比上部浆液压力大，隧道管片始终受到浆液向上的合力。

同步注浆过程会影响浆液压力的实际分布，浆液的种类、配比、注浆压力、注浆位置以及浆液的扩散方式等都会对注浆压力分布产生一定影响。下大上小的注浆压差使浆液对管片的上浮作用更大，而同时提高上、下部注浆压力对隧道横断面内上下压力梯度的改变作用不大，所以相较同时提高上、下部注浆压力，下大上小的注浆压差对管片上浮的影响更为显著。施工中可以采用上大下小的注浆压差注浆，从而减小管片上浮趋势。

4. 浆液质量

盾构施工过程中必须进行同步注浆，其目的为填充管片与土体间的开挖空隙，防止地层变形，同时保证管片受力均匀，控制管片位移。从同步注浆的作用上分析，及时填充开挖空隙且浆液快速固结提供一定的早期强度是解决管片上浮的关键。采用快速固结的浆液可以大大减少管片上浮时间，有利于减小管片的上浮量，同时不同固结时间的浆液在水灰比的配比上会有较大差异，而浆液的黏度系数主要跟水灰比有关，快速固结浆液的浆液黏度系数较大，进而影响管片的上浮量，这双重因素会大大减小管片的上浮量。

8.2　管片抗浮安全风险管控技术

8.2.1　施工阶段常用抗浮措施

影响管片上浮的因素主要有地层因素、管片尺寸、千斤顶推力、注浆压力、浆液强度及初凝时间,其中地层因素、管片尺寸和浆液初凝时间对管片上浮影响较大。不同因素在实际工程中的控制难易程度有很大差别,且每种因素对应的控制方法并不单一,因此管片上浮的控制方法多种多样。根据施工阶段的不同,可以将管片上浮的控制方法大体分为前期控制、施工过程中控制和注浆后控制。

1. 前期控制

前期控制主要有地层选择、上覆土厚度控制以及盾构选型。在渗透性较大的地层,注浆浆液容易渗透流失,导致管片受到的浮力减小,同时浆液失水会导致浆液凝固速度加快,管片上浮量减小,同时地层有水与无水对管片的上浮也有很直接的影响,不同地层对管片上浮的影响具体见表 8.1-1。在地铁线路规划中,对线路所处地层的选择影响因素有很多,在考虑对管片上浮的影响因素时,应尽可能选择无水渗透性较大的地层,且尽量避免浅埋开挖,在浅埋段尽量增加上覆土厚度。

盾构进场前需对盾构进行严格选择,根据施工前对地层勘探的结果进行分析,选择能满足对开挖周边土体变形控制要求的盾构,即盾构掘进过程中引起的对地层的扰动变形应满足隧道的控制要求,同步注浆等参数满足工程施工的要求。

在考虑管片上浮控制时,注浆浆液类型和注浆能力是盾构选型的重要参考因素。注浆浆液主要分为单液浆和双液浆两种类型,双液浆初凝时间通常较短,当使用瞬凝型双液浆时可以解决管片上浮问题,但由于双液浆的特性,极易发生堵管现象;不考虑施工中超挖和地层坍塌等情况的发生,每环理论注浆量为土体与管片之间空隙的理论体积,根据施工设计要求充盈系数一般取 1.5 ~ 1.8,为保证注浆充盈,需要选择注浆能力满足要求的盾构。

根据盾构机尺寸确定管片尺寸,管片尺寸对管片上浮控制具有重要影响。随着管片直径的增大,管片受到的浮力也越大,且由于管片直径增大所带来管片重量增量变化没有浮力大,因此随着管片直径的增大,管片受到的向上合力也随之增大,管片更容易上浮,具体见表 8.2-1。在对盾构进行选型时,为了控制管片上浮,要充分考虑地层控制要求和盾构尺寸因素,尽可能选择管片直径较小且满足施工要求的盾构。

表 8.2-1　不同管片直径受力情况

管片直径(m)	管片重力(kN)	管片浮力(kN)	地层合力(kN)	管片重力/浮力	管片重力/地层合力
6.2	157.5	362	768.8	0.435	0.205
8.8	295	729.9	1 548.8	0.404	0.19
10	373	942.5	2 000	0.396	0.187
11.6	477	1 268.2	2 691.2	0.376	0.177

2. 施工过程中控制

为了有效控制管片上浮,需要在施工过程中加强对隧道管片的姿态控制,做好管片上浮的预防措施，加强施工过程中的参数控制，如注浆压力、浆液性质、盾构姿态、施工过程中出土量以及千斤顶压力等。

(1)注浆压力控制

管片所受的动态上浮力主要由注浆压力产生，随着注浆压力的增大，管片上浮量增加，如图 8.2-1 所示。增大注浆压力会对管片周围土体造成扰动，对于管片周围土体而言，管片上方土体对注浆压力更为敏感，随着注浆压力的增加，管片上部土体的沉降值会减小，导致顶部管片有了更大的上浮空间。因此在保证填充质量的前提下，减小注浆压力能有效控制隧道管片上浮。同时，管片的上浮主要与浆液压力的实际分布有关，在重力作用下，管片横断面内下部浆液压力比上部浆液压力大，这是管片上浮的主要原因。注浆压力会对管片受到的浆液压力分布产生一定的影响，同时增大上、下部注浆压力对隧道横断面内上下压力梯度的改变作用不大，施工中可以采用上大下小的注浆压差注浆，减小注浆压力对管片底部的影响，同时可以有效减小上下压力差，从而减小管片上浮趋势。

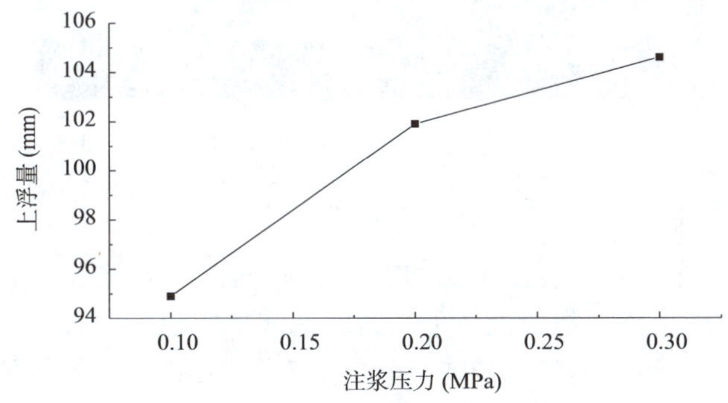

图 8.2-1　管片上浮量与注浆压力关系

(2)浆液质量控制

浆液质量对管片上浮控制具有重要影响。随着浆液弹性模量的增大，在相同应力作用下，注浆层的变形减小，注浆层对管片上浮位移能够提供更大的支撑作用，抑制管片的上浮变形。随着浆液初凝时间增大，初凝时管片位置距离盾尾变大，上浮段管片变长，管片受到来自盾尾和稳定段管片的约束变小，因此管片上浮量变大。在工程中应根据工程地质情况、施工进度情况等因素合理选择浆液，对浆液质量进行动态管理，在保证浆液流动性和填充性的前提下，尽可能选择初凝时间较短、浆液强度较高的浆液，能够有效控制管片上浮量。

(3)盾构姿态控制

工程中地层土体不是均匀分布的，因此盾构在开挖过程中可能会发生姿态改变，需要不断调整盾构的施工参数。盾构姿态的调整过程会造成盾构的蛇行运动，此时管片环面受力不均且增加了对盾构周围土体的扰动,所以在盾构开挖过程中要控制好盾构的姿态,适时且合理地调整盾构的姿态,尽可能使其在设计轴线附近做少量的蛇行运动。按照盾构施工规范要求,盾构掘进过程中盾构的姿态偏差保持在 ±50 mm 之内,发现偏差时不可过急过猛纠正,应逐步进行纠正,以免人为造成管片环受力不均,同时防止扩大盾构周围土体扰动,增大管片上浮空间,造成管片上浮量增大。工程现场盾构姿态控制界面如图 8.2-2 所示。

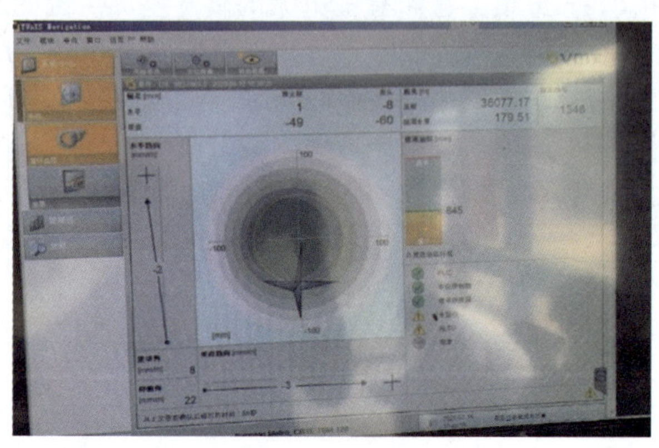

图 8.2-2　盾构姿态控制界面

(4)出土量控制

在盾构法施工过程中,对出土量的控制非常重要。盾构施工中理论出土量为盾构每环理论开挖土体体积与土体平均密度的乘积。超挖对管片上方的砂卵石地层扰动较大,砂卵石地层稳定性较差,当受到较大扰动时,管片上方的砂卵石会产生松动塌落而产生更大的上浮空间。当施工过程中注浆量以及浆液质量等因素对管片上浮不利时,超挖所提供的上浮空间会使管片上浮量增大,因此在施工过程中控制出土量在一定程度上可以控制管片上浮量。

(5)千斤顶压力控制

理想状态下千斤顶作用力的向上分力不会超过设定值,所以当千斤顶压力一定时,在推进过程中需关注管片姿态,控制千斤顶的压力偏角,尽可能使管片均匀受力;随着千斤顶推力的增加,脱出盾尾的管片的上浮量逐渐减小,因此可以根据管片上浮情况以及工程现场施工情况合理调整各区千斤顶,在保证管片质量的前提下合理选择千斤顶压力。施工现场千斤顶压力控制界面如图 8.2-3 所示。

3. 注浆后控制

当管片脱出盾尾后,要对管片上浮状态进行严密监测,当发现管片发生较大上浮时,应及时采取控制措施,防止管片上浮量进一步增大。管片脱出盾尾后可采取

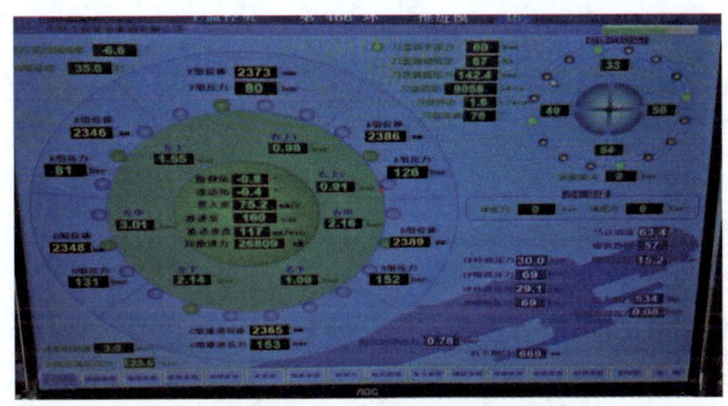

图8.2-3　千斤顶压力控制界面

的控制方法为二次补浆以及增加管片配重。

二次补浆控制：在同步注浆完成后，有可能出现浆液凝结收缩和同步注浆不足的情况，施工人员可以根据工程实际需要进行二次补浆，当同步注浆初凝时间达不到要求时，也可以采用注入双液浆的方式进行二次补浆，注浆压力和注浆量具有很大的不确定性，需要根据工程现场情况进行调整。二次补浆时尽可能选择在管片顶部进行注浆。当对管片下方进行补浆时，会对管片下方产生局部注浆压力，为管片上浮提供上浮力，使管片上浮量增大；当二次补浆位置选在管片顶部时，二次补浆过程会增大管片上方压力，减小管片上下压力差，因此对管片顶部进行注浆可以抑制管片的上浮。二次补浆位置如图8.2-4所示。

图8.2-4　二次补浆位置

8.2.2　实际工程案例分析

本节选取近年北京地区管片上浮的典型工点，进行上浮情况和控制措施的分析，总结相同点和不同点。

1. 17号线望京西站—红军营站区间管片上浮案例（案例一）

(1)上浮情况

工程地质概况：左线前40环穿越地层为③$_1$粉质黏土、④$_2$砂质粉土-黏质粉土、④粉质黏土，盾构隧道覆土9.45 m，地下水位位于隧道底板以上0.5 m处，如图8.2-5所示。

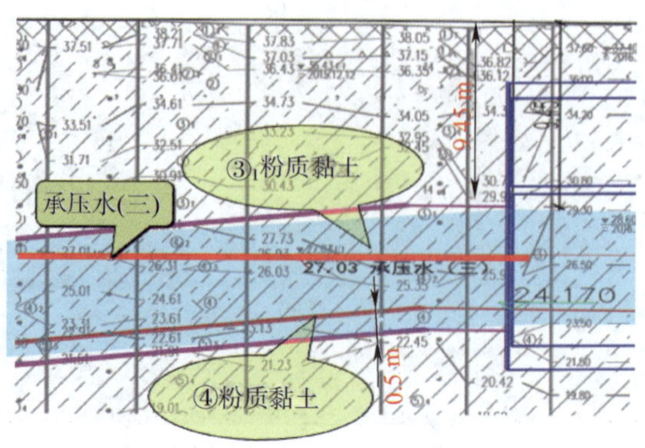

图 8.2-5　区间工程地质与水文地质情况(案例一)

由于盾构始发阶段处于富水高压地层,导致前 40 环盾构管片出现上浮情况,其中最大上浮量为 98 mm,平均上浮量集中在 50 ~ 90 mm 之间,如图 8.2-6 所示。

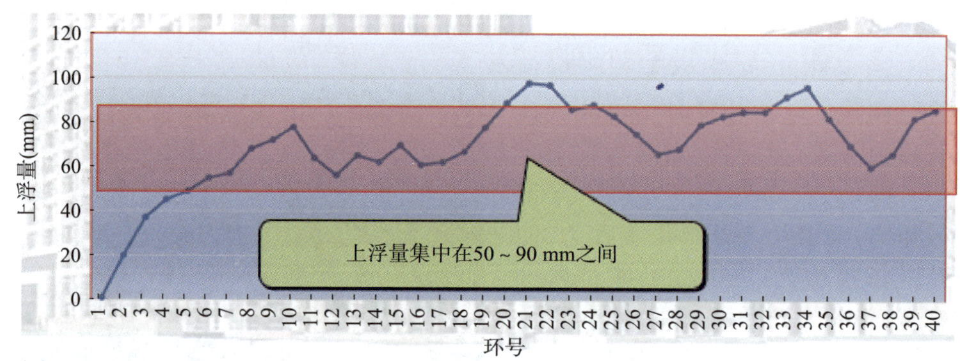

图 8.2-6　管片上浮情况(案例一)

(2)处理措施

针对管片上浮情况,施工单位采取的措施如下:

①严格控制同步注浆,及时进行注浆,控制注浆量,保证填充充实。

②加强在 1 点钟、11 点钟位置注浆,增加管片顶部抵抗力,抵抗管片的浮力。

③减缓掘进进度,在推进下一环过程中,保证上一环管片同步注浆砂浆已经有一定的凝结,让同步注浆具有一定的抵抗力。

④盾构机姿态控制,避免频繁纠偏。

⑤盾构机在推进过程中,线路轴线偏差预留一定上浮量,避免成型隧道管片因上浮造成超限。

⑥及时进行管片姿态测量,合理预测预留上浮量。

(3)后续管片上浮情况

通过采用盾构下压、调整同步注浆比和降低每日进尺速度控制上浮,后续施工中管片上浮量明显降低,如图 8.2-7 所示。

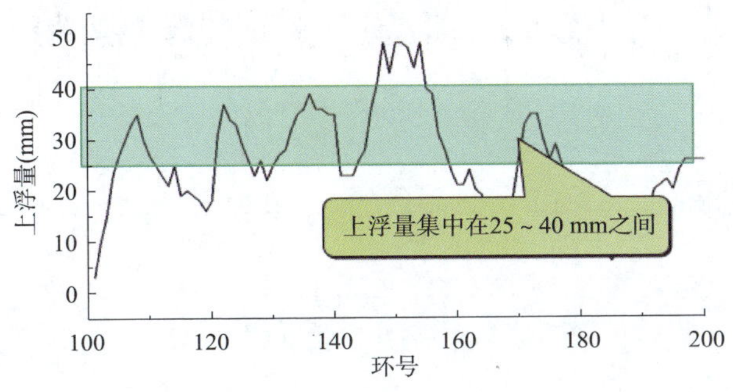

图 8.2-7　管片上浮控制情况(案例一)

2. 昌平线南延学知园站—六道口站区间管片上浮案例(案例二)

(1)上浮情况

工程地质概况:区间隧道主要穿过地层为粉质黏土④层、细中砂$④_2$层、卵石⑤层、粉质黏土⑥层、细中砂$⑥_1$层等,如图 8.2-8 所示。

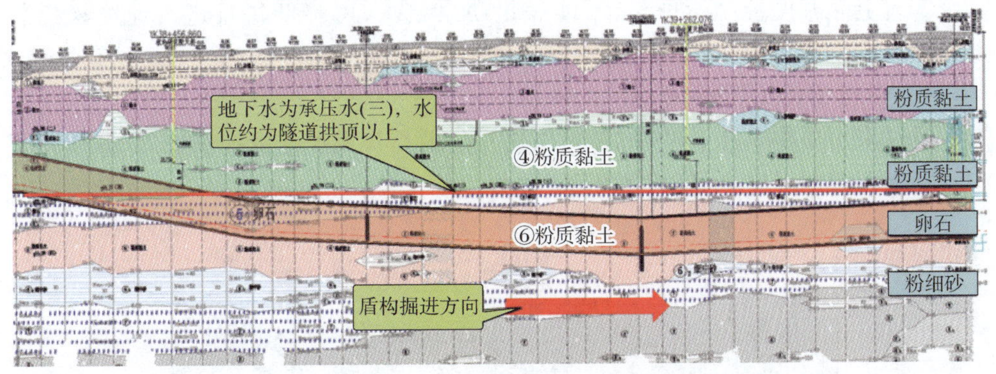

图 8.2-8　区间工程地质与水文地质情况(案例二)

成型隧道管片垂直姿态超限主要发生在 320 ~ 740 环之间,其中管片最大上浮量为 152 mm,最小上浮量为 70 mm,平均上浮量约为 116 mm。管片上浮情况如图 8.2-9 所示。

(2)处理措施

针对管片上浮,采取的措施如下:

①盾构垂直姿态控制采用盾构下压。

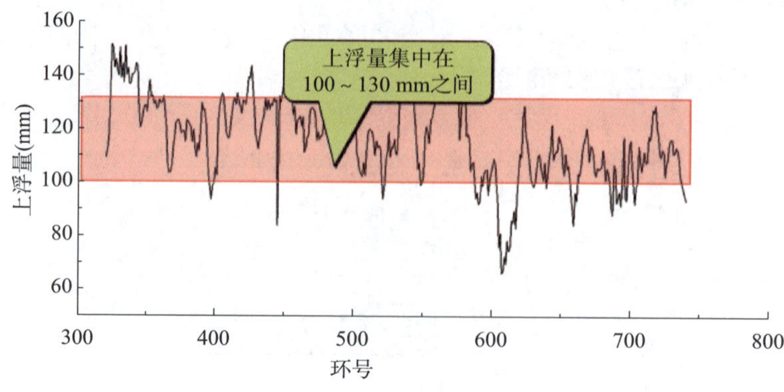

图 8.2-9 管片上浮情况(案例二)

②调整同步注浆比,加强对同步注浆浆液质量控制。

a. 对同步注浆配合比进行局部优化调整,根据试验结果加入琉璃酸盐水泥,保证浆液的快速凝固。

b. 在保证可泵性的前提下,优化水的掺入量,适当增加浆液的稠度。

c. 冬季施工阶段,浆液拌制温度对初凝时间有一定影响,现场对拌浆罐、储浆罐均做了保温措施。

③若上浮幅度控制不理想,不能满足质量要求,可降低每日进尺速度来控制上浮。

(3)后续管片上浮情况

通过采用盾构下压、调整同步注浆比和降低每日进尺速度控制上浮,后续施工中管片上浮量明显降低,如图 8.2-10 所示。

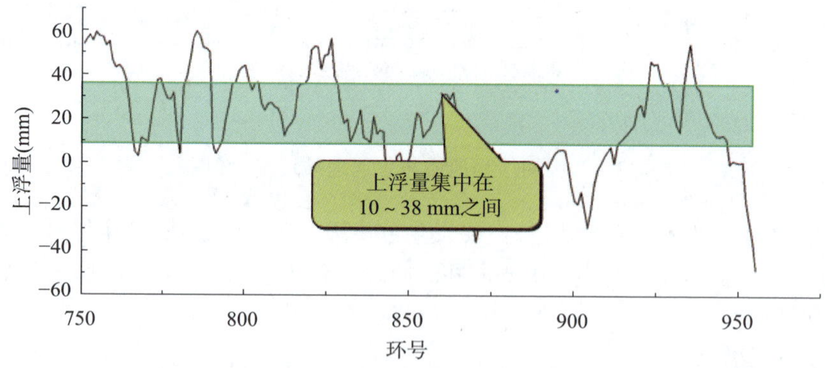

图 8.2-10 管片上浮控制情况(案例二)

3. 昌平线南延清河小营桥站—学知园站区间管片上浮案例(案例三)

(1)上浮情况

工程地质概况:区间隧道主要穿越地层为粉质黏土③$_1$层、粉质黏土④层、黏质粉土砂质粉土④$_2$层以及卵石圆砾⑤层等,如图8.2-11所示。

成型隧道管片垂直姿态超限主要存在于400~850环之间,其中管片最大上浮量为119 mm,最小上浮量为-16 mm,平均上浮量约为75 mm。

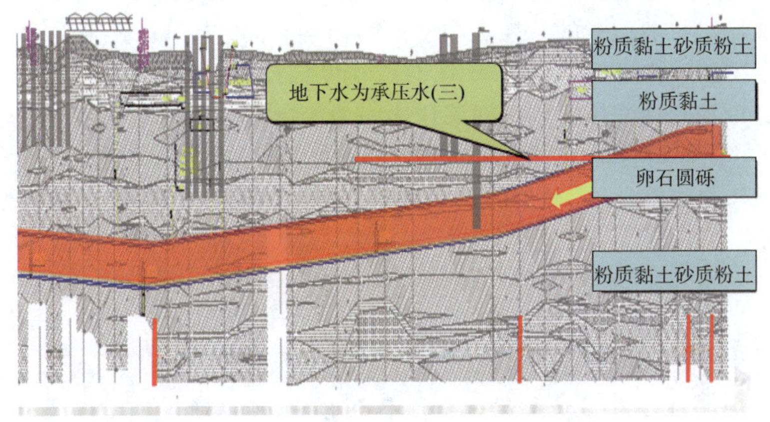

图8.2-11　区间工程地质与水文地质情况(案例三)

(2)后续管片上浮情况

通过采用盾构下压来控制上浮,后续施工中管片上浮量明显降低,如图8.2-12所示。

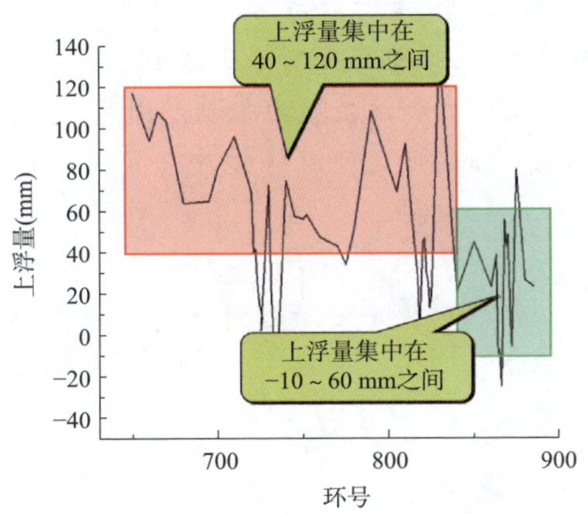

图8.2-12　管片上浮控制情况(案例三)

8.2.3　安全风险管控建议

管片上浮已成为北京地区盾构施工风险管控的重难点问题，面对此类问题，提出安全风险管控建议如下：

(1)根据地层情况，进行管片上浮情况的预判；富水地层往往容易发生管片上浮，需要重点关注。

(2)对管片上浮地层进行严格管控，加强管片上浮量的监测。

(3)增加对浆液质量的管控。在已有的初凝时间、结石率基础上，增加对稠度的控制。浆液初凝时间不得大于6 h，浆液稠度应控制在8～12 cm。

(4)合理控制注浆压力差。注浆压力一般控制在0.15～0.3 MPa，且各点的注浆压力不同，需保持合适的压力差，并根据管片上浮情况进行动态调整。

(5)整体上浮管片，最简单方式就是预估上浮量，把盾构姿态扎下去，待管片上浮。

本 章 小 结

管片上浮量主要受浆液黏度时变性参数影响，可以通过改变浆液配比对浆液质量进行优化，水灰比是浆液配比中重要的参考因素，浆液黏度随着水灰比的增大而增大，由于浆液的初凝时间和浆液黏度时变性参数均与浆液的水灰比有关，因此实际工程中可以用初凝时间作为控制管片上浮的指标，初凝时间短、强度增长快的浆液能有效地限制管片上浮。

影响管片上浮的因素主要有地层因素、管片尺寸、千斤顶推力、注浆压力、浆液强度及初凝时间，其中地层因素、管片尺寸和浆液初凝时间对管片上浮影响较大。不同因素在实际工程中的控制难易程度有很大差别，在施工过程中浆液强度及初凝时间较容易控制，千斤顶推力和注浆压力控制范围有限，而地层和管片尺寸选定后无法改变。根据施工阶段的不同，可以将管片上浮的控制方法大体分为前期控制、施工过程中控制和注浆后控制。

第9章　北京地铁盾构法施工风险事件案例

9.1　接收端涌水、塌陷风险事件

9.1.1　大兴机场线风井接收端涌水、塌陷风险事件

1. 事件过程

2019年2月21日9:20,现场技术员发现左线洞口上方偏东侧位置出现大量涌水,短时间内接收井内涌水深度达1 m;11:00,地面巡视人员发现左线盾构隧道洞门上方偏东侧、1号风井暗挖横通道北侧的路面出现塌陷,塌陷区长度约10.2 m,宽度约5 m,深度约8 m,塌陷处空洞体积约750 m^3。坍塌位置示意如图9.1-1所示。

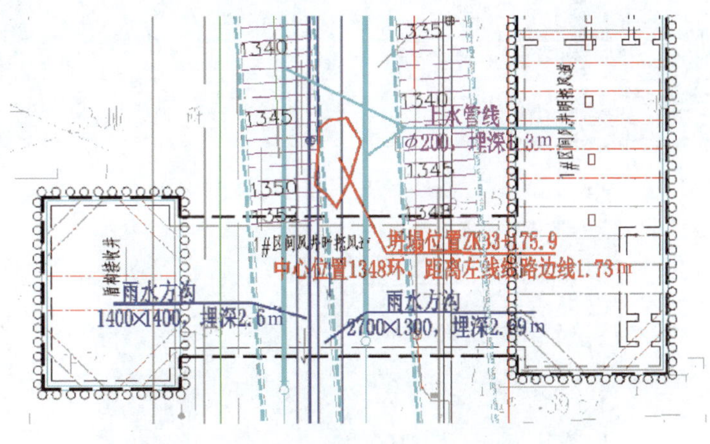

图9.1-1　坍塌位置示意图

2. 应急处理

现场险情发生后,施工单位立即启动安全事故应急预案,按照应急预案程序进行抢险工作。现场管理人员立即向项目经理、总工程师、监理工程师汇报,项目经理在接到报告后立即向新机场线指挥部办公室报告,并成立应急队伍进行抢险。现场立即对影响范围内的路口路段的车辆和行人进行疏散,并对过往车辆进行指挥疏导。

涌水情况(图 9.1-2)发生后,立即组织人员到隧道内查看接收端管片情况(图 9.1-3),发现东下部管片封端钢环被涌水冲开,东上部密封钢环鼓包变形,隧道内涌入泥水约 80 m^3。隧道内安排人员 24 h 值班,实时汇报隧道内情况。

图 9.1-2　坍塌现场与接收井内涌水

2 月 21 日 9:40,现场准备应急排水设备,将 11 台应急水泵安装连接完成并布置于接收井内,随时准备抽水(图 9.1-4)。

图 9.1-3　密封钢环损坏与隧道内情况

图 9.1-4　接收井内准备抽水

2 月 21 日中午,新机场线指挥部组织专家、施工单位、监理单位及第三方监测单位在现场召开应急处理专家会,分析现场情况并提出如下处理建议:尽快实施管线导流,以有效控制对地层的进一步冲刷;为有效控制次生风险的发生,采用快凝水泥砂浆逐层回填空洞区至管线底高程；尽快恢复降水井抽水，确保地下水位控制在隧道结构底板以下，在降水井抽水恢复后，抽排风井内积水；回填砂浆凝固满足洞内安全作业条件后，对1号风井—2号风井南向始发井区间左线洞门封端钢板变形区进行适当加固；加强处理过程中对洞内状态和周边环境监测与巡查；在管线及地表道路恢复后，对塌方区域周边进行地质雷达探测，基于探测结果进行注浆加固。

2月21日9:25，现场对管线进行排查，对1号区间风井周边的雨水井、污水井、给水井进行逐一排查，观察井内流水情况，发现2 700 mm×1 300 mm雨水方沟内流水异常，06标随即停止降水施工，抢险队伍对雨水管线进行地面导流，在管线断裂上游井内设置水泵，将水抽至管线断裂下游井内，并在上、下游井内对断裂管口进行砂袋封堵（图9.1-5）。17:00左右，降水井恢复降水。

完成雨水管地面导流后，对塌陷区域进行回填（回填时未对雨水管线进行修复）（图9.1-6），回填混凝土约180 m^3，砂石及预拌料等约100 m^3。

图9.1-5　雨水管上下游井内封堵与管道流水地面导流

图9.1-6　塌陷回填情况

2月22日11:15塌陷处回填完毕，路面铺设钢板。2月22日18:00，路面交通护栏恢复完毕，广平大街交通恢复。

3. 后续措施

2月22日9:30，对塌陷周边30 m范围及1号风井附近广平大街进行地质雷达探测（图9.1-7），探测下方土体有无疏松或孔洞。

经雷达探测（图9.1-8），发现盾构区间地下存在两处中等土层疏松、一处严重土层疏松。

第一处位于里程YK33+270，1号风井工人宿舍与围挡之间，沿道路方向长约20.0 m，宽约3.0 m，深度2.0~4.5 m。

第二处位于里程YK33+191，街东侧，沿道路方向长约6 m，宽约4 m，深度

图 9. 1-7　回填区域雷达探测

3 ~4. 5 m,位于左线 1338—1341 环东侧 4. 4 m 处。

第三处位于里程 YK33 + 270,沿道路方向长约 20 m,宽约 3 m,深度 2 ~ 4. 5 m,位于右线 1305—1317 环线路东侧。

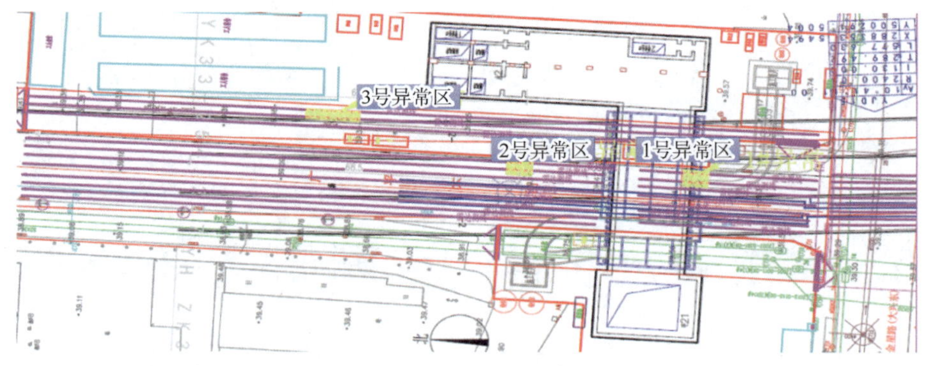

图 9. 1-8　雷达探测结果示意图

4. 原因分析

(1)事故的主要原因是雨水管漏水,造成地层有水条件。

(2)前期 1 号风井施工时沉降控制较差,导致暗挖风道开挖范围上方管线沉降过大,与风道开挖范围以外的管线形成了极大的差异沉降,差异沉降最大值集中在 1 号风井开挖范围边缘区域。

(3)盾构到达前,管线已发生极大的差异沉降,可能导致上方管线渗漏。

(4)1 ~2 区间左线盾构接收时,未安装最后一环管片,导致橡胶帘布和扇形压板无法起作用,洞门无法及时封闭。

(5)采用了不合理的洞门密封方式(焊接钢板),密封效果差。

(6)洞门密封不及时,施工速度慢,盾构上接收托架 3 d 后仍未密封洞门,洞门涌水时洞门3点钟到4点钟方向洞门仍未封闭。

(7)受工期影响,盾构接收端头加固不充分。

(8)盾构在接近接收端时盾构保压措施不够。

5. 总结

施工管理作为本次事故发生的一个原因,表明施工过程中存在一定的不足,具体如下:

(1)施工过程中未认识到洞门密封的重要性,未及时采取措施进行密封。

(2)施工单位在施工过程中,对关键节点中的技术选择(洞门临时密封的方式)存在不足,导致洞门密封不及时。

(3)监理单位技术力量较弱,对现场风险状况认知不明确,无法及时发现现场施工存在的问题。

(4)现场巡视存在形式主义,对现场问题未深入探究。

(5)对于监测数据的分析深度不足,对沉降信息及施工状态的综合研判不足,未及时采取相应措施。

(6)现场施工人员对重要风险阶段认识不明确,对现场风险状态缺乏判断。

针对以上不足,制定相应的措施保证后续施工中不再发生类似事故:加强技术培训;提高现场施工管控力度;细化施工方案评审过程;提高沉降信息分析水平。

9.1.2　昌平线南延清河小营桥站—学知园站区间接收端涌水风险事件

1. 工程概况

区间采用盾构法施工,接收为叠落接收,左线在下,右线在上,埋深较深,且地面上有建筑物垃圾站,加固范围内有较厚的砂层及卵石层。端头加固采用水平袖阀管注浆工艺加固,注水泥-水玻璃双液浆加固。

2. 风险事件

(1)事件过程

2021年5月12日,左线盾构刀盘顶至地连墙,开始凿除背土面地连墙。5月15日晚,左线盾构在剥离最后一道地连墙钢筋过程中发现洞门逐渐开始渗水。5月16日,接收端大量涌水(图9.1-9),监理单位于5月16日上午发布洞门渗水黄色巡视预警。

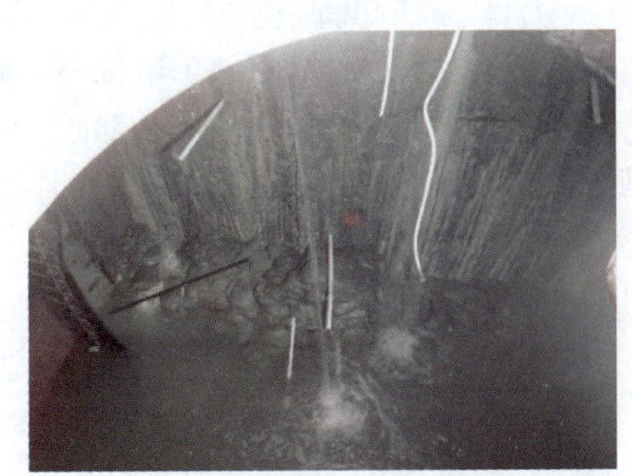

图9.1-9　洞门涌水情况

(2)应急处置

5月15日晚,现场发生渗水情况后,施工单位立即采用聚氨酯从B盾位置向外侧注浆,但作用不明显,后又采用双组分聚氨酯进行注浆,水量也没有减小。5 月 16 日,二中心会同盾构咨询组、监理单位、第三方单位、施工单位等单位并邀请盾构专家召开预警分析会以及专家咨询会。会议提出:尽早封闭钢套筒,进行钢套筒接收;尽快完成钢套筒端部斜撑,增加钢套筒顶部的向下斜撑;钢套筒灌注及盾构进入钢套筒的整个过程中,对钢套筒进行完整的监测;盾构进入钢套筒后,另行制定完整的封堵方案以及钢套筒拆解方案;地连墙与加固土体之间、垃圾站两侧打设补偿注浆管,根据监测情况跟踪注浆;项目部立即启动应急抢险机制,明确分工,责任落实到人。

(3)后续处置

经专家咨询后,决定不凿除剩余部分钢筋,直接磨墙钢套筒接收。5 月 17 日现场进行钢套筒上半部分安装,并于当日完成。5 月 18 日钢套筒整体基本安装完毕(图 9.1-10),随后进行斜撑安装(图 9.1-11),采用 9 根斜向上支撑、3 根斜向下支撑、3 根水平支撑,均是采用 50 t 千斤顶对钢套筒施加预应力后再进行焊接加固。

图 9.1-10 钢套筒安装情况

图 9.1-11 斜撑安装情况

5 月 24 日下午,监理会同风险部、工程部、安质部等部门,以及盾构咨询组、安全监控单位、第三方单位、施工单位等并邀请盾构专家进行盾构接收补充条件核查以及后续施工专家咨询会,认为目前实施方案满足本次盾构接收条件,并提出:接收期间加强反力架变形监测,如有变形,及时采取减负荷措施;加强地表沉降监测,确保垃圾站安全等建议。

5 月 25 日上午开始磨墙,盾构机将地连墙钢筋磨穿,刀盘进入钢环内。在洞门一半位置堆放砂袋(图 9.1-12),阻止水中砂流出,同时对洞门土体进行保

图 9.1-12 洞门位置堆放砂袋

护，防止坍塌。洞门两侧、垃圾楼角落打设补偿注浆孔，进行三次注浆加固。在深层土体布置沉降测点，并且每2 h一测，实时汇报沉降数据。

5月26日盾构复推，进行钢套筒接收。刀盘于当天进入钢套筒内，整体安全可控。5月27日，前盾、中盾进入钢套筒内。5月28日进行盾尾注浆加固。5月30日盾尾脱出洞门，到达接收位置，盾构主机全部进入钢套筒，约10.2 m，套筒内积水全部排出。6月1日，钢套筒开始拆除（图9.1-13）。6月17日，盾构机拆解完毕，盾构接收完成。

图9.1-13　钢套筒拆除情况

（4）原因分析

①原因一：洞门处地下水位未降至隧道底板以下

施工过程中通过测量降水井内水位，判定地下水位已经位于隧道底板以下。但是由于降水井距离隧道尚有一定距离，因此降水井处水位并不能代表洞门处水位。由此可以推断，洞门处水位可能位于隧道底板以上。洞门处水位示意如图9.1-14所示。

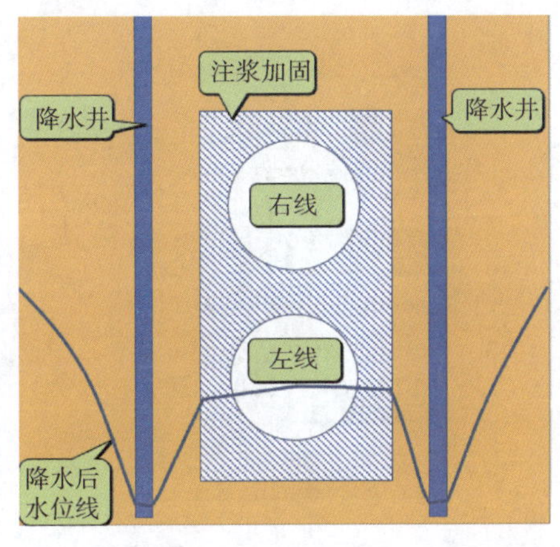

图9.1-14　洞门处水位示意图

②原因二：接收端加固存在盲区

由于加固过程中注浆管打设位置及角度存在缺陷，导致加固区在洞门处存在明显的加固盲区（图9.1-15）。洞门破除过程中，由于施工振动导致洞门两侧围护结构与其土体之间形成缝隙，地下水通过缝隙从洞门处流出。

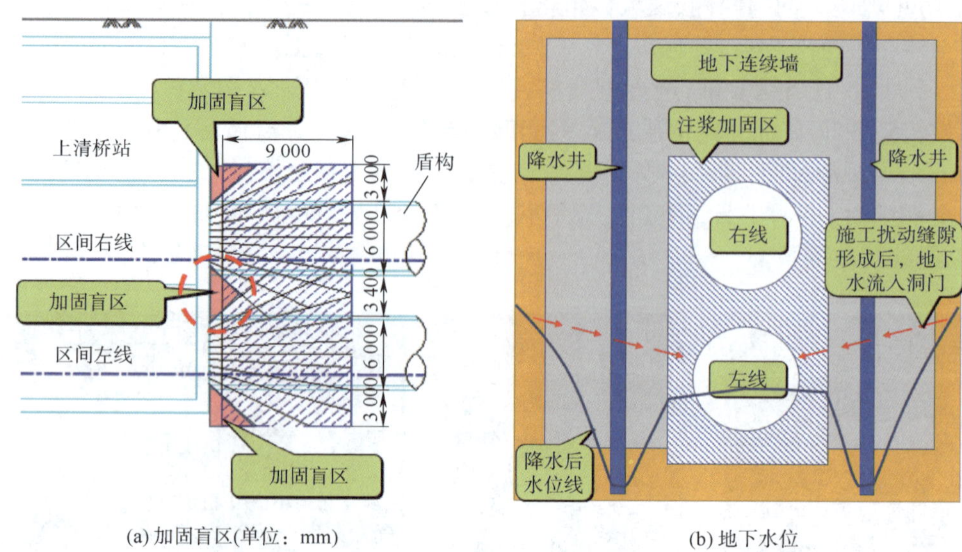

(a) 加固盲区(单位：mm)　　(b) 地下水位

图 9. 1-15　接收端加固盲区及地下水位示意图

③原因三:接收端加固长度不足

盾构长度约 9 m,接收端头加固长度仅为 6 m;盾构开挖直径略大于盾体直径,因此盾壳与土体之间存在一定缝隙(图 9. 1-16)。地层中的地下水(降水井未将地下水位降至隧道底板以下)通过缝隙流入洞门,导致洞门渗漏水。

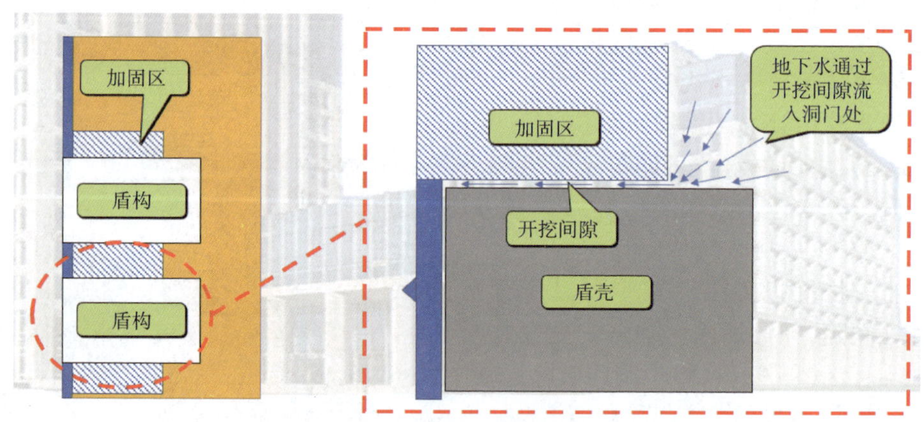

图 9. 1-16　接收端加固长度不足

3. 总结

(1)盾构始发和接收是盾构施工中的关键环节,也是最容易发生风险的工序,应予以高度重视,严格按照规定执行。

(2)对于水位较高的盾构接收作业,采用降水井降低端头水位时,建议在合适位置打设观测井,并以观测井水位作为端头的真实水位。

(3)注浆法进行端头加固时,加固效果不稳定,北京地铁曾多次发生盾构始发接收前洞门探水孔无水,但破除洞门过程中发生流水情况,因此有水地层慎重选择注浆方式进行端头止水及加固。

(4)端头加固长度必须大于等于盾构主机长度 +2 环管片宽度。

(5)采用钢套筒进行盾构接收绝对不能安装橡胶帘布及扇形压板,否则将严重影响钢套筒与洞门之间的连接,降低钢套筒的整体稳定性。

9.2　暗挖车站盾构始发、接收风险事件

12 号线光熙门站—和平西桥站区间工程包含“一站、三区间、一盾构井”,区间全长 283 m,采用两台 ϕ6680 土压平衡盾构于盾构井侧平移洞内小曲线(R = 500 m)分体始发。

9.2.1　风险事件

1. 事件过程

2021 年 8 月 16 日,区间左线接收端洞门围护桩中上部破除完成(图 9.2-1),上部围护桩仅剩 3 ~ 4 根主筋,围护桩破除与施工方案不符,施工方案中要求仅破除 2/3 围护桩。监理发布黄色巡视预警,要求施工单位及时作出整改方案,加强现场管理,严格按照施工方案及体系要求进行施工。

8 月 17 日,监理组织黄色巡视预警响应会,施工、设计单位参会,会议认为:当前安全风险状态可控,应立即停止混凝土破除施工,封闭破除面,重新编制盾构接收洞门破除方案;加强现场巡视,保证洞门安全;加强监控量测,发现异常情况采取处置措施。后续施工单位停止混凝土破除作业,对洞门挂网喷射混凝土(图 9.2-2),封闭洞门,编制完成新的盾构洞门破除方案。

8 月 24 日 15:00,左、右盾构刀盘距离车站主体结构剩余 3 环,盾构接收端洞门掌子面喷射混凝土开裂,部分桩间土被推出(图 9.2-3),土体方量约 2.64 m^3,拱顶上方局部土体滑落,出现弧长 3.2 m、高 0.55 m、深 1.5 m 的空腔(图 9.2-4),拱顶上方土体呈块状,干燥状态滑落在站内接收端。当日 19:30 左右,监理发布黄色巡视预警。21:00 左右,第三方升级为橙色巡视预警。

8 月 25 日 16:00 时左右,为避免拱顶出现大面积坍塌,盾构刀盘停止转动,并且停止出土,盾构匀速将掌子面土体(227 环(半环)、228 环、229 环(全环)土方约 126 m^3)推至车站,如图 9.2-5 所示。

图 9. 2-1 围护桩破除情况

图 9. 2-2 挂网喷射混凝土情况

图 9. 2-3 大量桩间土被推出情况(监理单位发布黄色巡视预警)

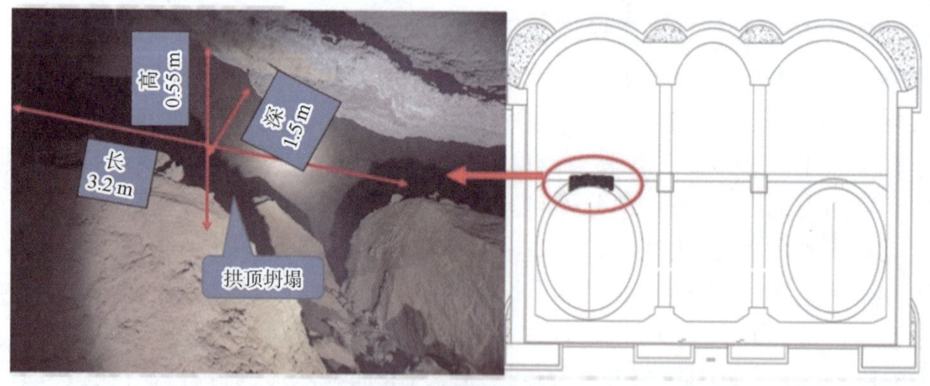

图 9. 2-4 拱顶坍塌情况(第三方升级为橙色巡视预警)

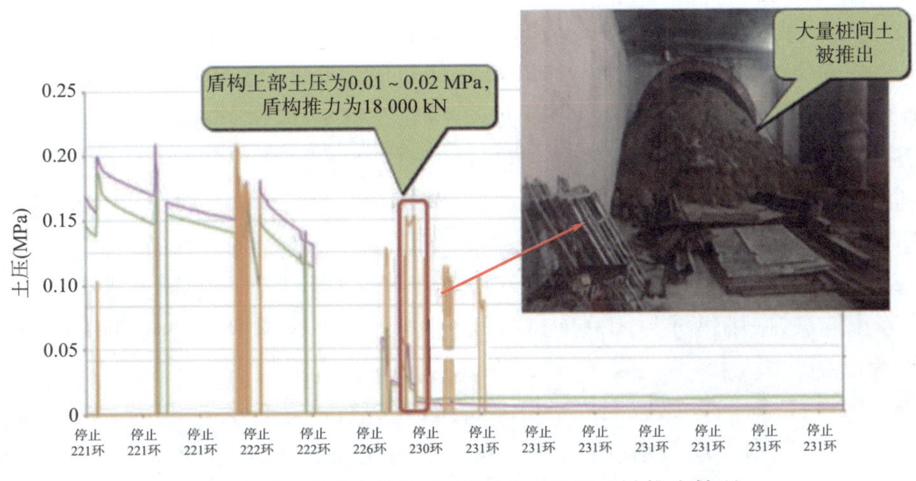

图 9.2-5　盾构参数控制不当导致桩间土被推出情况

2. 应急处置

8 月 25 日凌晨 2:00 拼装完成 231 环，盾构刀盘推进结构主体，盾构停止推进，立即进行同步注浆，同时由中板预留孔对洞门钢环处进行二次补浆，如图 9.2-6 所示。

图 9.2-6　现场注浆加固情况

第三方单位立即组织进行了加密监测，并进行了地质雷达空洞探测。当晚 23:00、次日凌晨 2:00 进行了两次加密监测，3 个小时监测数据阶段变化情况：邻近桥墩最大变化 −0.59 mm(测点编号 ZJC-04-02)，累积沉降 −8.12 mm；隧道正上方地表最大变化 −0.74 mm(测点编号 DB-12-03)，累积沉降 −9.95 mm。凌晨地质雷达扫描结果显示，未发现地层疏松位置。

3. 后续处置

8 月 25 日,监理组织召开橙色巡视预警响应会,四中心、设计单位、施工单位参会。会议建议:及时进行同步注浆回填,注浆压力 0.3 ~0.5 MPa;在隧道上方钢环预留注浆孔进行二次注浆,注浆压力 0.3 ~0.5 MPa;尽快处理掌子面土方,拉紧橡胶帘布锁紧装置,保证注浆效果;加强地面监控量测频率,同时加大监测范围,每 2 h 监测一次,做好空洞普查工作;地表监测数据稳定后,盾构及时推出,推出后立即进行管片背后回填注浆;安排专人进行地面巡视,及时与各方保持信息联系。

8 月 26 日 7:00 时左右,拼装完成 232 环,盾构刀盘及部分前盾推进结构主体,盾构停止推进,采用钢绳封闭立即进行同步注浆,由中板预留孔对洞门钢环处进行二次补浆。

8 月 26 日,第三方单位对左线接收端周边进行地下病害探测,探测区 0.6 ~2.8 m 深度范围内土层较为疏松,共发现 2 处明显的雷达异常(图 9.2-7),疑似为雨水管线渗漏造成土体疏松所致。

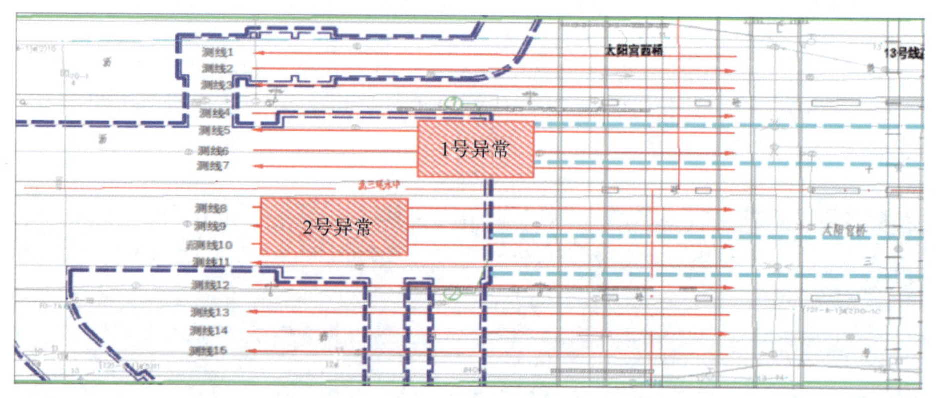

图 9.2-7　现场雷达测线布置示意图

施工单位通过接收端上方地面注浆孔对 1 号异常区进行注浆加固,两天注浆量共计 12 m^3。

8 月 29 日下午,盾尾脱出洞门,236 环管片拼装完成,继续通过中板预留孔进行水平向注浆,同时清理刀盘附土,为后续空推过站做准备,如图 9.2-8 ~ 图 9.2-10 所示。

4. 原因分析

(1)原因一:接收端土体加固效果较差

洞内水平深孔注浆加固效果较差(图 9.2-11),因此在盾构刀盘进入加固区后,如果将土仓压力降为零,将导致端头地层发生较大损失,导致地表过量沉降或沉陷,因此带压推进导致洞门端头土体被推出洞门。

图 9.2-8　盾尾推出洞门

图 9.2-9　清理刀盘附土

图 9.2-10　对接收端洞门进行注浆加固

图 9.2-11　接收端土体加固效果较差

(2)原因二:洞门处理方式有误

施工单位对围护桩进行人工凿除,仅剩余围护桩竖向主筋连接(图 9.2-12)。后对接收端洞门进行挂网喷射混凝土(喷射混凝土厚度约 15 cm),洞门掌子面缺少足够的支撑力,盾构进入加固区后带压掘进推力大,将端头土体推出洞门。

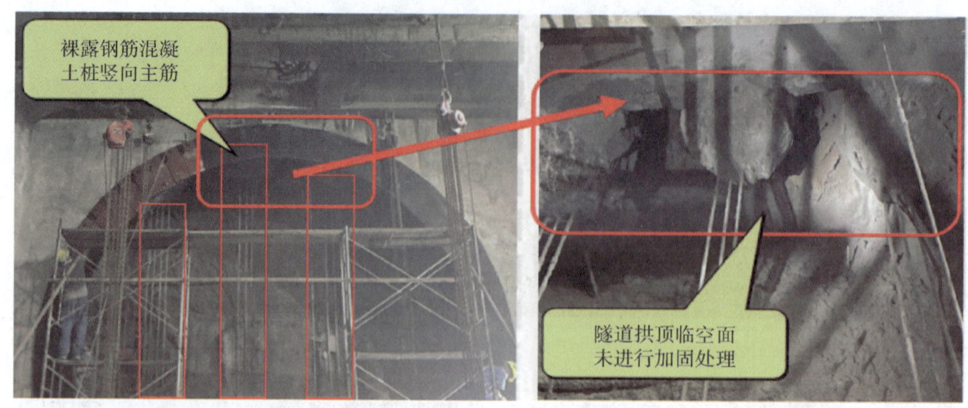

图 9. 2-12　洞门处理方式有误

(3)原因三:盾构施工参数控制不当

接收端加固土体长度为 12 m(10 环),盾构掘进至 220 环时盾构即开始进入加固区,土仓压力、推力等需逐步降低。结合盾构施工参数进行分析,盾构进入加固区后土压仍为 0. 12 ~0. 20 MPa,盾构掘进至 226 环时盾构土压仍达到 0. 05 MPa 左右,且盾构推力达到 18 000 kN,导致盾构带压接收,大量桩间土被推出。

9. 2. 2　总结与建议

(1)针对暗挖结构的盾构接收,需对接收端掌子面采取足够强度的加固措施,如对掌子面加设型钢或工字钢横撑及斜撑等,可有效确保盾构到达过程中桩间土体不会被推出洞门,如图 9. 2-13 所示。

图 9. 2-13　暗挖结构接收端洞门处理方式良好示例

（2）盾构进入接收端加固段后，应逐步调整盾构施工参数，降低盾构土仓压力（图 9. 2-14），清空土仓内部渣土，降低刀盘掘进速度与盾构机推力，防止将接收端土体推出洞门导致土体失稳。

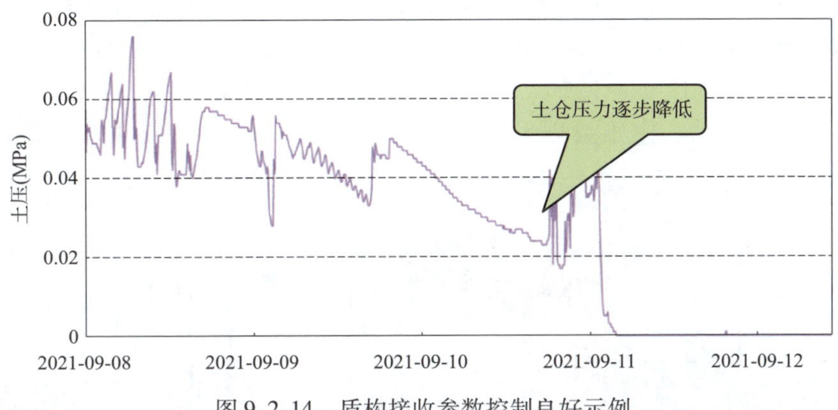

图 9. 2-14　盾构接收参数控制良好示例

（3）对接收端加固条件较差（如接收端地表不具备加固条件等）情况，洞门水平深孔注浆效果一般，建议在接收端洞门上方搭设小导管，必要时可采取大管棚 + 深孔注浆加固等方式对接收端土体进行加固（图 9. 2-15），确保盾构接收过程中土体具有良好的自稳性。

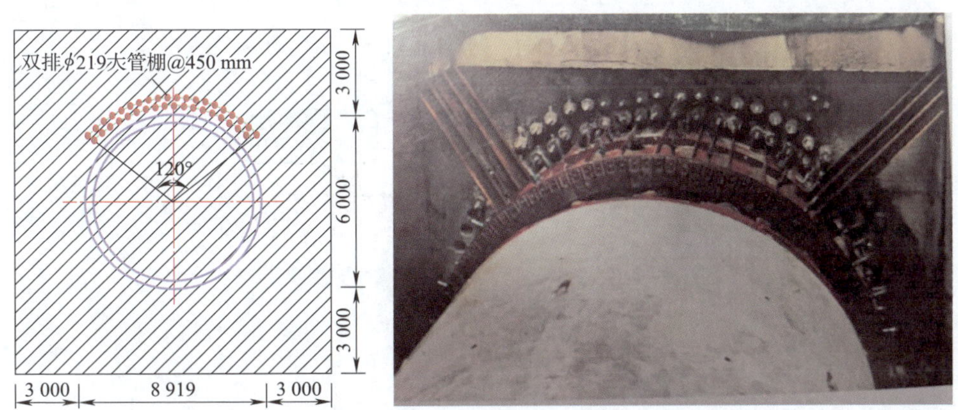

图 9. 2-15　接收端采用大管棚 + 深孔注浆加固方式示例（单位：mm）

9.3　盾构设备异常故障风险事件

北京地铁 17 号线太阳宫站—望京西站区间，盾构左线先从 2 号盾构井暗挖洞内始发，掘进至区间风井接收，整机空推 64 m 后二次始发，再掘进至接收端后拆机转场区间右线盾构 1 号井。

9. 3. 1 风险事件

1. 事件过程

2021 年 6 月 24 日区间左线盾构推进至 1638 环、千斤顶行程 1 400 mm 时,刀盘扭矩瞬间增长,同时刀盘转速迅速降低至 0. 1 r/min 左右,贯入度骤降为 0。盾构参数异常情况如图 9. 3-1 所示。刀盘扭矩数值超过额定扭矩 6 300 kN · m,导致刀盘无法正常启动。由于数据采集频次为 1 min/次,因此系统并未捕捉到扭矩峰值。

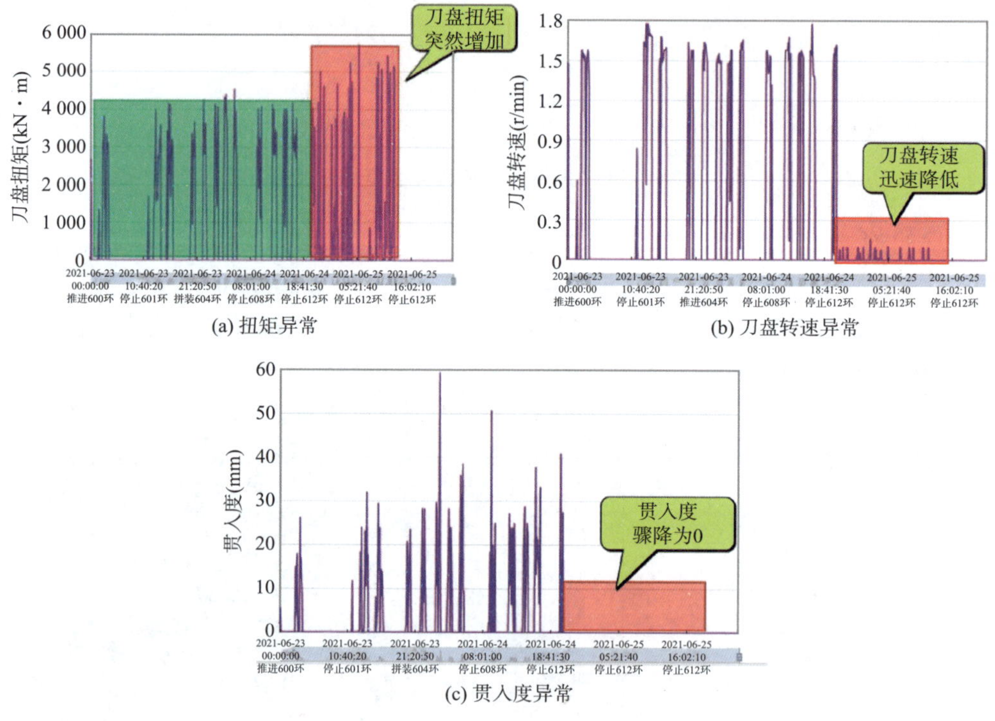

(a) 扭矩异常 (b) 刀盘转速异常 (c) 贯入度异常

图 9. 3-1 盾构参数异常情况

2. 应急处置

刀盘异常情况发生后,立即对盾构机刀盘驱动系统进行排查,发现系统无异常。随即对土仓内注入泡沫、气体,降低土仓压力(上土压为 0. 2 MPa,平均土压为 0. 22 MPa),并少量回缩千斤顶,通过回缩铰接油缸使盾体后退,同时启动刀盘脱困模式旋转刀盘,试图进行刀盘脱困。初始刀盘可以转动少量角度,但多次尝试后发现刀盘彻底无法转动。

3. 后续处置

经专家咨询后,施工单位联系厂家检修设备,对盾构刀盘电机扭矩轴、减速机、冷却润滑系统、主驱变频系统进行检测,巡检后发现盾构机无异常。

随后进行土仓置换,初始置换材料采用衡盾泥。衡盾泥总计注入 10.7 m^3,土仓排渣 1.65 m^3,渣样多为圆砾黏土块(图 9.3-2)。置换过程中发现衡盾泥材料流塑性较差,土仓置换效果不佳,随后改用膨润土材料。膨润土总注入 110.45 m^3,土仓排渣 89.5 m^3,渣样多为砾石、黏土、砂块(图 9.3-3)。

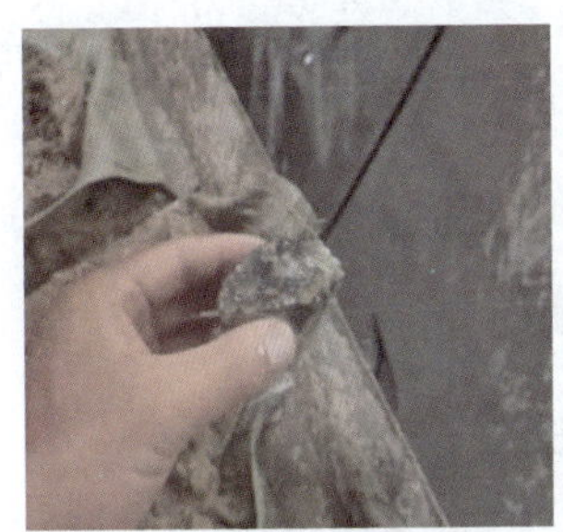

图 9.3-2　衡盾泥置换渣样

图 9.3-3　膨润土置换渣样

7 月 16 日再次开启刀盘脱困模式,试图转动刀盘,发现刀盘可以转动少量角度,随后扭矩突破 6 300 kN · m,刀盘跳停。检查后发现刀盘 4 号、6 号电机扭矩轴断裂。7 月 18 日扭矩轴更换完成。7 月 20 日再次试图刀盘脱困,7 月 21 日凌晨 2:00 刀盘尝试再次转动,下午刀盘恢复正常转动,刀盘脱困完成。随后进行试掘进,过程中螺旋机排出大块砾石(图 9.3-4、图 9.3-5),长度为 150 ~ 250 mm,其中有三块长度超过 200 mm。

刀盘吊装出洞后,对刀盘刀具进行测量检查,发现 4 号梁左侧 1 号切刀上出现一道较深划痕(图 9.3-6),同时大量先行刀刀具崩坏(图 9.3-7)。

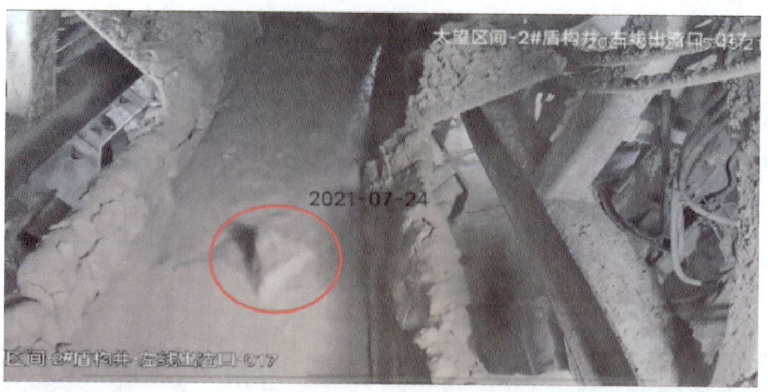

图 9. 3-4　螺旋机出渣监控界面

图 9. 3-5　螺旋机排出的大块砾石

图 9. 3-6　4 号梁左侧 1 号切刀深划痕

图 9. 3-7　7 号梁 5 号先行刀刀具破损

9. 3. 2　刀具破损情况分析

17 号线盾构机型号为 ZTE6610。盾构刀盘开挖直径 6 640 mm，开口率 68%，中心安装一把鱼尾刀，高度 450 mm，先行刀共 66 把，其中高度 190 mm 有 43 把，高度 155 mm 有 23 把，切刀数量为 84 把，高度 125 mm，并配有 1 把超挖刀及 8 把横向保径刀。刀盘面板设置周边复合耐磨板，同时刀盘面板上均匀布置了 6 个渣土改良剂注入口，可对开挖土体进行较好的改良。刀盘进洞前及出洞后情况对比如图 9. 3-8 所示。

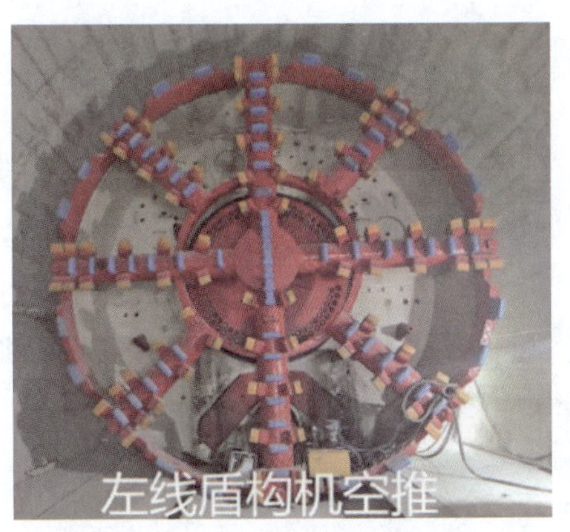

图 9. 3-8　刀盘正面情况对比

刀盘吊装出洞后，对刀具磨损量进行测量统计。各刀具磨损情况如图 9. 3-9 所示。从图 9. 3-9 中可以看出：刀具平均磨损量较小，多数为 5 ~ 10 mm，说明地层条件及渣土改良情况较好，刀盘磨损较轻，部分位置仍依稀可看出初始漆面；但 190 mm 先行刀具破损情况严重，中心鱼尾刀及边缘先行刀几乎全部出现破损现象。

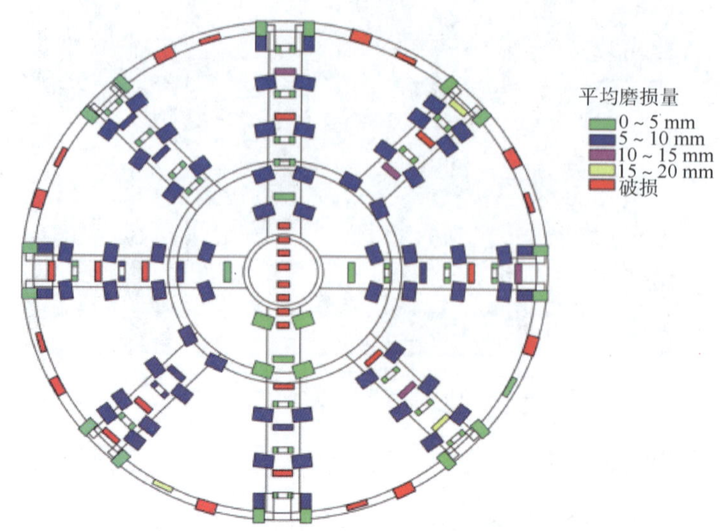

图 9.3-9　刀具平均磨损量情况

对刀盘上各轨迹先行刀平均磨损量进行统计分析发现,距刀盘中心距离越远,先行刀磨损量越大,磨损情况越严重,基本可得出存在孤石或有局部硬岩侵入隧道边缘位置,致使盾构边缘先行刀出现大量崩齿、破损情况,造成盾构刀盘扭矩陡增导致刀盘卡死。

9.3.3　原因分析

(1)盾构隧道范围实际穿越地质情况与勘察报告有出入,可能出现孤石或有局部硬岩侵入隧道边缘范围,造成盾构在掘进时扭矩陡增进而导致刀盘卡死,边缘先行刀承受较大扭矩而出现大量崩坏。

(2)穿越地层主要为卵石、砂层及黏质粉土等多种复合地层,黏土与卵石混合在一起形成泥饼,黏附于刀盘中心,导致中心鱼尾刀破损严重。

9.3.4　总结与建议

(1)盾构掘进过程中应根据穿越地层情况,合理制定渣土改良方案。

(2)盾构施工中定期对刀具进行检查,当盾构刀盘扭矩、贯入度等参数出现异常时,就要考虑刀具是否磨损严重,适时安排开仓检查刀具。

(3)盾构异常停机后,应增加监测及巡视频率,并严格按照相关施工方案进行应急处理。

9.4　盾尾漏浆及盾尾刷更换风险事件

17 号线望京西站—红军营站区间，盾构段始发后到达中间风井，从中间风井二次始发后下穿和侧穿京承高速到达盾构接收井（横通道）接收。

9.4.1　风险事件

1. 事件过程

2022 年 5 月 5 日，右线盾构机掘进至 3300 环时，在千斤顶 7 点位 8 号顶至 9 号顶之间，盾尾开始有同步注浆浆液和砂子从管片与盾尾间隙之间冒出（图 9.4-1），随着盾构推进该现象愈发严重。

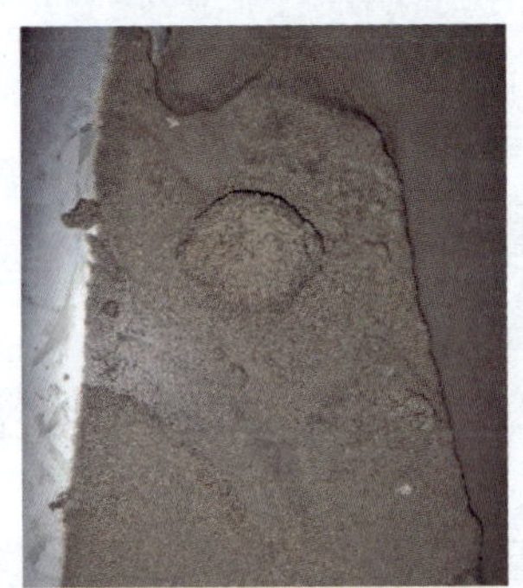

图 9.4-1　现场情况

此时盾构隧道所在地层主要为粉细砂和粉质黏土，上覆土层主要为粉质黏土填土、粉细砂、砂质粉土-黏质粉土，覆土厚度 25.8 m，含水层主要为承压水（四）和承压水（五），水头位置在隧道顶部，如图 9.4-2 所示。

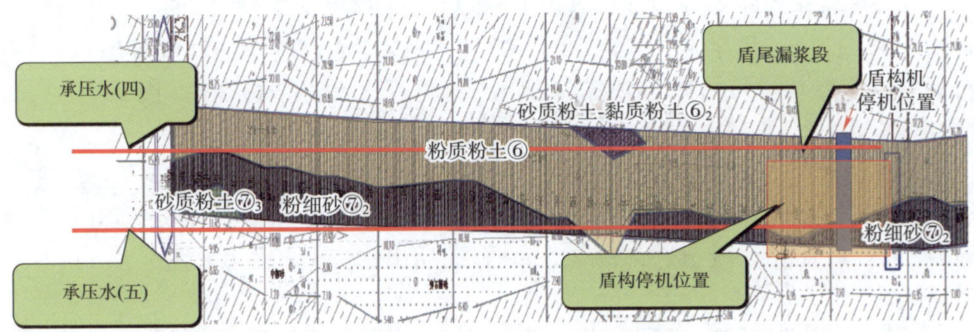

图 9.4-2　盾构隧道所处地层情况

2. 后续处置

情况发生后及时进行封堵,并组织召开专家咨询会;经分析给出处置建议如下:为了确保后续施工安全,宜在当前停机处更换盾尾刷;查清隧道地下水位情况,尽可能考虑通过左线对应位置了解情况;更换之前,做好土仓保压、盾壳外侧止水和盾尾止水注浆措施;更换钢丝刷时尽可能更换两道盾尾刷,至少更换一道。

9.4.2 盾尾刷更换

1. 施工难点

因更换盾尾刷需拆除管片,刨除及焊接尾刷需要持续一段时间的动火作业,所以更换盾尾刷存在一定的风险,具体分析如下:

(1)地层在掘进过程中受扰动后,地层稳定性急剧下降,在已成环的盾构管片外形成透水通道,而盾构更换尾刷时,需将一道尾刷露出成环管片外,仅有两道已损坏的尾刷作封闭,很容易造成从盾尾处喷泥涌水等塌方事故。

(2)盾构掘进时,地层经扰动后,掌子面很不稳定,随着停机时间延长,地下水进入土仓,土仓压力逐渐增大。

(3)盾构掘进时,上一环管片在千斤顶的作用力下已经挤压密贴,很难将管片拆除露出 2 道尾刷。

(4)长时间的停机,盾构机尾部在不均匀压力作用下易产生偏移,造成盾构间隙过大或过小,给管片安装带来困难。

(5)发生问题后,盾构机带病掘进了 54 环,加剧了盾尾刷损坏。

2. 盾尾刷更换流程

盾尾刷更换流程如图 9.4-3 所示。

3. 更换前置过程

(1)盾尾刷更换施工前,分别从左、右线隧道对应位置进行了地下水探查工作。

右线盾构机掘进至 3354 环,探孔位置为右线 3348 环和 3347 环,距离盾构机盾尾 4.5~6.9 m,凿穿最下部管片的注浆孔,安装止逆阀后用透明水管引水,测得水头高程约为 14.6 m,比隧道底部高 4 m,开孔后出水夹杂粉细砂(图 9.4-4),具有微承压性。

在左线对应右线盾尾位置(左线 3348 环)和左线对应右线拼装环位置(左线 3350 环),凿穿最下部管片的注浆孔,安装止逆阀后用透明水管引水,测得水头高程为 13.4 m,比左线隧道底部高 2.5 m,开孔后出水夹杂粉细砂(图 9.4-5),具有微承压性。

(2)综合施工条件及风险情况,结合 S543 盾构机机械性能状态,综合研判后确定该区间右线仅更换一道盾尾刷。盾尾刷布置示意如图 9.4-6 所示。

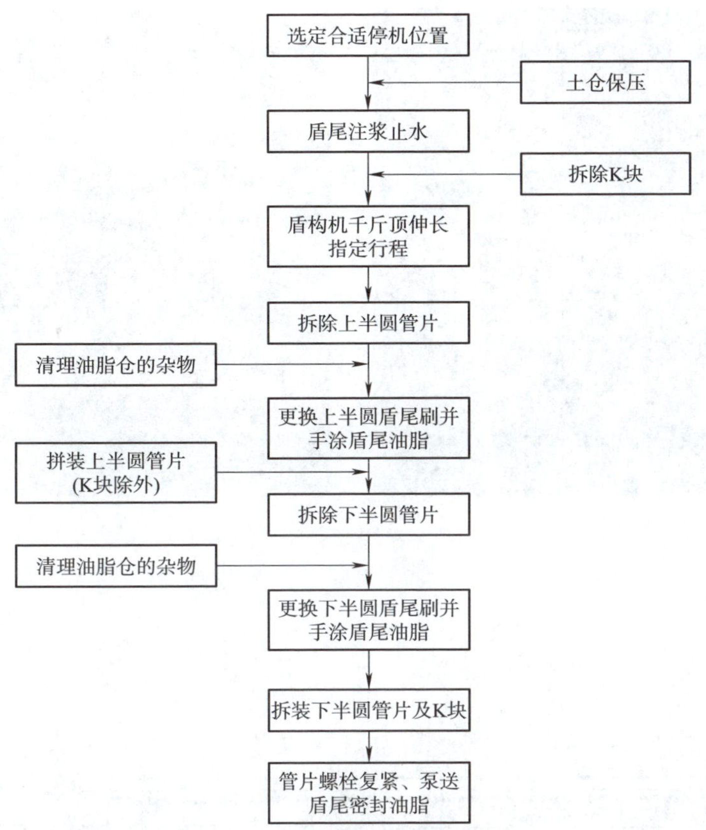

图9.4-3　盾尾刷更换流程图

图9.4-4　右线地下水探查情况

图 9.4-5　左线地下水探查情况

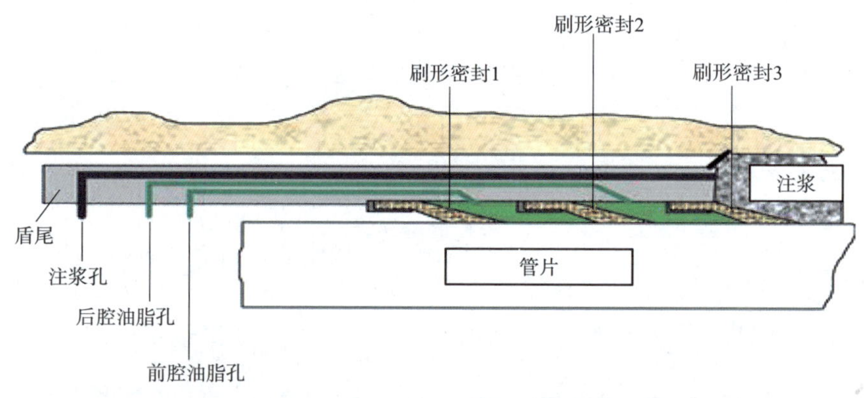

图 9.4-6　盾尾刷布置示意图

4. 盾尾注浆施作隔离环

由于盾构机在更换盾尾刷阶段接近软土层，盾尾密封处于薄弱状态。为了防止露出尾刷后，地下水从盾尾直接进入隧道而影响作业，首先向土仓及盾尾后方注入稠膨润土形成保护圈，当前右线盾构机拼装至 3354 环，第三道盾尾刷位于 3352 环与 3353 环交界位置，在 3340 ~ 3350 环之间进行二次注浆，浆液为水泥-水玻璃双液浆，在 3352 环和 3351 环注入水溶性聚氨酯。

(1)二次注浆施工

①二次注浆浆液选择

二次注浆采用双液型浆液,分为 A 液(水泥 + 水)、B 液(水玻璃 + 水)。

②注浆浆液的配比

A 液,水泥∶水 = 1∶1(质量比);B 液,水∶水玻璃 = 3∶2(体积比),浆液体积比例为:A 液 50%,B 液 50%。

③注浆参数

a. 注浆压力:0.3 ~ 0.5 MPa(根据地层情况调整注浆压力保证注浆效果);注浆量:5 m^3/环。

b. 凝固时间:20 ~ 60 s,为速凝注浆。

c. 注浆速度:与地层孔隙及连通情况、地层密实度有关,因此注浆速度暂定为每分钟不大于 20 ~ 30 L。

d. 注浆结束标准:注浆量与注浆压力双控注浆,每根导管注入规定浆液,压力达到注浆终压,即可结束注浆。如压力长时间不上升,流量不减少,可能为跑浆现象,采用间歇注浆。

(2)聚氨酯注浆施工

在右线隧道 3352、3351 环注入水溶性聚氨酯材料,形成聚氨酯隔离环(图 9.4-7),防止盾尾后方水土和二次注浆浆液流窜。聚氨酯注浆采用 QZB-24 型气动注浆泵,聚氨酯材料与水发生瞬时化学反应后,借其缓慢膨胀及持续压力,完全填充管片与周边土体或浆液的空隙,实现止水和阻隔二次注浆浆液的效果。

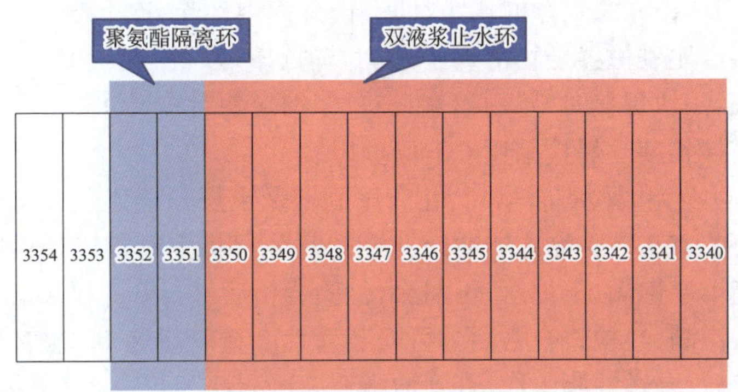

图 9.4-7　隔离环示意图

聚氨酯的注浆量为

$$Q = w \times v = \frac{\pi d^2}{4} \times v \times t = \frac{\pi \times 0.0254 \times 0.0254}{4} \times 1 \times 31 \times 6 = 0.09\ (\mathrm{m}^3)$$

其中管材为 6 寸管(内径 25.4 mm),每环 6 根管,流速 v 取 1 m/s,t 取 31 s。

聚氨酯材料为亲水型,其具有以下特性:单液型,无需计量混合;包水率大,固结体弹性好;优良的亲水性,可与水反应迅速封堵大压力漏水;无毒,无污染,对人体无害。

聚氨酯材料的性能指标如下:

①外观:黄色或棕黄色透明液体。

②密度:≥1.0 g/cm^3。

③黏度:20 ℃时,≤1 000 MPa · s。

④初凝时间:≤30 s。

5. 盾尾刷更换施工

止水达到理想效果且应急物资到位后,开始管片拆卸。

(1)拆除 3354 环 K 块管片,将盾构机向前掘进,使盾尾第一道尾刷暴露在 3354 环上,分多次拆装管片更换盾尾刷。K 块拔出一小段距离,如盾尾情况良好无渗水,则继续拆除 K 块,检查密封刷情况;如 K 块拔出一小段距离后盾尾发生流水、流砂,则立即拼回 K 块,并泵送盾尾油脂,在管片壁后继续注聚氨酯,直至盾尾无渗漏。

(2)拆除 B1 和 B2 块管片,立即进行清理工作。

(3)用铲刀将盾壳、油脂仓内附着的砂、油脂等杂物清理干净,对外露旧尾刷进行刨除,砂轮机打磨焊接表面。检查尾刷对应盾尾油脂注入管路是否通畅,如有问题先行修复并做好记录。

(4)采用气刨将盾尾刷切除。切除前用彩钢瓦将拼装机油管、电缆等部分遮盖,避免电渣损坏设备。切除时由上往下、由外而内切除,逐个取出损坏的盾尾刷。切除完成后将盾尾刷位置杂物清理干净,并确保干燥。盾尾刷安装顺序为依次搭接安装,在最后一块焊接时,尾刷稍宽,经过仔细量测后按尺寸切除,确保两块尾刷之间有足够搭接长度。焊接采用 CO_2保护焊。

(5)尾刷更换完成检查合格后,在盾尾刷钢丝束层与层之间人工涂抹油脂,涂抹油脂采用 DW-269 型手涂盾尾油脂。涂抹时分层将钢丝刷拨开后填入油脂,涂抹后每层油脂填塞饱满,不掉落、不漏涂,检验合格后进行管片拼装。

油脂填入饱满,经检查合格后方可安装管片。重新拼装 B2 块管片,管片安装完成后,继续进行泵送油脂工作,直到油脂充满尾刷油脂腔内(5 ~6 桶)。

(6)移除 A3 块管片,在 B2 块管片旁边重新拼装 A3 块管片。

(7)继续重复以上流程直至所有盾尾刷更换完毕。

(8)当油脂仓油压达到 1 MPa 时,恢复正常掘进,正常掘进时注意同步注浆压力不超过 0.3 MPa,以免击穿盾尾,造成盾尾刷损坏。

管片拆卸安装流程如图 9.4-8 所示。

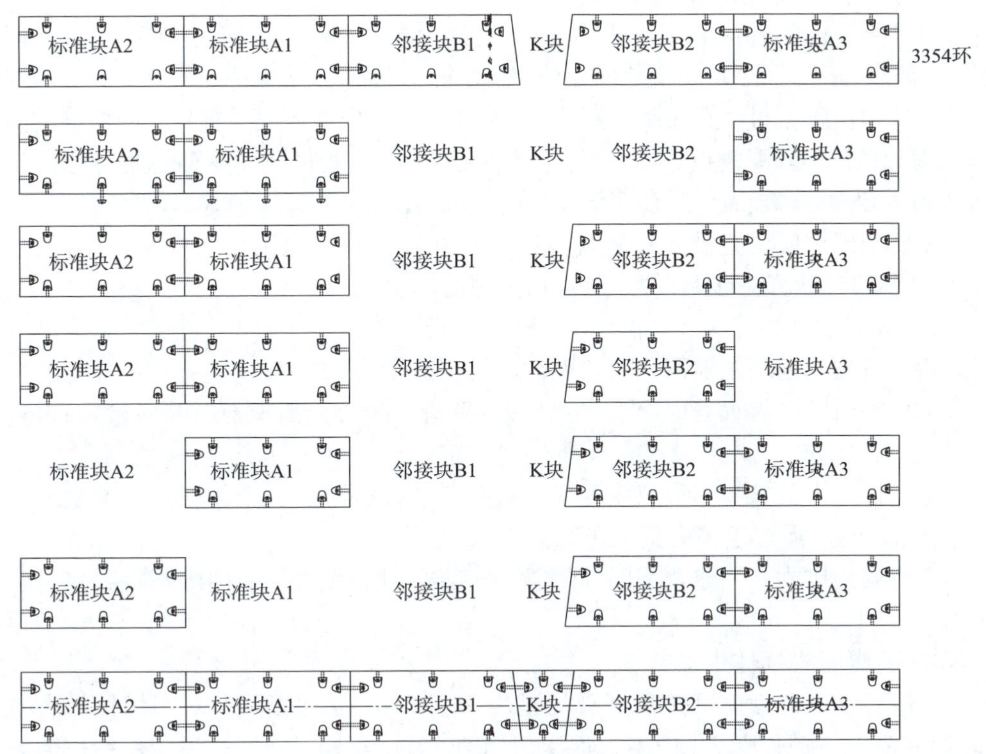

图 9.4-8　管片拆卸安装流程图

9.4.3　应急预案

1. 盾构机掌子面坍塌

(1)盾构司机立即关闭螺旋输送机出土口闸门,并立即向土仓内注稠膨润土进行保压。

(2)立即上报部门应急领导小组,并通知监理、建设方,如出现人员伤亡、盾构机设备损害等重大事故还应通知相关部门,并组织专家对事故情况进行分析,制定有效处理措施。

(3)指派专人对事故发生点的地面情况做检查,查看地面是否出现坍塌、裂缝等情况,并及时反馈信息,若存在危及群众安全的风险,应组织人员疏散。

(4)准备污水泵或泥浆泵将隧道内的泥水排出,清理盾构机及隧道内的泥浆杂物,对机械设备进行检查,特别是电气设备。

(5)组织人员、物资及设备对地面塌陷处进行填补及注浆加固,对盾构机刀盘上方地层进行注浆加固。

(6)加强地面监测,增加监测频率,及时反馈信息。

2. 盾尾大量涌水

(1)管片拆除过程中,拼装机拉动 K 块管片向外移动一小段距离,如发生盾尾涌砂、涌水,则立即将 K 块拼装回原位,盾尾进行注浆、注聚氨酯止水。

(2)如在盾尾刷更换过程中盾尾发生涌水、涌砂,应在盾尾与管片之间的缝隙内塞入海绵条后用环形钢板进行封堵,环形钢板上预留球阀打开,钢板通过管片纵向螺栓进行固定,盾尾进行注浆、注聚氨酯封堵,检查盾尾封堵合格后拆除环形钢板。

(3)地面对应位置设置隔离区,增加地表、管线及建筑物监测频率,地面发生下沉、坍塌等情况,立即上报,并通知相关产权单位。

3. 火灾

(1)盾尾刷刨除之前需将密封腔内油脂清除干净。

(2)密封腔内起火立即用灭火器灭火,险情解除后先清理密封腔内杂物,再进行作业。

(3)作业人员衣物起火应立即用湿布扑打、灭火器灭火,动作应迅速准确。灭火后查看伤势,需要送医者紧急送医治疗。

(4)洞内尾刷更换作业期间,严禁施工人员吸烟,焊机作业周围不得放置易燃物品。

4. 有毒有害气体中毒

(1)急性中毒后应迅速离开现场至空气新鲜处,立即吸氧。对密切接触者观察 24 ~ 72 h。肺水肿发生时给去泡沫剂如消泡净, 早期、适量、短程应用糖皮质激素, 可按病情轻重程度给地塞米松 10 ~ 60 mg/d, 分次给药, 待病情好转后即减量。

(2)一旦发现有害气体中毒,应立即安排工作人员沿既定通道紧急疏散,同时将隧道内直流风机开启,做好通风工作,稀释有害气体浓度。

(3)被抢救人员以就近医院救治为原则,同时送专科及特色医院,项目部要确定相关医院的清单及联系方式。

(4)根据灾情制定现场紧急措施,立即在现场布置警戒线,并维护现场秩序,组织做好人员疏散工作。

5. 高处坠落

当发生高处坠落事故后,立即拨打 120 急救电话,将伤员及时送往医院进行治疗。在等待救护车的同时,采取以下措施进行救护:

(1)根据伤势情况采取人工呼吸、心脏按压、止血、包扎、骨折临时固定等急救措施。

(2)根据伤势情况采取背、抱、扶及使用担架搬运送上急救车。

(3)随时征召一切车辆进行救援,在最短时间内将伤员送到最近医院进行抢救。

(4)设置警戒线,保护现场,采取相应措施防止发生二次伤害。

9.4.4　总结与建议

盾尾刷作为隔绝盾体内部与外部土层的重要部件,其损坏情况是导致盾尾密封性下降的主要原因,并将严重影响盾构的正常掘进。盾构区间发生风险事件时,盾构机处于富水高压环境,通过盾体和管片上的注浆孔先向盾尾、土仓和盾体四周进行二次注浆和注入聚氨酯,使盾体周围形成止水环箍;确保止水效果良好后打开管片开始更换盾尾刷,之后新尾刷涂盾尾油脂,管片拼装后盾构机恢复掘进。

在本次风险事件中,成功更换了盾尾刷,并杜绝了二次险情的发生,可为今后类似不利环境的工程施工提供技术参考。

第 10 章　北京地铁盾构工程智能化系统及展望

本章分别对“盾构施工实时管理系统”“盾尾间隙实时测量系统”“盾构出土量监控管理系统”进行了简要介绍，上述三套系统已在北京地铁盾构施工项目中取得了良好的应用效果，得到了盾构施工行业一致好评。本章还简要介绍了盾构工程智能化管控新发展，如盾构法隧道智能化施工管理成套技术、盾构施工三维实时管理系统。

10.1　盾构施工实时管理系统

10.1.1　系统基本原理及功能

1. 数据传输

盾构始发前，将盾构施工数据由地面监控电脑实时传输至建设管理单位服务器，数据传输过程如图 10.1-1 所示。盾构自动采集的数据存储在盾构的工控机里。首先将盾构施工过程中自动采集的数据实时地从盾构工控机传输至现场项目部电脑，然后通过互联网将数据实时地从现场电脑传输至轨道公司服务器，用户通过访问服务器电脑即可实现对盾构施工数据实时地读取。盾构数据传输系统分为盾构洞内有线实时数据传输系统和盾构服务器实时数据传输系统两部分。

(1)盾构洞内有线实时数据传输系统

盾构洞内有线实时数据传输系统以光纤作为传输介质，采用两个光纤转换盒来实现数字信号和光学信号的转换，其数据传输方式如图 10.1-2 所示。

盾构洞内有线实时数据传输系统的数据传输过程：盾构自动采集的数据通过网线传送给光纤转换盒，光纤转换盒将传来的数字信号转换成光学信号，然后通过光纤传给地面上的光纤转换盒，地面上的光纤转换盒再将光学信号转换成数字信号，然后通过网线传送给地面监控电脑，最后地面监控电脑再将传来的数据储存。

(2)盾构服务器实时数据传输系统

盾构施工数据从盾构工控机传输至地面电脑后，还需要将数据从地面电脑实时地传输至服务器，盾构服务器实时数据传输系统分为数据发送软件和数据接收软件两部分，数据发送软件负责在地面电脑上将最新的数据实时地发送至服务器，

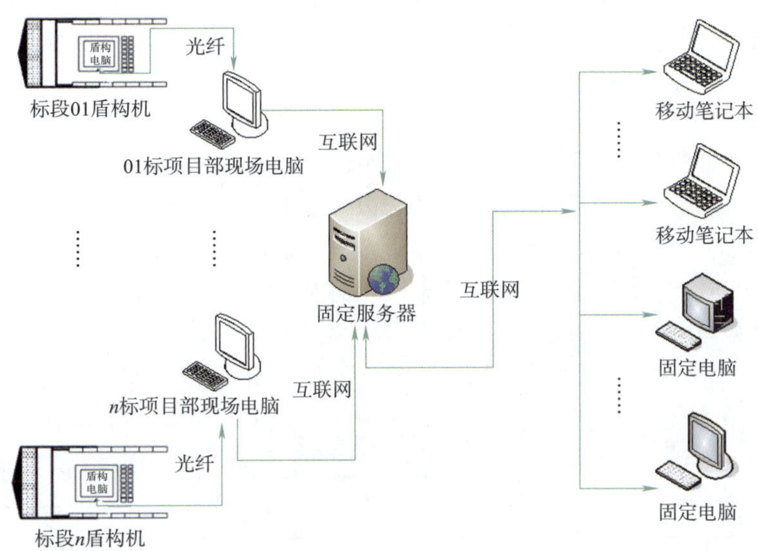

图 10.1-1　数据传输过程

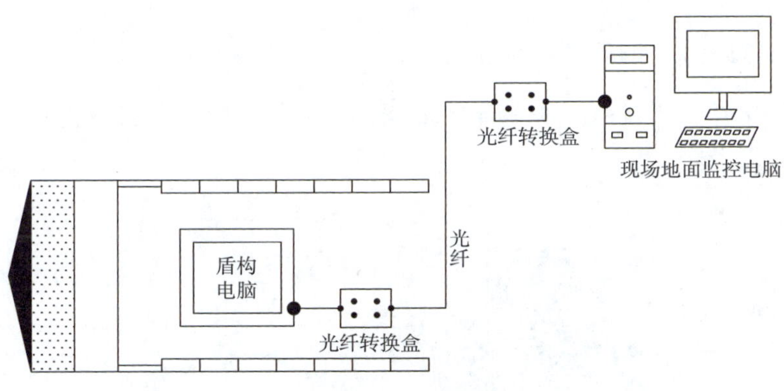

图 10.1-2　盾构数据传输系统传输方式示意图

数据接收软件负责在服务器上接收发送过来的数据并存储。

2. 系统结构设计

盾构施工实时管理系统能够对盾构施工过程中采集的数据进行有效管理，提供形象的显示界面和图形可视化的数据分析界面，对盾构施工全过程进行远程实时监控。盾构施工实时管理系统由盾构区间风险管理、工程进度、刀盘、螺旋输送机、时间统计、进度统计、材料消耗、参数分析 8 个界面组成。其中盾构区间风险管理、工程进度、刀盘和螺旋输送机属于显示界面，其主要功能是显示盾构施工过程中的各项参数和盾构施工进度以及施工进度与盾构区间重要风险工程的关系；时间统计、材料消耗、进度统计和参数分析属于数据分析界面,此种分析界面的主要功能是对盾构工作过程中实时参数进行统计和分析并形成图形界面,以便于施工人员查看、分析和管理生产。

3. 模块化设计

根据实际需要,系统应当具有结构合理、经济实用、操作简便、快速高效等特点,应当能与数据库对接。而且要使系统以后容易扩充,就要使它的结构清晰,因此在开发本系统时采用了模块化设计。在进行模块设计时,除了要考虑模块功能的合理性和结构的完备性外,还要考虑模块各功能的相对独立性,使重复度最小。另外,还要考虑功能模块的可靠性和可修改性。

盾构施工实时管理系统由四个模块组成,如图 10.1-3 所示。

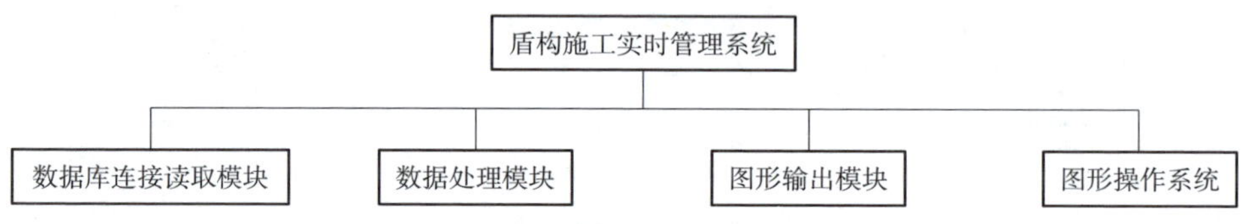

图 10.1-3　盾构施工实时管理系统模块结构示意图

10.1.2　盾构施工实时管理系统界面

在浏览器中输入盾构施工实时管理系统网址,进入系统登录页面,如图 10.1-4 所示。

图 10.1-4　盾构施工实时管理系统登录界面

登录成功后,显示北京地铁线路平面总图及全网在施盾构情况一览表,如图 10.1-5、图 10.1-6 所示。

图 10.1-5　盾构施工实时管理系统首页界面

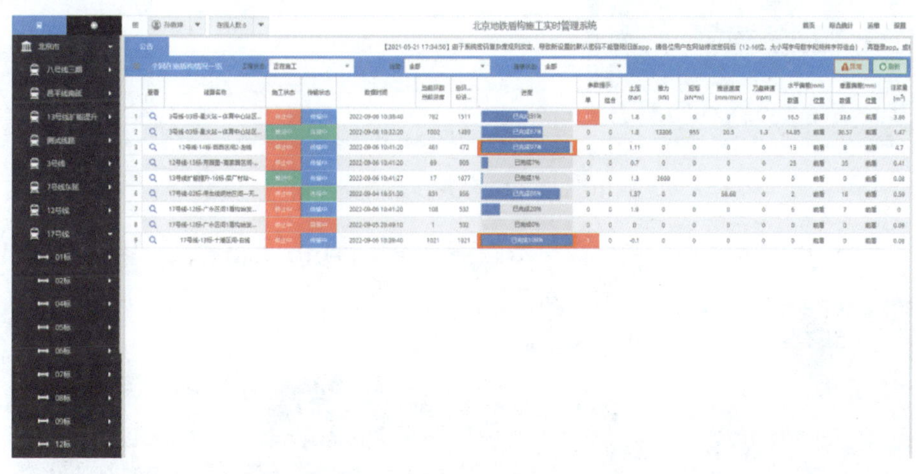

图 10.1-6　全网在施盾构情况一览表界面

盾构施工实时管理系统基本功能有以下 5 个：

一是，实时形象地显示工程进度，清晰地显示盾构区间各级风险源的影响区域，实现风险预告、风险提醒，方便用户掌控区间整体风险分布状况，明确管控重点。

二是，形象地显示盾构生产过程中的各项参数，对盾构施工过程进行远程实时监控。

三是，盾构生产过程中的全部数据进行各种条件下的查找、统计和分析并给出相应的可视化图形。

四是,以时间段的形式对盾构生产过程中的材料消耗、工效、推进环数和里程等参数数据进行统计和查询,并以报表的形式输出。

五是,对主要盾构施工参数进行实时预警,并在数据分析时给出主要施工参数的控制范围供决策者参考。

下面以北京地铁 17 号线 02 标天通苑东站—未来科学城站区间为例,详细介绍本系统各个界面的功能。

点击“17 号线”进入线路简介界面,可查看线路工程概况等信息,如图 10.1-7 所示。

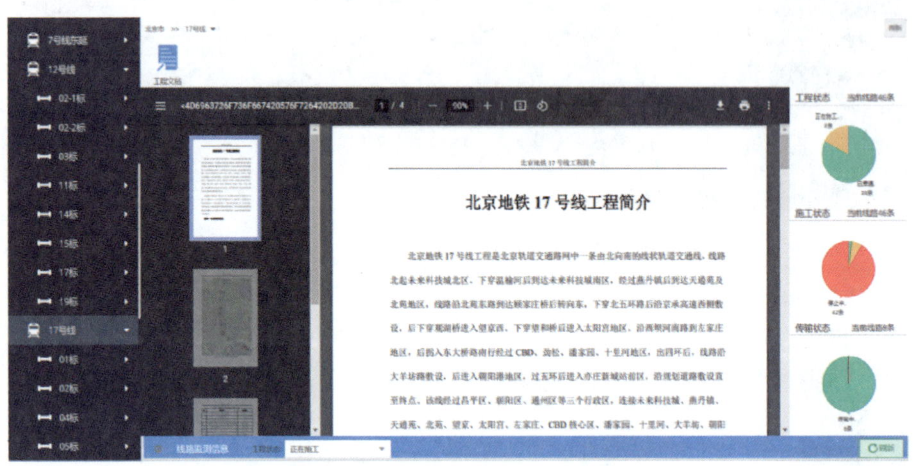

图 10.1-7　17 号线线路简介界面

点击标段即可显示盾构区间风险管理界面,如图 10.1-8 所示。盾构区间风险

图 10.1-8　盾构区间风险管理界面

管理界面还能显示盾构区间概况和区间地质剖面图,例如单击盾构区间风险管理界面右侧窗口中的剖面图按钮,系统显示界面如图 10. 1-9 所示。

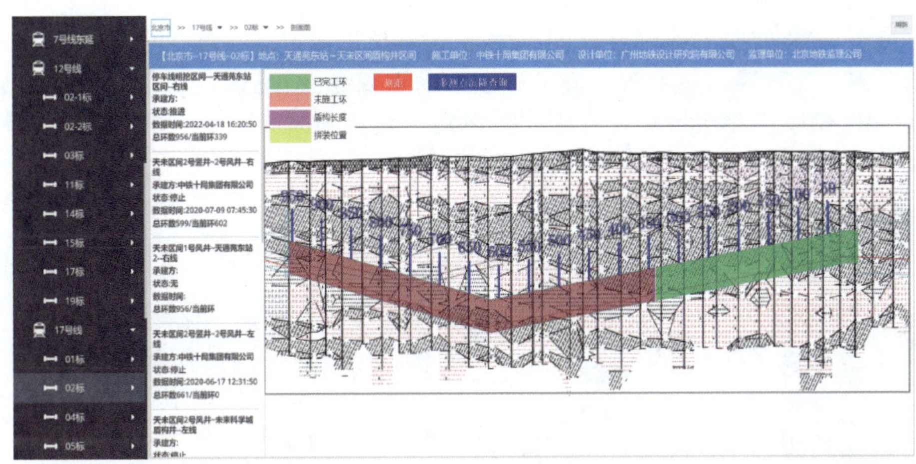

图 10. 1-9　盾构区间剖面界面

(1)工程进度界面

工程进度界面如图 10. 1-10 所示,工程进度界面具备以下四项功能:

①显示盾构隧道的平面位置和隧道总的管片数量(或隧道长度)。

②在隧道平面图上显示目前盾构所在的工作位置和正在掘进的环号。

③显示目前盾构的工作状态。

④显示盾构设备的基本情况。

图 10. 1-10　工程进度界面

通过工程进度界面,用户可以了解工程基本状况和进度情况,方便用户从总体上进行项目工期控制等。

(2)刀盘参数界面

点击“左线”或“右线”后可点击盾构监控默认进入刀盘参数界面,如图 10.1-11 所示。刀盘参数界面显示盾构掘进过程中的重要参数,可远程实时查询(根据盾构类型的不同,具体参数项目有些许差别),参数更新时间在 10 s 以内(与系统的记录相一致),界面显示的重要参数如图 10.1-11 所示。

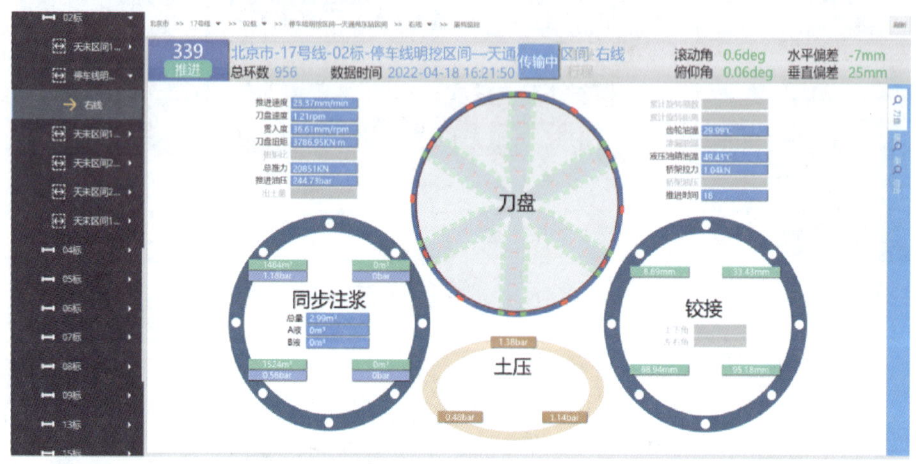

图 10.1-11　刀盘参数界面

刀盘参数界面还能够对显示的主要盾构施工参数进行实时预警,如图 10.1-12 所示。

	参数名称	环号	实际值	单位	控制值	提示时间
1	盾尾垂直偏差	330	55.3	mm	-50至50	2021-06-02 02:47:30
2	土压[左下]	330	2.46	bar	0.9至1.5	2021-08-02 02:47:30
3	土压[左]	330	0.88	bar	0.9至1.5	2021-08-02 02:47:30
4	土压[上]	330	1.5	bar	0.9至1.5	2021-07-28 19:20:40
5	土压[上]	330	1.5	bar	0.9至1.5	2021-07-28 19:18:50
6	土压[右]	330	0.84	bar	0.9至1.5	2021-07-27 22:09:00
7	刀盘扭矩	330	2546.46	KN·m	2700至3500	2021-07-27 22:08:40
8	刀盘扭矩	330	-48.71	KN·m	2700至3500	2021-07-27 22:08:00
9	同步注浆累计	330	5.26	m³	3.5至4.5	2021-05-13 14:34:30
10	总推力	330	24011.54	KN	10000至20000	2021-04-15 09:58:30
11	盾尾水平偏差	268	51.5	mm	-50至50	2021-01-20 14:48:40

图 10.1-12　施工参数实时预警界面

同时在刀盘参数窗口顶部会显示区间名称、数据时间、里程、行程、滚动角、俯仰角、水平偏差及垂直偏差这一系列数据，界面中正常的参数数值是以蓝色或者绿色表示的，如果参数预警则根据预警级别分别以黄色、橙色和红色表示。

(3)螺旋输送机参数界面

螺旋输送机参数界面如图 10.1-13 所示，螺旋输送机参数界面与刀盘参数界面基本一致，显示盾构生产过程中螺旋输送机及其相关系统的主要工作参数，与刀盘参数界面一样，也是每 10 s 更新一次。

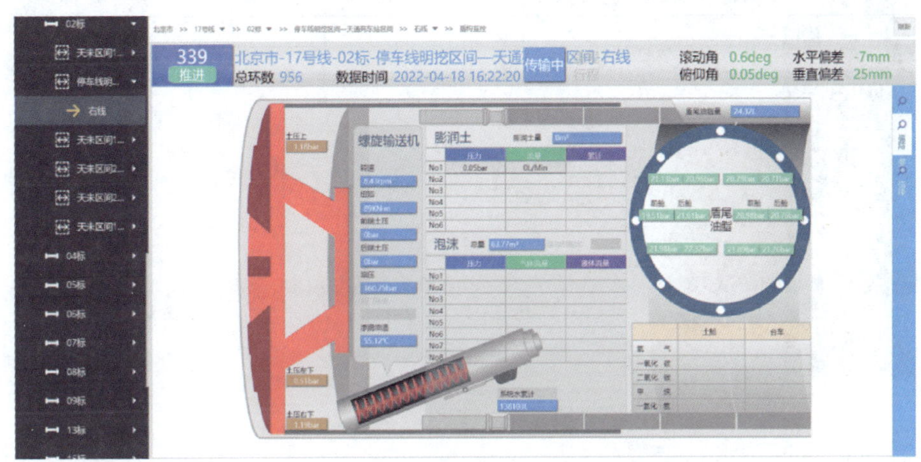

图 10.1-13　螺旋输送机参数界面

(4)导向参数界面

导向参数界面如图 10.1-14 所示，与刀盘参数及螺旋输送机参数界面同样，显

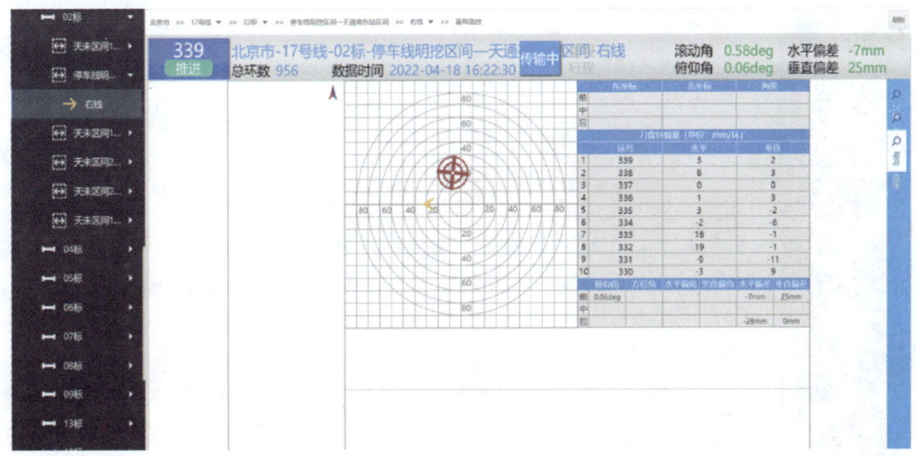

图 10.1-14　导向参数界面

示盾构导向系统的主要工作参数,更新频率按盾构机类型不同而不同,不超过 30 s 更新一次。

(5)综合查询界面

综合查询界面如图 10.1-15 所示,包含以上描述所有参数,以表格的形式展现,方便同时查询多个参数时使用。

图 10.1-15　综合查询界面

(6)时间统计界面

点击右边栏统计报表后,再次点击窗口下边栏时间统计,进入到时间统计界面,时间统计界面由总时间统计、详细时间统计和报表输出三个子界面组成,如图 10.1-16 所示。

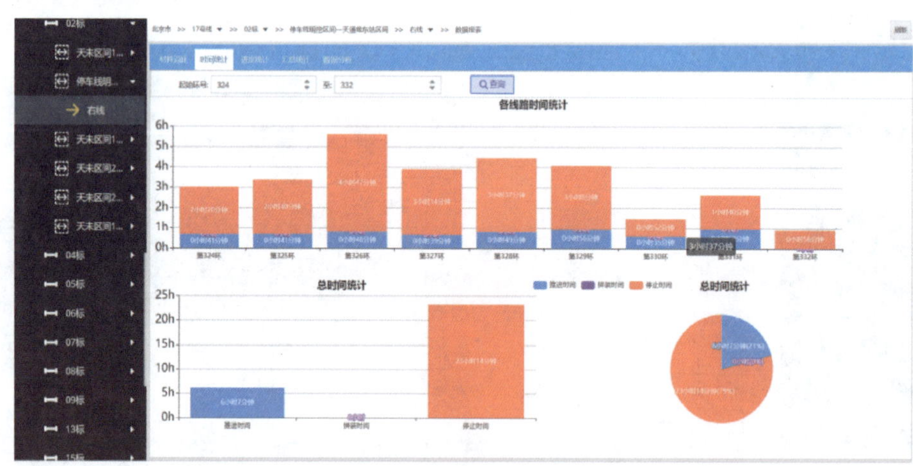

图 10.1-16　时间统计界面

盾构工作时间由推进时间、管片安装时间和停止时间三大部分组成。

①窗口上部显示的是详细时间统计界面，统计从指定起始环到指定结束环期间每一环的工作时间、推进时间、管片安装时间和停止时间（以小时为单位）并绘出柱状图，鼠标移至单环柱上时会显示具体的时间。

②窗口下部显示的是总时间统计界面，统计从指定起始环到指定结束环的每环盾构工作时间、推进时间、管片安装时间和停止时间（以小时为单位）并绘出柱状图，计算推进时间、管片安装时间和停止时间在盾构工作时间中所占的百分比并绘出饼状图。

③报表输出界面以时间段的形式对盾构掘进过程中的材料消耗、工效、里程和推进环数进行统计和分析，自动生成报表供决策者参考。报表输出界面如图 10. 1-17 所示，可以以“日报”“周报”“月报”三种时间段的形式输出报表，报表以 excel 文件输出，方便用户打印和储存。

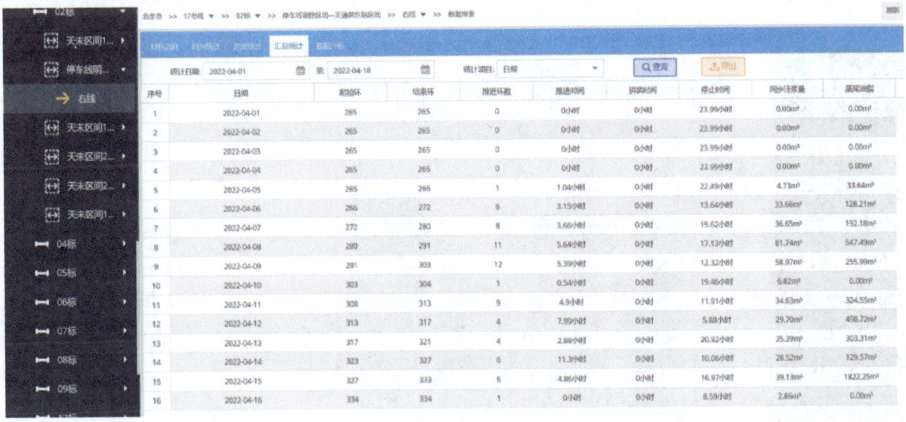

图 10. 1-17　报表输出界面

(7) 材料消耗界面

材料消耗界面可以给出盾尾油脂用量、膨润土用量、泡沫用量和同步注浆量四种材料从指定起始环到指定结束环的每一环的材料消耗量和总的材料消耗量并绘出柱状图，如图 10. 1-18 所示。材料消耗界面能够对同步注浆量进行预警，柱状图界面会显示红色及黄色预警线，当同步注浆量小于或者大于设定值时，表示预警了。

(8) 进度统计界面

进度统计界面可以给出从指定起始日到指定结束日每一天的推进环数并绘出柱状图，如图 10. 1-19 所示。

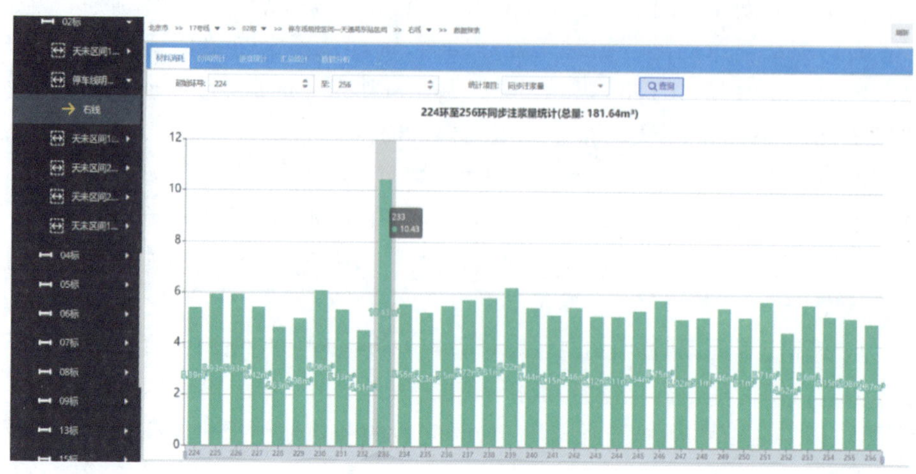

图 10.1-18　材料消耗界面

图 10.1-19　进度统计界面

(9)数据分析界面

数据分析界面可以分析盾构推进参数从指定起始环到指定结束环施工过程中的变化情况,并绘出相关参数变化曲线,如图 10.1-20 所示。数据分析界面还具有曲线放大功能,用户可以通过鼠标的拖放对曲线进行放大,从而更加细致地对参数变化进行分析。单环分析界面能够对两种不同类型的参数进行分析,同类参数最多可以同时分析 5 个。主要施工参数有上土压,刀盘扭矩,总推力,盾构水平、垂直偏移量等。图 10.1-21 所示为前盾、尾盾水平及垂直偏移量。

图 10.1-20　数据分析界面(土压)

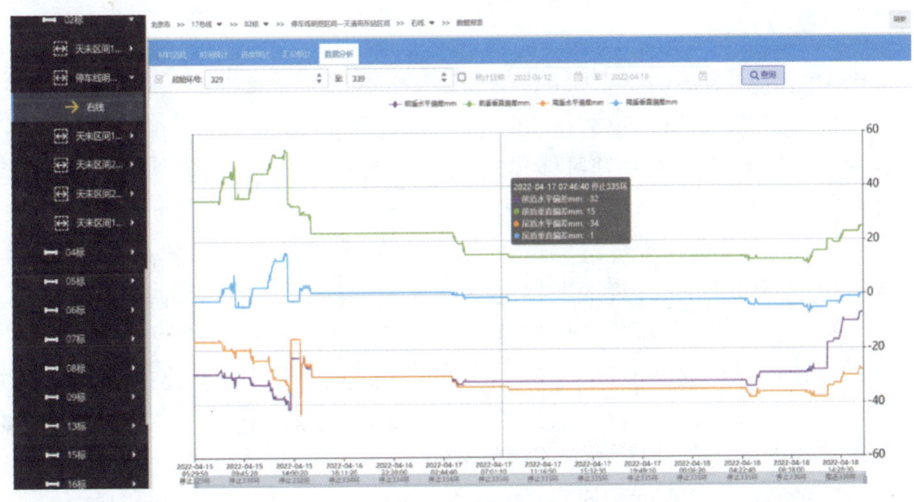

图 10.1-21　数据分析界面(盾构姿态)

(10)预警界面

在“基础功能”栏中的“预警设置”里,可以对盾构每个组段或环数的各项参数提前设置预警范围,如图 10.1-22 所示,预警参数包括土压力、刀盘扭矩、推力、同步注浆量、盾构姿态数据、泡沫及膨润土注入量等一系列主要施工数据。在“施工管理”栏中的预警信息查询界面中,可对工程的历史预警信息进行查询,发现工程中存在的问题,为今后的施工提供指导。

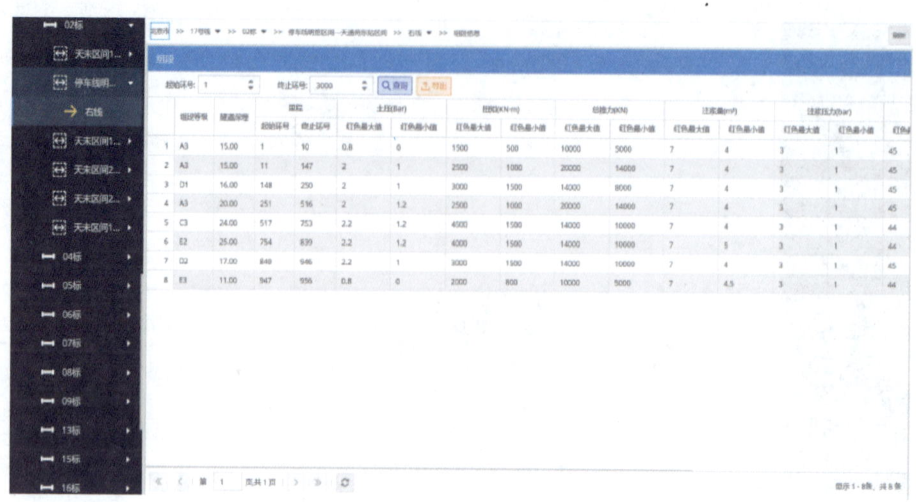

图 10.1-22 组段划分界面

10.1.3 系统特点

本系统能够对盾构施工全过程进行远程实时监控,形象地、实时地显示盾构施工参数,提供可视化图形数据分析界面,并对盾构施工中耗材进行统计分析,既便于分析盾构施工的全过程及其可能出现的各种问题,也可以对盾构施工成本和质量进行控制,形象地显示工程进度和盾构所处的位置。盾构施工实时管理系统具有以下几个特点:盾构施工全过程远程实时监控;形象地显示工程进度;清晰地显示盾构区间重要风险工程;直观形象的参数显示界面;材料消耗的统计和分析、工程成本控制;数据分析界面能显示完整的参数变化曲线;数据分析界面能对两种不同类型的参数在同一界面上进行对比分析并显示它们各自的变化曲线,以便于分析参数间相互关系;能够对盾构主要施工参数进行实时预警,并在数据分析界面显示主要施工参数的控制范围,供决策者参考。

(1)盾构施工全过程远程实时监控

对施工管理者而言,所处的办公地点不是固定的,可能在施工现场,可能在公司总部,也有可能在外地。通过数据传输系统将各个盾构区间盾构施工数据实时传输至轨道公司服务器上,用户不管身处何地只要能够上网即能通过互联网访问公司服务器读取最新的盾构施工数据,从而实现对盾构施工全过程远程实时监控,使管理人员能够准确、全面地掌握最新的盾构施工情况。

(2)形象地显示工程进度

为便于用户形象地了解工程进度,将盾构隧道平面图预先输进“盾构区间风险管理界面”和“工程进度界面”中,然后将正在掘进的环号在平面图上定位并且使其自动闪烁让用户清楚地看到盾构正在掘进的位置，最后将盾构已开挖过的部分在平面图上涂成绿色，从而形象地显示工程的进度。

通过盾构区间风险管理界面和工程进度界面，用户还可以直观地看到盾构目前的掘进方向是左转、右转还是直行，对于不同的掘进方向，用户可以调整施工参数来适应盾构的掘进。

(3)清晰地显示盾构区间重要风险工程

盾构区间风险管理界面能够清晰地显示盾构区间重要风险工程的影响区域，并与盾构工程进度相结合明确风险工程与盾构施工进度的关系，实现风险预告、风险提醒，方便用户掌控区间整体风险分布状况，明确管控重点。

(4)直观形象的参数显示界面

盾构施工实时管理系统中的显示界面都是中文的，而且为了便于用户形象地了解各个参数的意义，将盾构的主要部件如刀盘、螺旋输送机、铰接油缸等在显示界面上绘成图像并在图像上相应的位置显示参数的数值。这样用户不仅可以看到盾构机工作参数的数值，而且可以知道各个参数的意义。

(5)材料消耗的统计和分析以及工程成本控制

材料消耗界面经过统计分析得出盾尾油脂用量、泡沫用量和同步注浆量，这三种材料对工程成本影响较大，也是控制盾构施工质量和确保施工安全的重要数据。统计分析得出这三种材料每一环的消耗量和从指定起始环到指定结束环总的消耗量，便于对工程各方面进行分析和控制。

例如，材料消耗界面中的注浆量统计分析可以帮助我们有效地控制工程施工安全、确保地层移动(如地面隆起和地表下沉等)在允许的范围之内，从而保证工程质量。

(6)参数分析能显示该环完整的参数变化曲线

单环参数分析可分析盾构推进参数在整环施工过程中的变化情况，并绘出相关参数变化曲线。与海瑞克、石川岛等盾构设备原有的数据分析系统相比，单环参数分析界面的最大特点是输出任意一环完整的参数变化曲线，而盾构设备自带系统本身所具有的数据分析功能有限，不能完整反映盾构施工情况。图 10.1-23 显示的是盾构施工实时管理系统单环参数分析界面输出第 210 环 ~ 第 260 环的参数“总推力”的变化曲线，盾构施工实时管理系统输出的参数变化曲线能完整地反映参数在本环施工全过程中的变化情况，完整的参数变化曲线便于分析盾构施工全过程及其可能出现的问题。

(7)能对两种不同类型的参数进行分析

能对两种不同类型的参数进行分析，显示它们的变化曲线，以便于分析参数间的相互关系。图 10.1-24 显示的是第 210 环 ~ 第 260 环的参数“土压【上】”和“总推力”的变化曲线，通过输出的曲线可以分析参数“土压【上】”和“总推力”之间的

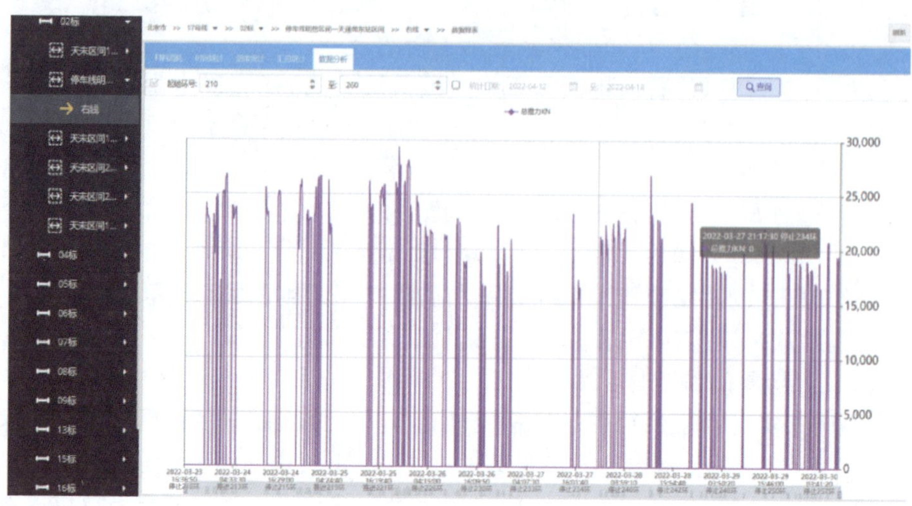

图 10.1-23 参数分析界面(第 210 环 ~ 第 260 环)

图 10.1-24 第 210 环 ~ 第 260 环参数分析界面(土压【上】和总推力)

相关关系。

(8)施工参数的实时预警

盾构施工实时管理系统能够对盾构主要施工参数进行实时监控与预警,并在数据分析时自动显示主要施工参数的控制范围,这对规避盾构施工过程中由于施工参数设置或者控制不当造成的安全风险事件有着显著的效果,而且对于综合评价盾构施工目前的安全风险状态也起到很大的作用。

10.1.4　系统关键技术、创新点

1. 关键技术

(1)研发了一套中文操作界面的盾构施工实时管理系统,既能对盾构施工全过程进行远程实时监控和自动预警,又能形象、实时地显示盾构施工参数,提供可视化图形数据分析界面,并对盾构施工中耗材进行统计分析,既便于分析盾构施工的全过程及其可能出现的各种问题,也可以对盾构施工成本和质量进行控制,还能形象地显示工程进度和风险工程的影响区域,实现风险预告、风险提醒,方便用户掌控区间整体风险分布状况,明确管控重点。

(2)采用光纤作为传输介质研发了隧道内外盾构数据实时传输系统,保证盾构施工数据稳定、实时和快速地传输至地面监控电脑,同时也为数据传输至监控中心服务器提供了基础。

(3)研发了盾构服务器数据实时传输系统,实现了盾构施工数据能够实时地传输至监控中心服务器,保证能够实时地对盾构施工全过程进行远程监控和分析。

2. 创新点

(1)能够通过公共互联网对盾构施工进行远程实时监控和自动预警。

(2)能够对盾构施工中消耗的材料进行统计分析,进而对施工质量和成本进行控制,这在国内外盾构施工管理中属首创。

(3)实时地显示工程进度、进行风险控制参数的分析,进而实现风险预告、风险提醒,方便用户掌控区间整体风险分布状况,明确管控重点。

(4)能够对盾构施工数据进行分析,并在数据分析时自动显示主要盾构施工参数的控制范围,以便查找和分析施工中出现的各种问题,为盾构施工提供技术支持。

10.2　盾构出土量监控管理系统

10.2.1　系统总需求分析

盾构施工过程中出土量的控制是主要的施工环节之一。出土量控制不当,出土过多或过少都会导致地表的沉降或隆起。盾构施工过程中操作不当或者判断错误会导致随时可能发生风险,防不胜防,因此必须在施工阶段对盾构施工过程的出土量进行有效的控制、管理。

盾构施工过程中出土量的有效管理和控制,很大程度上依赖于出土量系数的合理性和施工过程中控制的好坏。盾构出土量监控管理系统会自动采集并存储大量的出土量信息,利用这些数据信息来对盾构施工过程的风险进行控制是非常重

要的。这也是各方建设管理人员的迫切需求,是适应地铁建设大发展的形势和安全生产的迫切需要应运而生的。

10.2.2　系统的主要结构和原理

盾构出土量监控管理系统总结构设计如图 10.2-1 所示,整体流程为:在盾构机皮带机上安装皮带秤,皮带秤包括称重传感器、速度传感器和积算仪,积算仪从称重传感器和速度传感器接收信号,通过积分运算得到出土瞬时流量值和累积重量值,数据通过无线通信模块转为 Wi-Fi 信号无线传输至现场的工业平板电脑上,随后工业平板电脑再传输到云服务器,实现数据共享。本次研发增添了盾构参数的显示功能,盾构 PLC 与无线通信模块连接,依靠 PLC 与出土量监控管理系统的通信协议,将数据传输并显示在系统界面中。

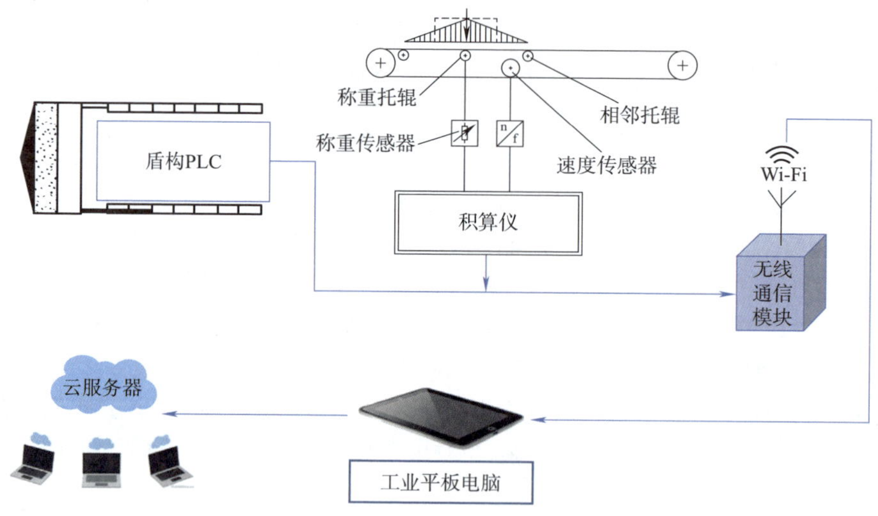

图 10.2-1　盾构出土量监控管理系统结构示意图

在皮带机上安装皮带秤测量设备前须进行皮带机设备拆卸重组以适应现场施工状况,实施步骤如下:

①对输送皮带的整体测量,确定皮带秤架及仪表的安装空间和位置。

②按原始测量数据进行整体建模、加工制造(车间完成)。

③将原先的托辊架进行拆卸,并保留和调整防跑偏装置。

④进行开孔安装新托辊组以及称重机构。

⑤上下托辊调整。

⑥接线盒、仪表安装。

⑦布线、接线。

⑧传感器电子配平、标定。

⑨实物检验。

皮带秤安装流程如图 10.2-2 所示，安装调试时间预计为 20 d，随后投入使用。

皮带秤工作原理：物料经过称重区域时，计量托辊检测到皮带机上的物料重量通过杠杆作用于称重传感器，产生一个正比于皮带载荷的电压信号，该信息需接入 AD 盒（高精度接线盒）。速度传感器直接连在大直径测速滚筒上，提供一系列脉冲，每个脉冲表示一个皮带运动单元，脉冲的频率正比于皮带速度。称重仪表从称重传感器和速度传感器接收信号，通过积分运算得出一个瞬时流量值和累积重量值，称重系统硬件设计示意如图 10.2-3 所示。

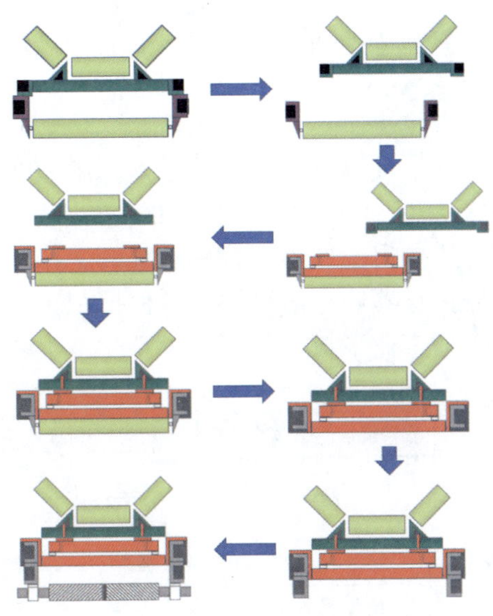

图 10.2-2　电子皮带秤安装流程图

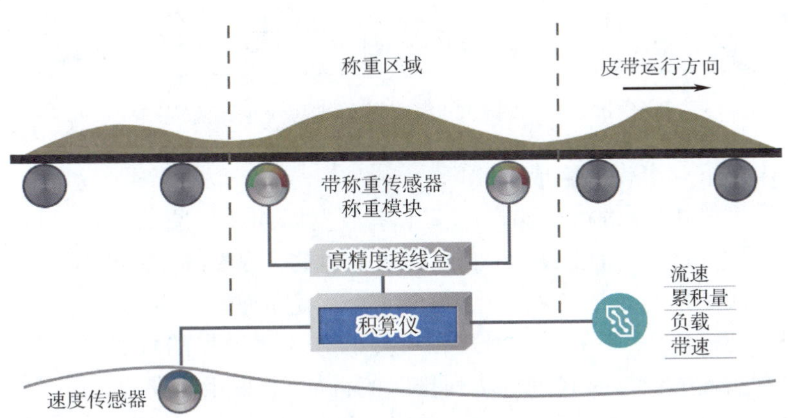

图 10.2-3　称重系统硬件设计示意图

皮带秤测量设备工作原理如下：

物料的瞬时流量计算公式为

$$F = KvQ \tag{10—1}$$

式中　F——流量；

K——称量系数；

v——皮带速度；

Q——称量段负荷。

K 可通过实物标定获得,v、Q 可通过处理现场传送过来的信号得到。

累积重量通过瞬时流量对时间的积分实现:

$$\sum M = \int F\mathrm{d}t \tag{10—2}$$

皮带秤整体性能设计最大流量为 5 000 t/h,最快皮带速度为 5 m/s,皮带宽度为 450 ~ 2 400 mm,输送倾角小于 16°。

盾构出土量监控管理系统的工作流程如图 10.2-4 所示,皮带秤称重传感器和速度传感器输出信号到皮带秤控制箱,控制箱的 485 通信接口转化为 Wi-Fi 信号,发送到工业平板电脑上。

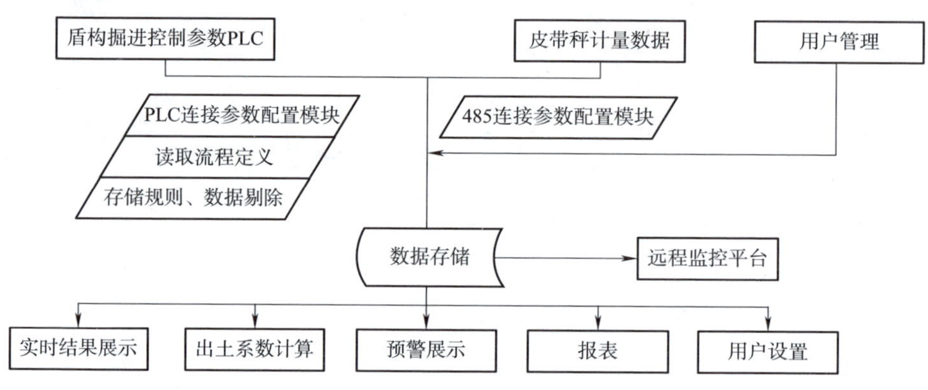

图 10.2-4　盾构出土量监控管理系统工作流程图

系统由以下几个模块组成:

数据采集模块:系统可选择自定义采集数据周期和订阅的方式。自定义数据采集周期,是指可根据自己的需求自己设置数据采集的周期,满足不同工况下的需求。订阅方式则指当数据产生变化时,以一个固定周期对变化数据进行订阅采集。

数据管理模块:系统采用队列式和事件的方式对采集的数据进行管理。本系统的数据有明显的依据时间进行队列排序的特征,故采用队列式,通过队列将原始数据存储,通过事件将数据传递给各个数据处理分析模块,并将产生的结果数据存入数据库。

计算分析模块:系统涉及两类下位机,并利用下位机数据进行实时数据计算和分析。作为出土量管理系统,主要的功能是管理和监控出土量和盾构机推进行程的关系,并进行合理性分析,以图表和数值的方式进行分析结果展现。

界面显示及操作模块:系统采用 WPF 作为 UI 框架,WPF 具有界面友好、易于设计、运行流畅的优点。系统主要的界面是对数据的展示、系统的设置和数据参数的设置。数据展示以图表、列表和数据块为主。通过良好的人机交互,能够直观地展现实时监控数据和计算分析结果。

系统的数据主要来源于两个方面：其一为皮带称重系统；其二为盾构机自身的掘进参数。所以系统必须要能稳定地连接两套独立的系统，并能从中读出数据。由于盾构的 PLC 类型多样，本系统内置了目前常用的若干种 PLC 类型和通信协议，用户可以方便地选择与切换即可完成与 PLC 的连接与通信。

10.2.3　系统软件设计

盾构出土量监控管理系统对盾构施工过程中出土量的数据信息及监控进行有效的管理，提供形象的显示界面和图形可视化的数据分析界面，对盾构掘进施工的全过程进行远程实时监控。盾构出土量监控管理系统界面由实时出土量系数及推进速度实时曲线，瞬时出土量、累积出土量及当前出土状态，盾构参数，历史出土量分析等信息栏组成。其中推进速度、瞬时出土量、累积出土量、盾构参数属于信息显示栏，其主要功能是便于施工人员对出土量进行实时监控；出土量系数、出土状态、历史出土量分析属于数据分析栏，此种分析界面的主要功能是对盾构工作过程中出土量实时参数进行统计和分析并形成图形界面，以便于施工人员查看、分析和管理生产。系统基本结构如图 10.2-5 所示。

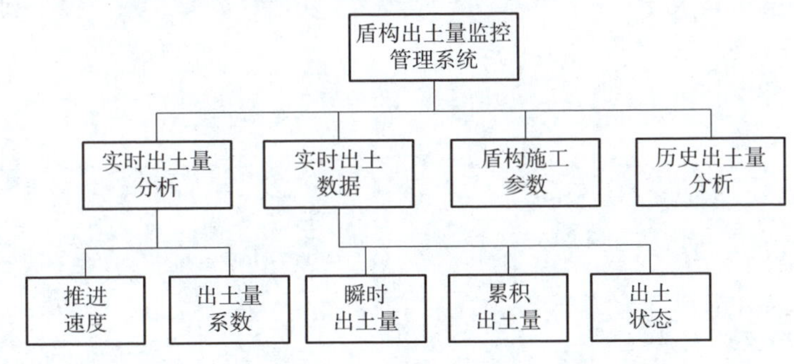

图 10.2-5　系统基本结构示意图

10.2.4　系统功能设计

本系统采用 C sharp 程序语言设计，能够兼容各盾构生产厂家的通信协议，基本兼容与所有常用盾构的通信。本系统在操作使用方面做了优化设计，基于扁平化设计更人性化，使用功能上更加完善：一是用户可根据需要选择相应盾构厂家的通信协议；二是自定义主界面显示的参数，提高了系统的灵活性。

1. 系统主界面

盾构出土量监控管理系统主界面如图 10.2-6 所示，基本功能如下：

(1)系统自动处理出土量数据，在同一曲线图中显示出土量系数及推进速度的变化情况(图 10.2-7)，根据出土量系数和推进速度的关系调整出土状态。

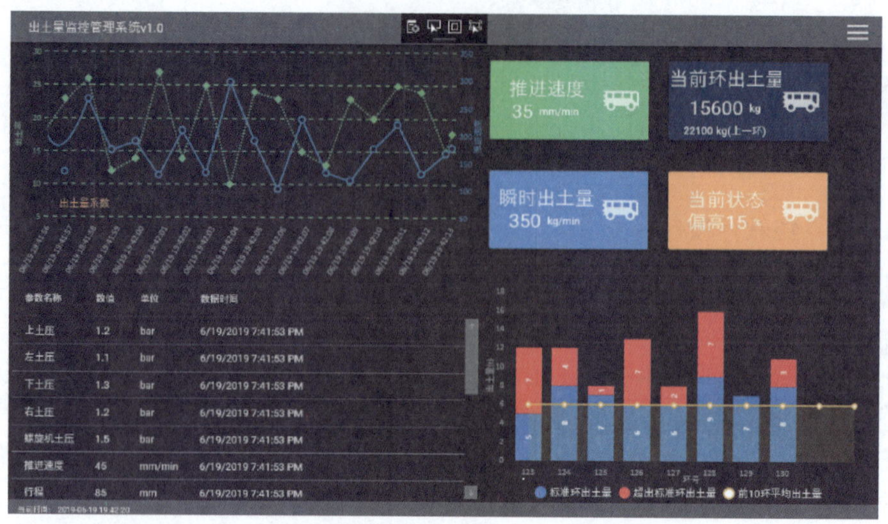

图 10.2-6 盾构出土量监测管理系统界面

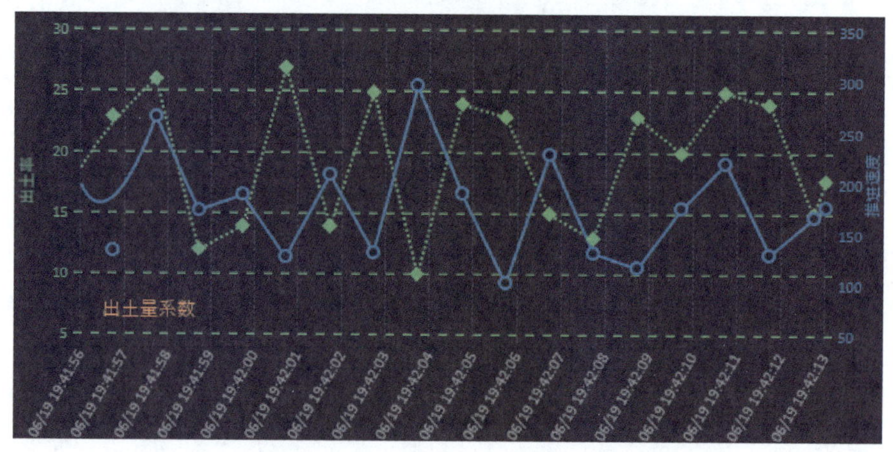

图 10.2-7 出土量系数-推进速度曲线

(2)实时形象地显示皮带秤的瞬时出土量及累积出土量,如图 10.2-8 所示,累积出土量在柱状图中显示,随着推进过程,柱的高度不断增长。

(3)实时显示当前盾构施工参数,如图 10.2-9 所示,方便用户掌握即时信息,主要参数信息包括:土压、推进速度、刀盘扭矩、刀盘转速。

(4)系统存储历史环实际出土量,如图 10.2-10 显示的柱状图中蓝色柱部分,柱状图中的曲线分别显示根据地质勘测报告计算的理论出土量以及实际出土量换算成推进标准环环宽的折算出土量,将两个计算出土量进行比较,可以判断实际出土量是否合理,若折算的出土量大于理论出土量,则出土量过多。

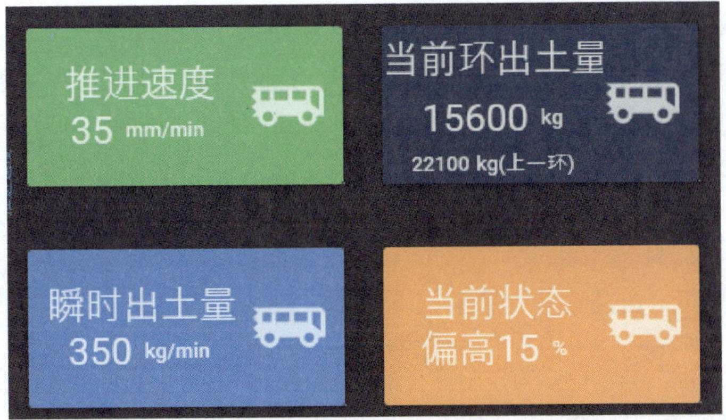

图 10. 2-8　出土量信息

参数名称	数值	单位	数据时间
上土压	1.2	bar	7/8/2019 2:20:50 PM
左土压	1.1	bar	7/8/2019 2:20:50 PM
下土压	1.3	bar	7/8/2019 2:20:50 PM
右土压	1.2	bar	7/8/2019 2:20:50 PM
螺旋机土压	1.5	bar	7/8/2019 2:20:50 PM
推进速度	45	mm/min	7/8/2019 2:20:50 PM
行程	85	mm	7/8/2019 2:20:50 PM

图 10. 2-9　盾构施工实时参数信息

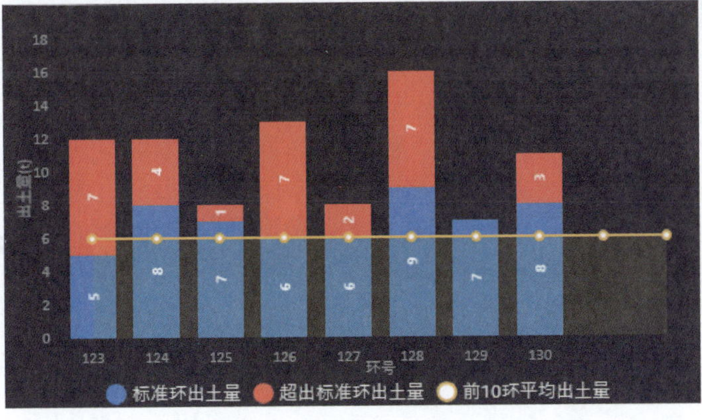

图 10. 2-10　历史出土量信息

2. 系统设置界面

系统设置界面的功能是选择出土量监控管理系统与盾构之间的通信协议,将工业平板电脑与盾构 PLC 连接,可读取盾构内部数据,能够在系统界面上显示盾构施工参数。PLC 连接设置栏界面如图 10.2-11 所示,图 10.2-12 所示为部分已添加的能够通信的盾构 PLC 类型。

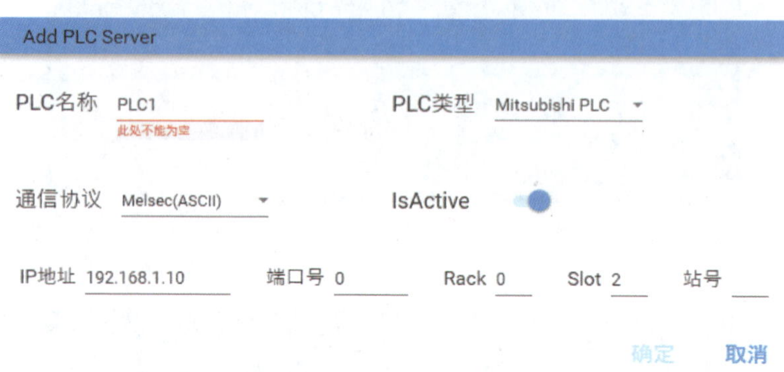

图 10.2-11　PLC 连接设置栏界面

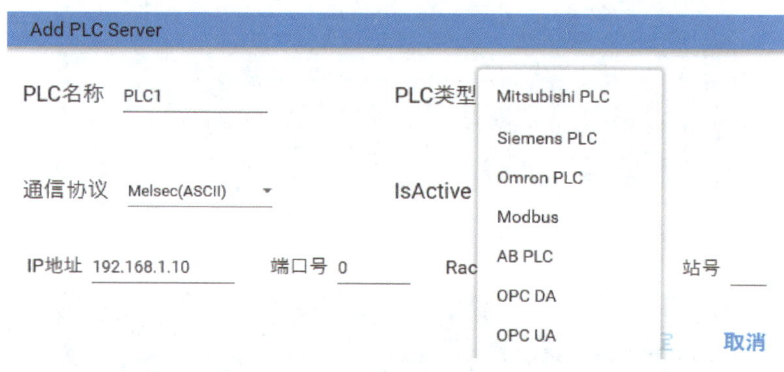

图 10.2-12　PLC 类型

3. 参数设置界面

参数设置界面的功能是将盾构机中的参数与盾构出土量监控管理系统内置的参数进行绑定,绑定之后盾构机内部参数就可以正确显示在盾构出土量监控管理系统界面中,该界面还可以查看历史环出土量信息,如图 10.2-13 所示。

10.2.5　盾构出土量数据统计与分析

盾构出土量监控管理系统可以接入盾构监控平台,从而实现远程管理。在盾构监控平台上可以实现实时出土情况查询、历史出土量查询以及出土量分析。

项目参数设置

数据参数设定

参数名称	值	单位	单位参数	数据绑定
出土率	0	kg/mm	1	推进速度
推进速度		mm/min	1	推进速度
瞬时出土量		kg/min	1	
环号		环	1	VMT导向掘进环数
刀盘转速		r/min	1	刀盘转速
刀盘扭矩		kN.m	1	刀盘扭矩
螺旋机转速		r/min	1	螺机转速
A组推进位移		mm	1	A组推进位移
B组推进位移		mm	1	B组推进位移
C组推进位移		mm	1	C组推进位移
D组推进位移		mm	1	D组推进位移
皮带机转速		m/s	1	皮带机转速

出土量设置

环号	理论出土量	实际出土量	标准环出土量	前10环平均出土量	推进行程
0					
1					
2					
3					
4					
5					
6					
7					
8					
9					
10					

保存

PLC连接断开！

图 10.2-13　参数设置界面

在图 10.2-14 中，1440 和 1454 两环显示的数值是该环的实际出土量，是由该环的推进行程过大造成的，正常来说，每一环的掘进油缸应伸长 1.2 m，但由于各种施工原因，实际上并不是 1.2 m，这样就带来了环出土量的变化，但这种变化是正常的。所以，仅通过环出土量是不能评价偏多或偏少的，必须综合考虑多种盾构参数，这是建设盾构出土量监控管理系统的重要原因。

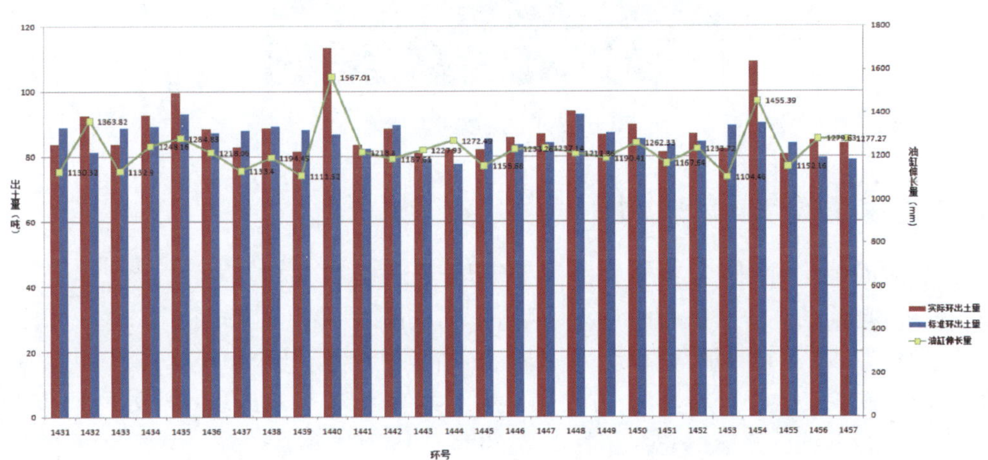

图 10.2-14　盾构监控平台出土量分析界面

因此引入标准环出土的概念，即图 10.2-14 中的蓝色柱，将每次的出土量折算成标准环出土量（即盾构每环掘进的标准掘进行程内的总出土量），再与之前设定的理论环出土量进行对比。

通过图 10.2-14 可以清晰地看出,1440 环和 1454 环的推进行程已经达到 1 567 mm 和 1 455 mm,明显较正常 1 200 mm 高出,所以就直接带来该环出土量的增加,经过折算后,标准环出土量数据在正常范围内。

10.3　盾尾间隙实时测量系统

10.3.1　盾尾间隙

盾尾间隙是指盾构机盾尾内壁与管片外径之间的空隙,如图 10.3-1 所示。由于盾构施工的路线并非总是直线以及不同段的管片设计不同,因此盾构机的推出长度是适时调整的,无法保持一致,因而导致盾尾间隙在盾构机掘进过程中不断地变化。当间隙变化量超出设计范围时,管片外径与盾壳内侧之间会发生相互挤压,不仅会给盾构机推进方向造成偏差,还会使管片因受到过大的挤压而损坏,同时也会加速盾尾密封刷的磨损。

图 10.3-1　盾尾间隙位置

10.3.2　系统的主要结构和原理

盾尾间隙实时测量系统拓扑采用 B/S 与 C/S 相结合的架构模式,数据来源于安装在盾尾前的高分辨率相机自动采集的盾尾间隙图像,经由软件系统学习、识别间隙的位置,并实时测量其宽度,系统装备了单独的工业电脑和显示界面,可以通过 VESE 方式安装于控制盒内,方便操作手观察使用,也可以经现场局域网同步于云端的监控系统。系统的总体拓扑如图 10.3-2 所示。

盾尾间隙实时测量系统以数字图像处理技术为基础,通过对被测盾尾间隙处的管片局部区域进行激光标定,而后进行图像采集,将采集的带有激光标定点的管片局部图像传入计算机中,选用合适的图像处理算法对采集的图像进行分析、处理和计算,得到盾尾间隙的大小,从而实现非接触式自动测量。系统主要由三个部分组成,分别是图像采集端、信号传输端、图像处理控制端。

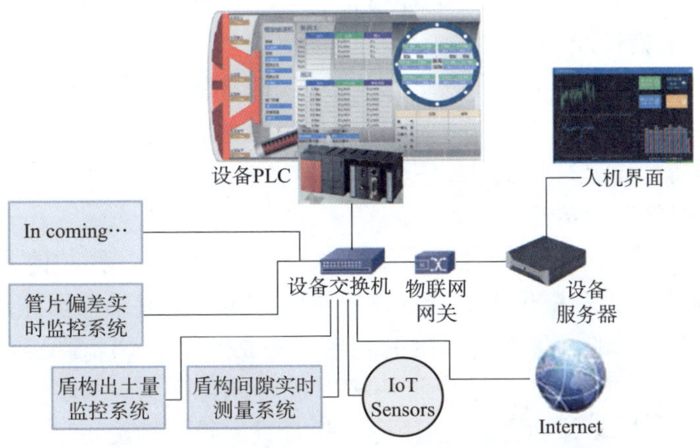

图 10.3-2　盾尾间隙实时测量系统拓扑图

1. 图像采集端

图像采集端主要由工业摄像机组成,其功能是通过工业摄像机进行图像采集。图像采集端所包含的硬件设备为系统图像采集设备,特别要对工业摄像机的位置关系进行合理的设计,对整个采集端要进行防水、防尘等密封保护,以确保系统的工作稳定性。图像采集端工作原理示意如图 10.3-3 所示。

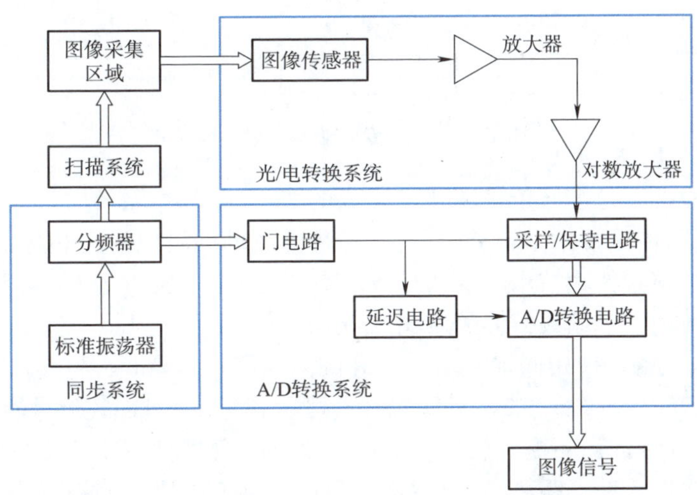

图 10.3-3　图像采集端工作原理示意图

本系统的结构设计主要是图像采集端的结构设计,合理的结构设计有助于提高图像采集的准确性,为之后的间隙图像处理提供准确的图像信息,以及能够确保图像采集设备的稳定运行。

通过对盾构机及施工现场安装环境进行考察以及系统本身的实际需要,本系统图像采集端的设计应满足下列要求:

(1)能够将采集端所有硬件设备组合在一起,且具有工作稳定性。

(2)光源能够照射在图像采集区域,提供足够的照明。

(3)由于盾构施工环境恶劣,采集端保护罩具有防水、防尘等功能,并便于拆卸,以便对保护罩内设备进行维护。

工业摄像机是系统图像采集端中最为关键的组件之一,其功能是实现对盾尾区域图像的采集。工业摄像机的选取是盾尾间隙实时测量系统硬件设计的重要环节,对系统采集图像的质量产生直接的影响。工业摄像机不同于普通相机,其特点是:能够在高温、高压、高湿度等特殊环境下进行图像采集;具有精准的图像还原性;具有多种外部同步控制资源;使用寿命长且具有抗震性等。

2. 信号传输端

信号传输端主要由信号传输线缆和信号抗干扰器等硬件组成,其主要功能:将采集的图像信号传入计算机中。由于盾构机内各种信号传输线缆、动力缆线、液压油管等排列复杂且多种线路并行捆绑布置,而本系统所布置的传输线缆线要与这些线缆共同布置,因此信号传输势必会受到其他线缆产生的信号干扰,因此要对信号的输入输出端进行抗干扰处理,以减少图像信号的失真。信号传输端基本原理示意如图 10. 3-4 所示。

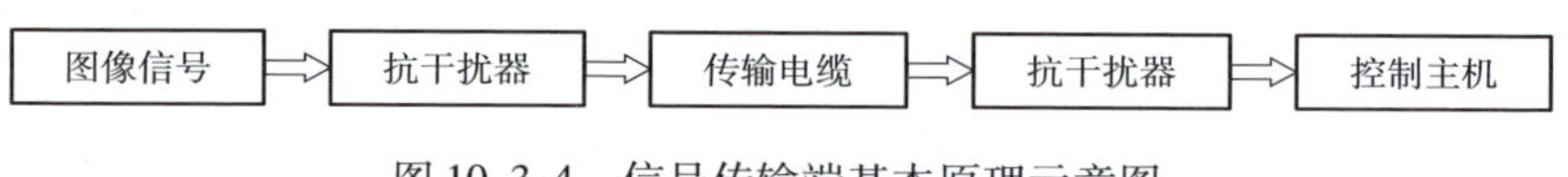

图 10. 3-4　信号传输端基本原理示意图

视频传输技术是信号传输端技术组成的核心,也是本系统关键技术之一。目前,国内的视频传输技术主要有两种:一种是传统的同轴电缆视频传输技术;另一种双绞线模拟视频传输技术。这两种技术在工程上得到了广泛的应用,各有特点。下面是同轴传输与双绞线传输的对比。

(1)传输设备。使用同轴传输设备进行视频信号传输时,对单程末端补偿,最大补偿距离:75-7 电缆大于 3 km,两端补偿可达到 5 km;对视频信号能够实现连续可调,具有其独特的高频提升和轮廓增强等改善图像功能。对于双绞线传输设备,单程两端传输最大补偿距离为 1. 2 ~ 1. 5 km,其对于所传输的视频恢复水平和图像质量还有待提高。

(2)传输技术。同轴传输的失真度和衰减度远小于双绞线传输,双绞线在传输时不仅存在欧姆衰减,而且还会产生辐射衰减、回波衰减、线间互串、护套容易老化等问题。带有屏蔽双绞线其屏蔽层会对双绞线产生耦合影响,会引起更大程度的衰减,而且靠近双绞线的外部金属物体还会产生无规律地破坏平衡传输特性的影响，因此工程规范规定强干扰环境不能使用双绞线。同轴电缆虽为传统传输线，其宽带性能是双绞线不能比的，而且外界电磁干扰并不是透过屏蔽层传到同轴电缆芯线上才形成干扰的，而是线缆太长引起的，如今在移动通信、网络短干线通信、有线电视、雷达系统、视频监控等许多领域里仍然大量使用同轴电缆。

综合考虑同轴电缆和双绞线现有的传输设备和技术状况，本系统选用同轴电缆为传输线缆，根据盾构机内实际情况，主控室内图像处理端至盾尾处图像采集端的直线距离为 30 m 左右，布线长度为 50～60 m，选用 75-7 同轴电缆，能够有效地减少在传输过程中的信号损失和视频干扰。

3. 图像处理控制端

图像处理控制端是盾尾间隙实时测量系统数据处理计算的核心组成部分，主要由控制主机、图像采集卡等硬件组成，其主要功能是将所采集的图像进行数字化处理。通过数字图像处理技术和相关算法对数字图像进行不同层次的处理，对图像特征进行提取，并对其所包含的像素进行定位，找到目标像素之间的位置关系，之后通过一系列机内运算得到盾尾间隙值，显示在显示器界面上，实现人机交互。图像处理控制端基本原理示意如图 10. 3-5 所示。

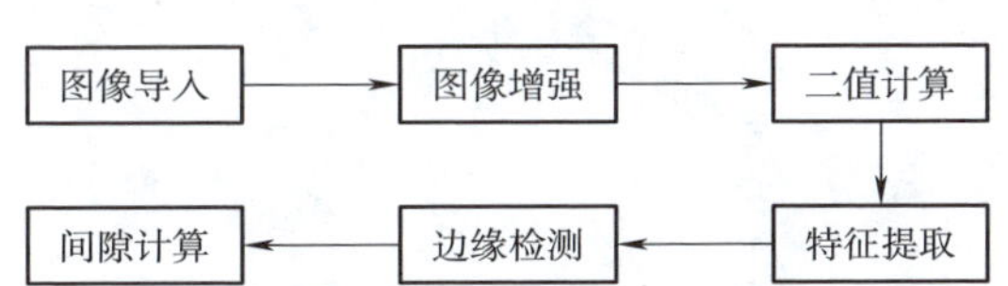

图 10. 3-5　图像处理控制端基本原理示意图

系统总体处理流程如图 10. 3-6 所示。

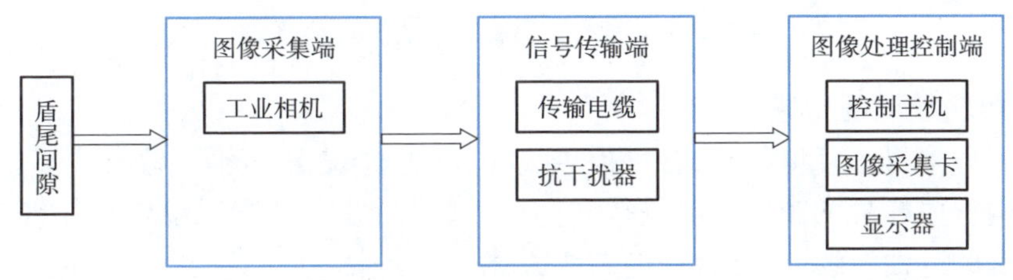

图 10. 3-6　系统总体处理流程图

控制主机为盾尾图像处理控制端的核心构成，其主要功能是对所采集的图像进行数字图像处理和间隙计算。考虑控制主机安装在盾构施工环境中，因此所选用的控制主机应达到工业级标准，具有抗震、防尘、防潮湿等工业特性。综合考虑系统的要求，控制主机的主要技术参数见表 10. 3-1。

表 10.3-1 工业电脑主要参数指标

CPU	内存	硬盘	网口	COM 口	功耗
Core i7-8550	DDR4 16G	128G 固态	RJ45 ×2 千兆	RS232、RS485	20 W

4. 显示器

显示器是图像处理控制端的主要组成部分,其主要功能是输出图像处理后的计算数据、软件数据的设定等。由于盾构机内工作环境较差,所选用的显示器应有防尘、抗震等特点,因此需选用工业级显示器。

5. 图像采集区域的选定

在盾构施工中,随着盾构机向前掘进,推进油缸推出长度不能时刻保持一致,必然会导致盾构机姿态不断地变化,因此盾尾间隙也会随之变大或变小。在盾壳圆周方向上,盾尾间隙不是处处相同。盾尾处某一时刻盾尾盾壳与管片的断面位置关系示意如图 10.3-7 所示。根据以上盾尾间隙变化特点以及盾构机内安装环境特点,本系统将在圆周方向上设置三个图像采集设备,最理想的情况是安装在左右两侧和隧道拱顶,实际安装过程中会存在安装误差,这一误差能通过校准消除。

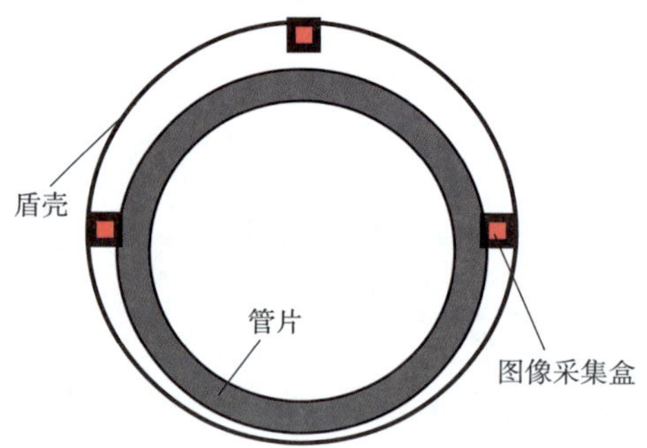

图 10.3-7 图像采集装置安装位置示意图

6. 传输线缆的布置

由于盾构机内环境复杂,各种信号线缆、动力电缆、液压油管等布线复杂,因此要对盾构机内线缆的布置情况进行详细调查,尽量在安装本系统传输线缆时避开产生干扰的其他线缆,选择合理的布线方式。

10.3.3 系统软件设计

1. 数据展示

盾尾间隙实时测量系统可以同步显示图形信息和间隙大小,并在不同的距离下动态生成虚拟标尺,如图 10.3-8、图 10.3-9 所示,同时拟合出标准的上下左右的间隙值,并可以通过曲线形式展示该环盾尾间隙的变化情况。

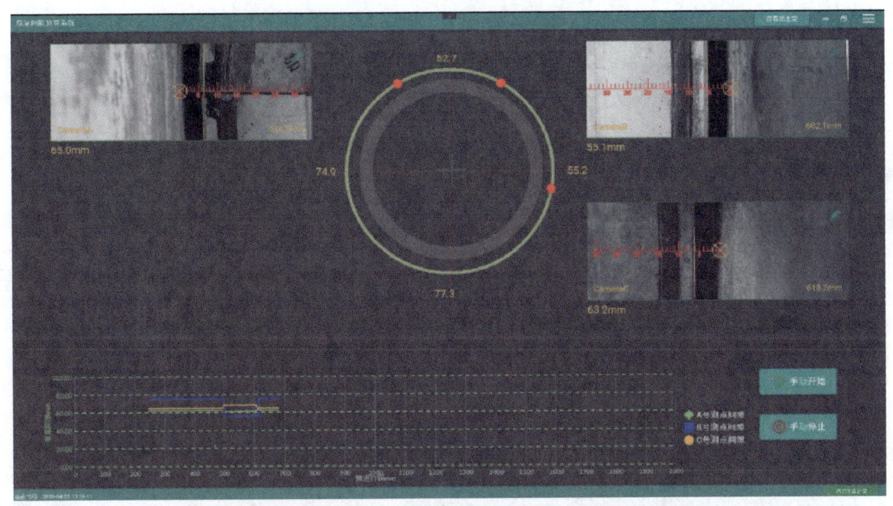

图 10.3-8　盾尾间隙实时测量系统主测量界面

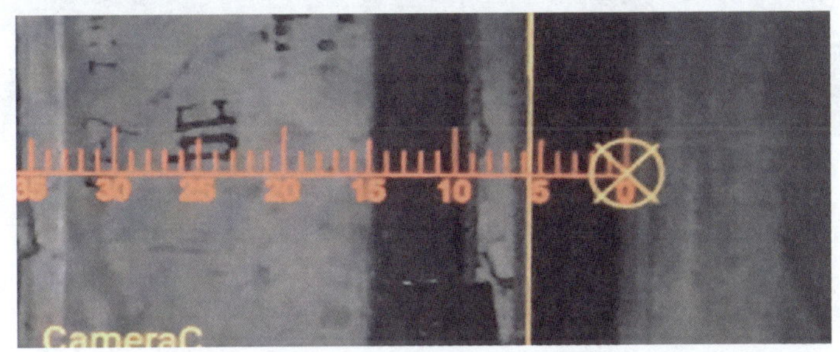

图 10.3-9　虚拟标尺放大图

正常情况下系统可以自动识别出间隙并计算出当前的间隙大小。如装置被泥浆覆盖、管片漏浆污损造成识别困难等极端情况下，标尺依旧可以正常显示，操作者可以人工判断间隙大小（图 10.3-10），也能提醒相关人进行清理。

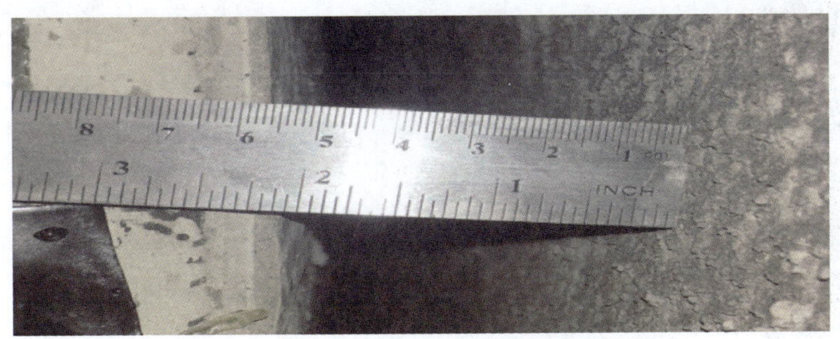

图 10.3-10　现场盾尾间隙测量情况

实时动态的图形界面可以为盾构操作手提供一个直观的操作反馈,更便于在掘进过程中的间隙控制,避免极端情况的发生。

2. 采集设置

盾尾间隙实时测量系统可以与常见的不同种类的 PLC 进行数据交换,如西门子、施耐德、三菱、AB 等,软件内置标准的通信协议选项,正常运行中系统需要读取盾构的掘进状态,如推进、拼装、油缸的伸长量。图 10.3-11 所示为系统的 PLC 连接配置界面。

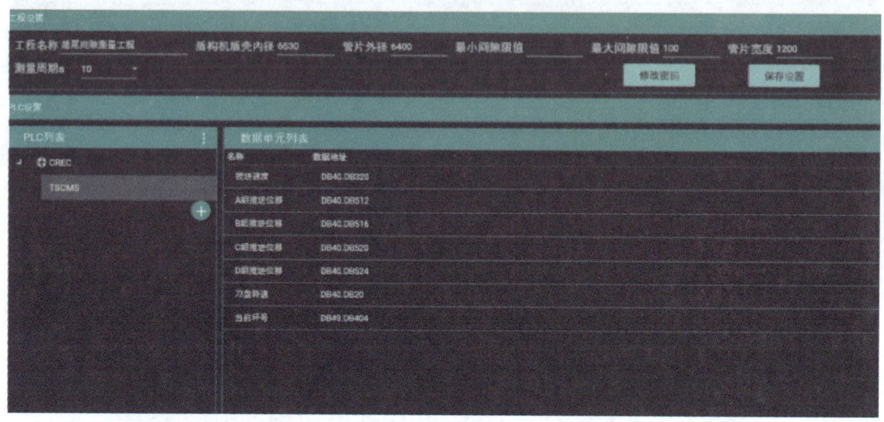

图 10.3-11　系统 PLC 连接配置界面

3. 平台扩展接口

盾尾间隙实时测量系统可以向远程施工监管平台实时推送间隙的测量结果,如图 10.3-12 所示,建设单位或监管单位可以通过远程平台对间隙控制情况实现监管,从而真正实现盾尾间隙测量的信息化管理。

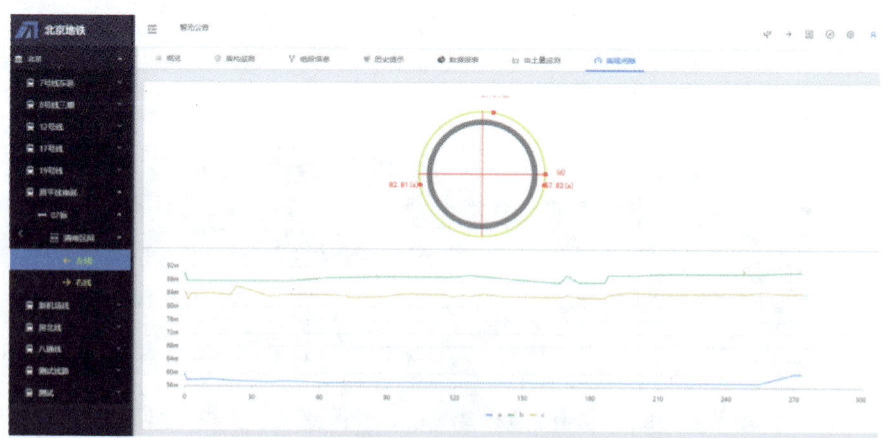

图 10.3-12　盾尾间隙实时测量系统平面监控界面

10.4　盾构工程智能化管控新发展

10.4.1　盾构隧道智能化施工管理成套技术研究

1. 研究内容

盾构隧道智能化施工管理成套技术研究是针对盾构掘进、渣土及物料运输、管片拼装这三项盾构施工核心工序的施工技术和安全风险管理进行的智能化成套技术研究,研究主要内容包括:

(1)盾构隧道无人化掘进理论及技术

目前完全可以实现在地面操作室内进行盾构掘进,而且随着盾尾间隙实时测量系统和土压平衡盾构出土量实时监控系统在北京地区的广泛应用,通过导向系统和盾尾间隙实时测量系统能够完全获得盾构姿态数据,控制土压平衡盾构施工的出土量,因此在盾构掘进方面已经具备了隧道内无人化施工的条件。但地面操作盾构仅仅是最简单的盾构法隧道无人化施工,要做到盾构隧道智能化掘进,还需要向基于 AI 和物联网等技术的盾构隧道智慧建造进行突破。

优化完善盾构施工关键状态的量化评价指标,并针对性地研发或优化盾构施工关键参数(出土量、盾尾间隙等)数字化、实时化监控设备。依托近 20 年盾构施工经验对典型地层盾构掘进参数进行总结,采用大数据分析方法,建立针对不同地层、不同盾构设备参数、不同环境因素的盾构掘进参数控制标准,采用理论分析的方法对盾构参数控制理论进行研究,结合盾构实际施工过程建立掘进参数决策理论,并依托计算技术实现盾构掘进参数的智能化决策,最终实现盾构无人化、智能化掘进。

(2)管片垂直及水平无人化运输综合技术

基于目前常规的管片垂直运输方法,结合图像识别技术、自动捕获控制技术,研发盾构管片的自动化垂直运输新型设备,实现管片从地面到隧道掘进平面的无人化运输。基于目前盾构管片隧道内部运输方式,分别采用两种不同路线对管片隧道内部水平运输方式进行研究:结合自动驾驶技术研发无轨运输设备及相关配套技术;基于隧道结构形式研发隧道门架式管片运输系统及相关配套设备。

(3)管片自动化选型及拼装理论与技术

分析影响管片选型的关键因素(盾构姿态、盾尾间隙等),为管片自动化选型提供基础数据。研究不同形式管片量化指标,并建立管片数据库。建立盾构管片自动化选型理论及决策实现方法,实现依托基础数据及管片指标进行管片选型及拼装位置的智能化决策。研发无人化管片拼装机,依托图像识别技术实现基于决策命令的管片自动抓取及拼装操作,并建立管片拼装过程中的循环控制方法,保证管片拼装质量。目前实现管片安装无人化作业的最直接方法是在地面实现隧道内的三维视频环境,使得管片操作手在地面工作室内具有与在隧道内完全相同的环境进行管片的拼装,同时需要解决信号传输延时的问题。

(4)渣土自动化运输技术

基于连续皮带机出土及管道输送技术对盾构渣土自动化运输技术进行研究。结合盾构施工特点研究连续皮带机渣土运输控制技术,研发设备实现连续皮带机的快速续接、大角度及垂直提升等运输关键点。研究基于管道输送的渣土运输技术及相关配套设备:分析管道运输渣土的基本理论,研发渣土运输设备满足渣土长距离的管路输送要求,建立渣土管路运输控制理论体系,最终形成一套适用于不同地层的渣土运输理论。

(5)其他辅助设备设施的自动延长技术

盾构隧道内(土压或泥水)需要有管路、运输设备包括轨道等辅助设备设施,这些辅助设备或设施随着盾构隧道的延长而接续延长,需要针对每个辅助设备设施的特点,研究解决其延长问题。

2. 创新点

创新点1:通过完善盾构掘进参数监控设备实现盾构掘进参数的实时的、完整的综合监控,基于经验总结及理论分析形成盾构掘进参数控制理论,依托计算机技术实现盾构掘进参数的智能化决策,最终形成一套软硬件结合的盾构无人化掘进综合系统——盾构隧道智慧掘进综合系统。

创新点2:基于管片智能化安装平台研发,结合图像识别技术、自动捕获控制技术,实现盾构管片垂直吊装的自动化操作。研发硬件设备及软件系统,形成一套隧道内管片自动化运输系统。

创新点3:基于盾构掘进状态数据库及模型化管片参数数据库,建立盾构管片自动化选型及拼装点位自动化决策方法。依托图像识别技术及高精度管片拼装机器人,实现基于决策命令的管片自动抓取及拼装操作。

创新点4:通过渣土运输理论的分析及模型试验,研发形成连续皮带机及管道输送新设备,并设计研发形成相应配套软件控制系统,实现盾构渣土运输的自动化施工,形成辅助设备设施的自动延续延长技术。

10.4.2 盾构施工三维实时管理系统研究

1. 研究内容

(1)盾构穿越地质剖面图升级技术

目前基于“北京地铁盾构施工实时管理系统”已实现全部在施盾构区间穿越地层二维展示,并对不同地层通过二维图形填充进行标识。但二维地质剖面图仅能展示沿盾构隧道方向单一断面地层情况,无法全面展示地层结构的复杂性,要做到盾构穿越地层的全方位把控,还需要基于 BIM 和 3D 模型等技术对盾构穿越地层进行三维展示，同时添加简化的盾构机模型、管片等构成三维地质剖面图，实现穿越地层三维展示，如图 10.4-1、图 10.4-2 所示。

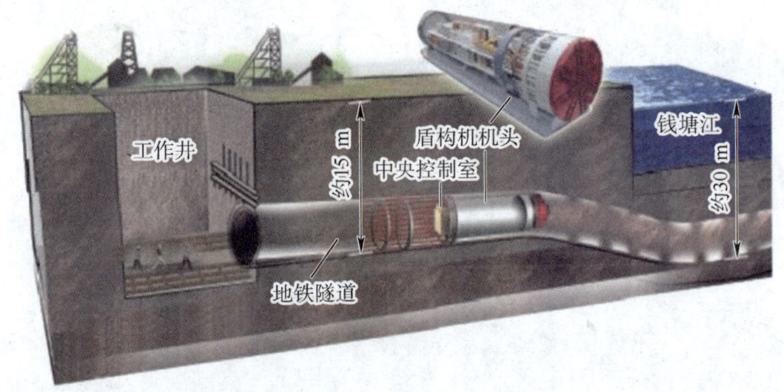

图 10.4-1　盾构施工三维升级示意图

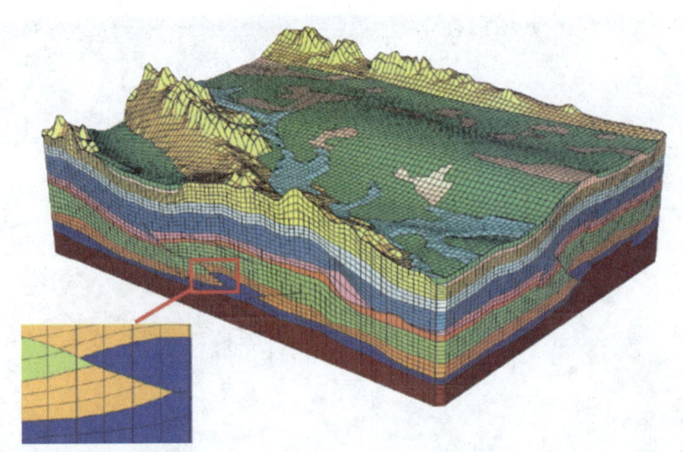

图 10.4-2　盾构穿越地质剖面图

(2)盾构机主机三维展示技术

盾构机刀盘、导向系统、注浆系统等均已实现二维展示，并可实时显示盾构相关参数，但无法准确表达盾构机主机各设备空间位置关系。基于二维展示，开发盾构机模型(土压平衡盾构、泥水平衡盾构)、盾构机主机(前盾、中盾、尾盾)以及盾构机功能模块(盾壳、刀盘、注浆系统、主驱动、螺旋输送机、铰接千斤顶、推进千斤顶、盾尾密封、管片)等三维实时展示(图 10.4-3、图 10.4-4)，并实现单独高亮显示、异常部位预警以及独立动画功能；最后，盾构机主体三维模型可通过鼠标放大、缩小、自由拖动，并支持后期新增盾构机模型修改且具有同样显示功能。最终实现盾构机主体施工三维动态展示全过程管控。

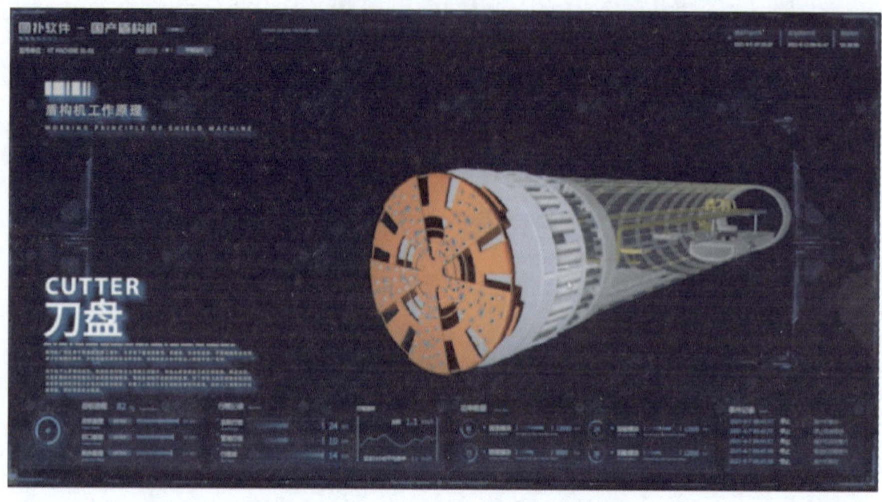

图 10.4-3　盾构刀盘三维展示

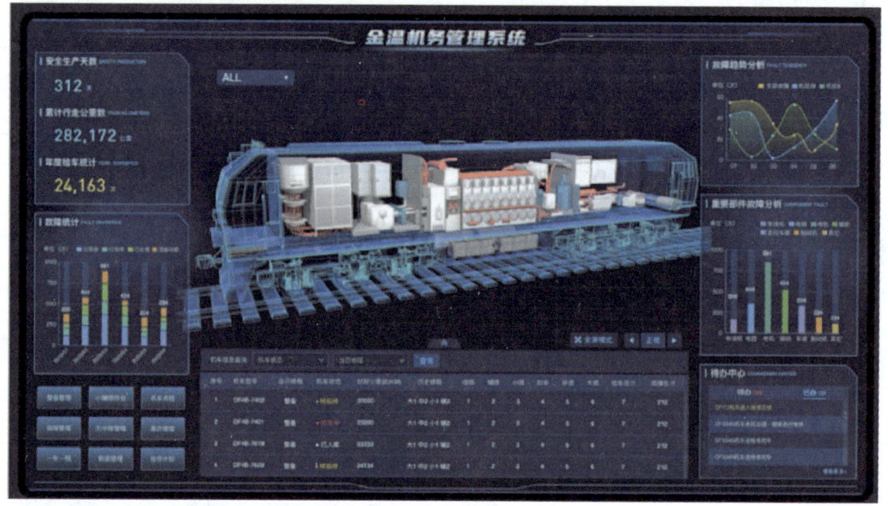

图 10.4-4　盾构后配套设备三维展示

2. 创新点

创新点 1:针对北京地区不同地层条件以及水文条件,实现三维盾构穿越地层模型展示,并可准确显示盾构当前所处地层以及地下水位情况。

创新点 2:基于 BIM 相关软件,结合图像识别技术、自动捕获控制技术,实现盾构三维实时动态展示,优化图像网络传输延迟问题,形成一套盾构施工三维实时监控系统。